中国古代建筑知识普及与传承系列丛书
THE FORBIDDEN CITY

北京古建筑五书

北京紫禁城

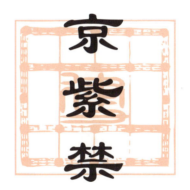

刘畅 著

清华大学出版社
北京

版权所有，侵权必究。举报：010-62782989，beiqinquan@tup.tsinghua.edu.cn。

图书在版编目（CIP）数据

北京紫禁城/刘畅著. —北京：清华大学出版社，2009（2023.6重印）
中国古代建筑知识普及与传承系列丛书.北京古建筑五书）
ISBN 978-7-302-19777-5

Ⅰ.北… Ⅱ.刘… Ⅲ.故宫–简介–北京市 Ⅳ.K928.74

中国版本图书馆CIP数据核字（2009）第041576号

责任编辑：徐　颖　袁功勇
装帧设计：彩奇风
责任校对：王荣静
责任印制：杨　艳

出版发行：清华大学出版社
　　　　网　　址：http://www.tup.com.cn，http://www.wqbook.com
　　　　地　　址：北京清华大学学研大厦A座　　邮　　编：100084
　　　　社总机：010-83470000　　邮　　购：010-62786544
　　　　投稿与读者服务：010-62776969，c-service@tup.tsinghua.edu.cn
　　　　质量反馈：010-62772015，zhiliang@tup.tsinghua.edu.cn
印装者：三河市春园印刷有限公司
经　　销：全国新华书店
开　　本：170mm×230mm　　印　张：23　　字　数：317千字
版　　次：2009年5月第1版　　印　次：2023年6月第10次印刷
定　　价：109.00元

产品编号：031580-02

献给关注中国古代建筑文化的人们

策划：华润雪花啤酒（中国）有限公司
统筹：清华大学建筑学院
　　　王　群　朱文一
主持：王贵祥　王向东
执行：清华大学建筑学院
资助：华润雪花啤酒（中国）有限公司

参　赞
（按姓氏笔画排名）

王宁　包志禹　白昭熏　刘刚　刘旭　刘辉　孙闯
戎筱　闫东　佟磊　吴一凡　吴浩　宋莹莹　张志磊
张远堂　李仪录　李念　李倩怡　李新钰　辛惠园
陈迟　欧阳烨恬　赵雯雯　袁琳　郭继政　郭雪
梅静　廖慧农　谭舒丹　黎冬青

总序一

2008年年初，我们总算和清华大学完成了谈判，召开了一个小小的新闻发布会。面对一脸茫然的记者和不着边际的提问，我心里想，和清华大学的这项合作，真是很有必要。

在"大国"、"崛起"甚嚣尘上的背后，中国人不乏智慧、不乏决心、不乏激情，甚至不乏财力。但关键的是，我们缺少一点"独立性"，不论是我们的"产品"，还是我们的"思想"。没有"独立性"，就不会有"独特性"；没有"独特性"，连"识别"都无法建立。

我们最独特的东西，就是自己的文化了。学术界有一句话："建筑是一个民族文化的结晶。"梁先生说得稍客气一些："雄峙已数百年的古建筑，充沛艺术趣味的街市，为一民族文化之显著表现者。"当然我是在"断章取义"，把逗号改成了句号。这句话的结尾是："亦常在'改善'的旗帜之下完全牺牲。"

我们的初衷，是想为中国古建筑知识的普及做一点事情。通过专家给大众写书的方式，使中国古建筑知识得以普及和传承。当我们开始行动时，由我们自己的无知产生了两个惊奇：一是在这片天地里，有这么多的前辈和新秀在努力和富有成果地工作着；二是这个领域的研究经费是如此的窘迫，令我们瞠目结舌。

希望"中国古代建筑知识普及与传承系列丛书"的出版，能为中国古建筑知识的普及贡献一点力量；能让从事中国古建筑研究的前辈、新秀们的研究成果得到更多的宣扬；能为读者了解和认识中国古建筑提供一点工具；能为我们的"独立性"添砖加瓦。

王 群
华润雪花啤酒（中国）有限公司总经理
2009年1月1日于北京

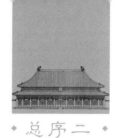

总序二

2008年的一天，王贵祥教授告知有一项大合作正在谈判之中。华润雪花啤酒（中国）有限公司准备资助清华开展中国建筑研究与普及，资助总经费达1000万元之巨！这对于像中国传统建筑研究这样的纯理论领域而言，无异于天文数字。身为院长的我不敢怠慢，随即跟着王教授奔赴雪花总部，在公司的大会议室见到了王群总经理。他留给我的印象是慈眉善目，始终面带微笑。

从知道这项合作那天起，我就一直在琢磨一个问题：中国传统建筑还能与源自西方的啤酒产生关联？王总的微笑似乎给出了答案：建筑与啤酒之间似乎并无关联，但在雪花与清华联手之后，情况将会发生改变，中国传统建筑研究领域将会带有雪花啤酒深深的印记。

其后不久，签约仪式在清华大学隆重举行，我有机会再次见到王总。有一个场景令我记忆至今，王总在象征合作的揭幕牌上按下印章后，发现印上的墨色较浅，当即遗憾地一声叹息。我刹那间感悟到王总的性格。这是一位做事一丝不苟、追求完美的人。

对自己有严格要求的人，代表的是一个锐意进取的企业。这样一个企业，必然对合作者有同样严格的要求。而他的合作者也是这样的一个集体。清华大学建筑学院建筑历史研究所，这个不大的集体，其背后的积累却可以一直追溯到80年前，在爱国志士朱启钤先生资助下创办的"中国营造学社"。60年前，梁思成先生把这份事业带到清华，第一次系统地写出了中国人自己的建筑史。而今天，在王贵祥教授和他的年长或年轻的同事们，以及整个建筑史界的同仁们的辛勤耕耘下，中国传统建筑研究领域硕果累累。又一股强大的力量！强强联合一定能出精品！

王群总经理与王贵祥教授，企业家与建筑家十指紧扣，成就了一次企业与文化的成功联姻，一次企业与教育的无间合作。今天这次联手，一定能开创中国传统建筑研究与普及的新局面！

朱文一
清华大学建筑学院院长
2009年1月22日凌晨于清华园

目录

上篇：图说规划 /2

壹·营国旧事 /7
旧山河 /8
经历就是一本书 /20
北京紫禁城的直接蓝本 /28
朱棣的盘算 /36

贰·理想城 /41
一套说法 /42
一组网格 /54
推算和验算 /60

叁·理想城的变迁 /69
青年皇帝的任务 /70
老人的远见 /88

中篇：图说营造 /96

肆·我的九三年 /100
建筑结构：赵工如是说 /102
建筑施工：另一位赵工的讲课 /106

伍·重檐大殿：太和殿 /113
两组啰嗦的数据 /114
一个巧合的正方形？ /122
为何七丈四尺五寸九？ /126
梁九的错误？ /130

陆·单檐大殿：英华殿 /134
1/4 丈 /136
1/4 尺 /140

      1/4寸 /144

柒·汉式楼阁：体仁阁和弘义阁/148

      张希圣 /150

      张希圣的体仁阁设计 /154

      张希圣还不了解弘义阁 /160

捌·藏式楼阁：雨花阁/166

      关于"藏式" /168

      雨花阁的结构和装饰 /176

玖·角楼/187

      设计始于地盘：角十字 /188

      角楼山花的表情 /196

下篇：图说内廷/204

拾·从努尔哈赤老宅到坤宁宫/210

      1587年 /212

      1627年 /216

      1656年 /220

拾壹·养心殿/224

      膳房·寝宫·课堂·造办处 /226

      勤政空间养心殿 /234

      室内装修看主人 /240

      垂帘听政与亲政 /244

拾贰·从半亩园到倦勤斋/250

      半亩园 /252

      敬胜斋 /256

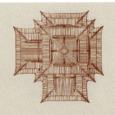

倦勤斋 /262

拾叁·漱芳斋/267
　　今非昔比 /268
　　那些小隔间 /274
　　小戏台的本来面目 /278

拾肆·符望阁/280
　　明堂的名堂 /282
　　李质颖 /286
　　江南工艺 /290

拾伍·毓庆宫/298
　　从当今说起 /300
　　迷宫不是一次建成的 /304
　　原本不是迷宫 /310

拾陆·寿安宫/314
　　乾隆母亲的四十年清福 /316
　　嘉庆等了很久的改造 /320
　　不愿入住的主人 /324

拾柒·从长春宫说到钟粹宫/328
　　咸丰的遗产 /330
　　两宫的平衡 /338
　　消失了的戏院 /342

插图目录/349

（图0-0-01）太和殿外景

图说规划 上篇

公元14世纪到15世纪，世界上的建筑师们仿佛冥冥之中听到了什么召唤，或是得到了某种启迪，在欧洲走出了中世纪，吹起了文艺复兴的号角，而在中国的大明王朝，经历了动荡的晚元时代后，缔造了保留至今的北京紫禁城。

想起两段咏叹，一洋一中，分别说到了当时建筑创作的主人。

洋作者是阿尔伯蒂（Leon Battista Alberti, 1404-1472年）。这位被后人认为最接近"文艺复兴完人"的意大利建筑师、建筑理论家，还有作家、画家、雕刻家、数学家，看着自己写的《论建筑》和自己设计的并即将建造的圣安德烈教堂（Saint' Andrea in Mantua），他是那么自豪。于是他写道：

啊！多么甜美，那些我们经过努力的荣誉。多么值得，那些我们付出的努力。借此，我们得以向那些还没有来到世界的生命展示，告诉他们我们的生活拥有了我们同代的人们所没有的价值，告诉他们我们不仅留下了墓碑，还留下了我们的思想和姓名，镌刻于兹，端放于兹！正如诗人尤尼乌斯所言：不要为我哭泣，不要举行葬礼，因为我活着，在学人的文字里。①

来自中国大明的杨荣、金幼孜、李时勉在紫禁城告成后的永乐十九年（1421年）奉应帝命，各自撰写了一篇歌咏皇都厥功的赋文。其中杨荣的《皇都大一统赋》中曰：

……迨于圣王，嗣大一统。刚健日新，聪明天纵。囿四海以为家，登群贤而致用。思继志之所先，惟都邑之为重。于是天意鉴观，人心和同。神灵效顺，龟筮协从。既应天以应时，爰辨方而正位。视往圣而独超，继高皇之先志。乃相乃度，载经载营……又从而为之歌曰：翼翼皇都，万方之会兮。圣德之宏，实同覆载兮。声教所暨，一统无外兮。又歌曰：皇都翼翼，民之所止兮。惟皇都万寿，福禄无已兮。圣子神孙，实祚万世兮。【[明]杨荣：《皇都大一统赋》，《明海文》，卷二，《四库全书》本】

欧洲距离我们很远，文艺复兴距离今天很久，但是阿尔伯蒂的骄傲仍然能够清晰地回荡在每个读者的胸口，我们每一位普通读者，在当初了解建筑学问的时候，又何曾不是仰望着

---

① Alberti, L.B. Della tranquilletà dell'animo, 本段为本书作者所译，参见Lefaivre (1997), p.150, and p. 270, no.109, 英文翻译为："Oh! How sweet is the glory that we gain through our efforts. What worthy efforts are ours, through which we may show to those who are not yet alive, that we lived with other values than those of our times, and we have left something of our mind and names besides a mere funeral stone, inscribed and positioned! As the poet Ennius said: do not cry for me, do not hold funeral rites for me, for I live in the words of learned men." 意大利译文如：Opere volgari di L. B. Alberti per la più parte inediti e tratte dagli autografi, ed. A. Bonucci, 5 vols, Florence, 1843, Vita anonima di Leon Battista Alberti in vol. I, XCI-CXVIII. p. 48, 译为："Oh! Dolce cosa quella gloria quale acquistiamo con nostra fatica. Degne fatiche le nostre, per quail possiamo a quei che non sono in vita con noi, mostrare de' essere vivuti con altro indizio che colla età, e a quelli che verranno lasciargli di nostra vita altra cognizione e nome che solo un sasso a nostra sepoltura inscritto e consignato! Dicea Ennio poeta: non mi piangete, non mi fate esequie, ch'io volo vivo fra le parole degli uomini doti." 该意大利译文源自拉丁文版本：Rerum italicarum scriptores, ed. L. A. Muratori, III, cols 295-304.

古代建筑的丰碑,憧憬着走进这一科学和艺术的伟大结合呢?

这一切不过是西方建筑学把她的光芒投射到中国,把建筑伟大的野心,把个体成就的光辉投射到中国。近百年以来,这股强大而乐观的光芒已经映彻了中国的建筑系和建筑学院,照耀着数以万计的毕业生。

至于那一段朗诵上口,但文意尚需翻译讲解的《皇都大一统赋》,当代的读者至少能感受到,文中歌颂之辞显得老套,典故堆砌,而赋颂的主人公,绝对不是那些阿尔伯蒂一样为营造而思想、而劳作的个体,在帝王的光辉之下,这些我们今天更希望认识的人显得那么渺小,深埋着头。对比这两段文字,文艺复兴仿佛距离很近,而大明帝国似乎很远,经过近代以来的文化洗礼,我们真的不甚了解我们的祖先。难道真正用笔墨来擘画紫禁城宫殿的那个人或者那群人,就真的配不上占据赋中的一句或者半句吗?

或许确实因为他们的角色并非举足轻重。归纳起来,中国古代建筑所依赖的人大致有四类:其一,决策的人,诸如皇帝、园林主人;其二,解释规则的人,诸如明确礼制的大臣们、管理工程的大臣们;其三,下笔有神的人,最好的例子是"样式雷",一个供役清代宫廷,从事设计、测绘、画样、烫样的重要的著名家族①,——需要搞清楚,不是由于他们的名声让皇帝想到并邀请他们,恰恰相反,是因为他们能够长期地服务宫廷而赢得了顶戴花翎,甚至赢得了留名青史的地位;其四,建造房子的人,比如说清代的"五行八作"②的工匠。

再宏观一些,那时候东、西世界建筑行当的从业人员和他们的组织结构是不同的,在

---

① 天津大学的王其亨教授曾经深入研究"样式雷"家族的事迹,认为雷家代表了中国古代建筑师的最高水平。参见:王其亨、项惠泉:《"样式雷"世家新证》,载《故宫博物院院刊》,1987(2);王其亨:《清代陵寝风水:陵寝建筑设计原理及艺术成就钩沉》和《清代陵寝地宫金井研究》,见《风水理论研究》,143-197页,天津,天津大学出版社,1992年。笔者对此存在不同的看法。

② "五行"指的是瓦、木、油、石、土各门类;"八作"指的是瓦、木、石、扎、土、油漆、彩画、糊。

中国不同等级的人具有不同的话语权，没有按照专业分工形成一个建造业的权威人群——建筑师，于是从设计到建造的工作流程也有别于西方，再加上材料工艺的差别、审美的差别，便真正地形成了我们今天看到的巨大的建成结果的差别，形成了建筑文化遗产的多样性。

对此，我不禁还联想起了女儿搭起的积木房子和邻家幼子的杰作是如此的不一样，尽管有时他们使用了同一牌子和型号的积木。或许在他们互相偷看之前，大人们可以定义曰"儿童建筑意识的多样性"。环顾一下今天的建筑世界，生活在信息网络中的中国的建筑师们有足够多的渠道、有足够快的方式"偷看"世界上任何一个其他角落的建筑师正在如何"搭积木"，但是在我的心里，更急切地感受着一种焦虑——我们的建筑师仿佛太沉醉于"偷看"，仿佛，或者说确实，已经忘却了自己原来搭积木的方式。

沉溺于体味古代遗产之中还是可以很好地消除自己的焦虑的，可以让自己在比较心平气和的状态中等待社会变迁，等待社会在吃腻了并不正宗的牛排后想起原来我们会做红烧牛肉、罐焖牛肉，我们还会包牛肉馅的饺子，想起做一桌中式的宴席不但更适合我们的身体和口味，也能更体面地款待来自他乡的宾朋。

到头来，不论西方还是东方，不论古代还是现在，也并不局限在建筑行当一门，越是了解它，越不会简单地赞美它。一切辉煌，说到底居然来自于如此简单的智慧，平凡得你我也能想得出，而反过来，身边每天都闪烁不停的思想火花，一旦聚集起来，居然能够造就如此的辉煌。

于是，我想从容地讲故事。先讲紫禁城前朝后寝的大事。

作为第一篇的引子，我想铺陈的，不是颂歌般的情绪，不是史诗般的气氛，倒是犹如把一洋一中两段咏叹并置时心里的那种平静一般，冷眼看待大明初年的"创造的时代"，躲开欢呼的人群，清净地走进紫禁城。

壹 营国旧事

元朝末至正年间,王朝气息奄奄,各路豪杰"拥兵据地,寇掠甚重,天下大乱"。当时战争是如此的频繁而混乱,以致一些朱元璋(1328—1398年)的敌人在与他交手之前便被这位未来的明朝皇帝的对手消灭了。这位出身赤贫的统治者解决了陈友谅、张士诚等地方势力后,挥师北伐,成就霸业。

在元王朝当权者、地方领袖、盗匪头目和秘密会社头目当中,有几派力量分别占据了或转战于中国著名的古都。他们或事破坏,或事营建,或多或少,总是为今天的我们留下了一些关于宫殿建筑的线索。这些线索能够让我们尝试着猜想朱元璋所看到的,尝试着揣度朱元璋想要什么样的宫殿。

旧山河

朱元璋最早占领的中华古都是元代称为"集庆"的南京，曾经的南宋建康府（图1-1-01）。作为省级单位的"集庆路"，元末的城市衙署设施完全能够满足起义军的需求。在1356年的春天，当朱元璋在部属的簇拥下进入南京城的时候，他满脑子装的全部是战争的问题和敌人的威胁。在此

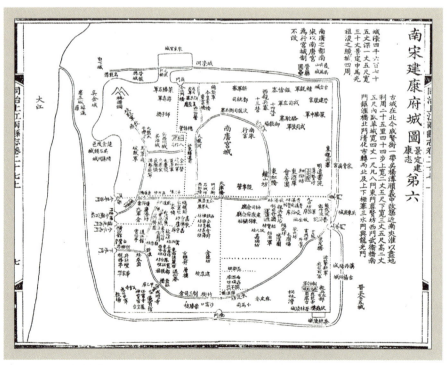

（图1-1-01）南宋建康府图

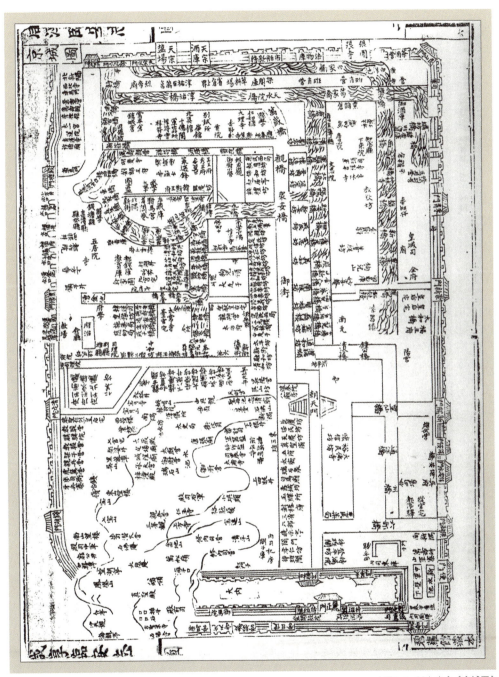

（图1-1-02）南宋《京城图》

后的十年里，他除了修筑龙湾虎口城、设置军卫等军事设施、改建国子学弘扬礼制和正统以外，并没有进行较大规模的建设。

1366年，朱元璋派他的外甥李文忠前往攻打杭州，守将献城投降。说起那时的杭州，我们必须提到出身船工而成为朱元璋主要对手之一的张士诚，因为这个名字与南宋首都杭州发生过千丝万缕的联系。他早在10年前朱元璋攻取南京后的夏天便幸运地占领了这座曾作为南宋和金代首都的城市。当时苏州、杭州和长江三角洲其他富庶的城市受战乱的影响比较小，生活尚可以用舒适、考究甚至奢侈来形容。张士诚在战争的压力下借助得天独厚的经济势力重修杭州城。士卒昼夜施工，历时仅三月便完成了对城墙的改造。那么南宋故宫呢？

杭州皇宫虽然并未逃脱元灭宋时的劫难，但是在元初马可·波罗来到此地的时候，仍然能够看到"此城尚有出走的蛮子国王之宫殿，是为世界最大之宫，周围广有十哩，……中央有最壮丽之宫室，计有大而美之殿二十所，其中最大者，多人可以会食。全饰以金，其天花板及四壁，除金色外无他色，灿烂华丽，至堪娱目。并应知者，此宫有房室千所，皆甚壮丽，皆饰以金及种种颜色（图1-1-02）。"【马可·波罗：《马可·波罗行纪》，北京，中华书局，2004】

或许，马可·波罗是听说的，杭州城中宫室的情况，

……一华丽宫殿，国王范福儿（Fanfur）之居也。其诸先王围以高墙，周有十哩，内分三部，中部有一大门，由此而入，余二部在其两旁。（东西）见一平台，上有高大殿阁，其顶皆用金碧画柱承之。正殿正对大门，漆式相同，金柱承之，天花板亦饰以金，墙壁则绘前王事迹。每年偶像庆日，国王范福儿例在此殿设大朝会，大宴重臣高官及行在城之富商。诸殿足容万人列席，朝会延十日或十二日。其盛况可惊，与宴者皆服金衣绸衣，上饰宝石无数，富丽无比。此殿之后有墙，中辟一门，为内宫门。入门有一大廷，绕以回廊，国王及王后诸室即在其中，装饰华丽，天花板

亦然。逾廷入一廊，宽六步，其长抵于湖畔。此廊两旁各有十院，皆长方形，有游廊，每院有五十室，园囿称是，此处皆国王宫嫔千人所居。国王有时偕王后携带宫嫔游行湖上，巡幸庙宇，所乘之舟，上覆丝盖。墙内余二部，有小林，有水泉，有果园，有兽圈，畜獐鹿、花鹿、野兔、家兔……【马可·波罗：《马可·波罗行纪》，北京，中华书局，2004】

朱元璋没有马可•波罗欣赏繁华的福气，就连张士诚也只见到了建在南宋大内遗址上五座寺庙中的一座——宋宫朝政大殿垂栱殿位置上的报国寺。1356年后，张士诚就把苏州当作老家，甚至在他后来投靠朝廷并掌管苏杭等地的时候也是如此。杭州是元朝在江南的根据地，但并未成为一方霸权的核心。

进驻杭州的同一年，朱元璋下令改筑应天府城，并填燕雀湖、作新宫于钟山之阳，建庙社（图1-1-03）。他不可能在杭州找到太多他营造南京宫殿所需的榜样，但是他有足够的谋士为他擘画宫室。朱元璋也亲自参加意见，据记载，"典缮者以宫室图进，太祖见雕琢奇丽者命去之"【[清]谷应泰：《明史纪事本末》，北京，中华书局，1977】。前方军事行动频繁，后方的南京也是一派忙碌景象，二十万户工匠和大量民伕突击施工，在1367年，新皇宫、太庙、社稷坛、圜丘、方丘、城墙以惊人的速度竣工了。皇宫分为前朝和内廷两大部分（图1-1-04）。前边有廊庑拱卫的三座大殿，后边则是乾清宫、坤宁宫率领的后六宫。或许是能够直接见到的宫殿实例比较少的缘故吧，这时候的南京宫殿的规格建置其实并不完全，宫苑部分也没有修建，宫城大门午门的两翼没有修建阙楼，不如元大都宫殿前采用尺度巨大的两翼前伸的"阙"形大门气势恢弘（图1-1-05，图1-1-06）。

1368年，明王朝建立的那一年的春天，大将徐达、常遇春从元朝手中夺下了汴梁，下令将汴梁改为开封府。当年夏天，洪武皇帝就颁诏天下，以金陵为南京，以开封为北京。

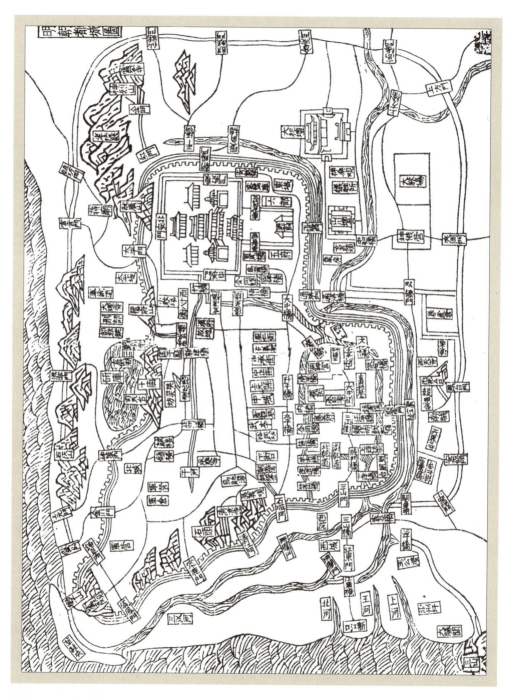

(图1-1-03)明朝都城图

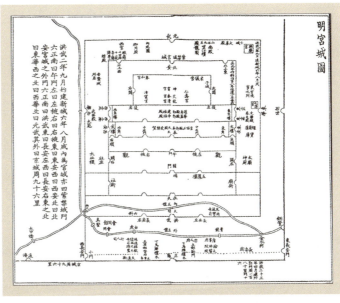

（图1-1-04）明宫城图

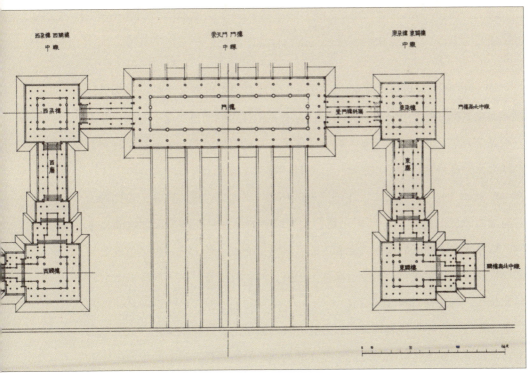

（图1-1-05）元大都宫殿崇天门平面-立面复原想象图

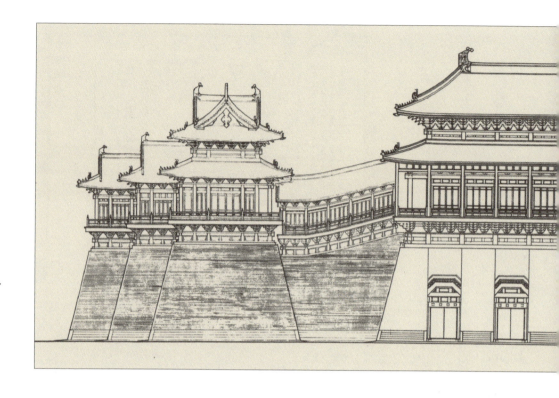

开封自有作为明初"北京"的道理，除首要的军事意义之外，还因为汴梁是历史名都，甚至在元末城中可能还存有宫殿建筑的遗迹。毫不夸张，汴梁宫殿是金元皇宫的模范。当初金朝营建中都燕京的时候就曾经临摹汴京宫室，"授之左相张浩辈，按图以修之"，并且"择汴京窗户刻镂工巧者以往"【［南宋］张棣：《金虏图经》】，在后来将汴梁据为己有之后又大事修理、营建，直到作为躲避蒙古铁骑时的首都；到了元朝，大都城中的皇宫是在南宋灭亡之前兴工的，依靠原金朝辖区的汉人文士和工匠，其宫室制度、营造法式也是仿效金朝的燕京故宫和汴梁故宫。若反过来往上追溯，汴梁宫殿是"画洛阳宫殿之制，按图修之，而皇居始壮丽矣"【《宋史·卷八十五·志第三十八》】。总的说来，开封的"皇宫样板"大体上代表了宋代以来北方黄河流域的官式建筑文化。至于南京皇宫，宫室制度虽然可能因为博学多才的刘伯温的策划具有鲜明的规划指导思想，而继承和发扬了前代制度，但所用工匠应当是以长江流域的手艺人为主，

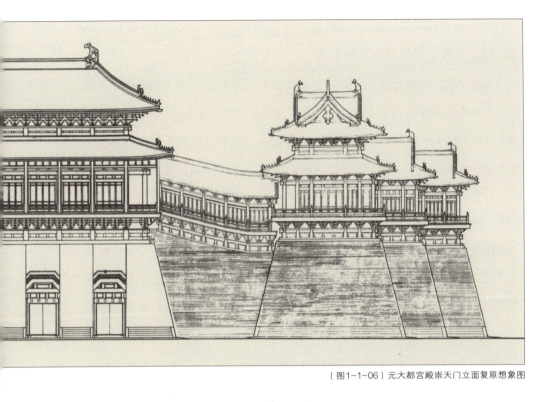

（图1-1-06）元大都宫殿崇天门立面复原想象图

营造法式也应当代表长江流域的建筑文化。

　　在攻占开封的200年前，汴京宫殿曾经失火。那时金朝重建宫殿的依据不仅有人们头脑中的记忆，而且还有大火余烬中的断壁残垣。回顾宋金两代的汴梁宫殿也确实有微妙的差别。《宋史·地理志》中记载从宫城起到皇宫正殿大庆殿前有两道城门，宫城"南三门，中曰乾元……东曰左掖，西曰右掖"，难以判断乾元门的确切样子；而在金代，根据《金史·地理志》，宋朝的乾元门改作承天门，"丹凤北曰舟桥，桥稍北曰文武楼，遵御路而北，横街也。东曰太庙，西曰郊社。正北曰承天门，而其门五，双阙前引。东曰登闻检院，西曰登闻鼓院。检院之东曰左掖门，门之南曰待漏院。鼓院之西曰右掖门，门之南曰都堂。直承天门之北曰大庆门"。虽然"而其门五"一语没有讲清楚到底是承天门由五座独立的大门组成还是一座大门楼下开了五座门洞，但是由于下文中提到有左右掖门与承天门一同组成"南三门",我们可以判断此门有五座门洞,且为"双阙前引"的形式。

100年后,金朝建成的宫殿在元朝统治时期还存在,身为河南廉访使的杨奂亲自在汴梁故宫遗址上的"长生殿"参加过宴会,他在《汴故宫记》【[明]陶宗仪:《说郛》卷68】中说这里"比土阶茅茨则过矣,视汉之所谓千门万户珠璧华丽之饰,则无有也"。杨文中提到的殿宇大致可以分成朝、寝两大部分。前朝部分主要三院宫殿,其一,大庆门、大庆殿、德仪殿组成的院落;其二隆德门、隆德殿一院;其三,仁安门、仁安殿一院。后宫部分由正寝纯和殿、宁福殿统帅,其余虽然"凡花石台榭池亭之细,并不录",但是仅文中提到的"院"、"苑"之中"殿"、"阁"、"亭"、"峰"、"岩"、"洞"已经无疑地告诉我们后宫景物的繁盛。总的说来,杨奂的描写或许还算接近后来朱元璋看到的或能够推想得出的景象,虽然已变得满目疮痍。

又过了100年,徐达夺得开封那年的四月到闰七月,朱元璋亲自到这里部署对元朝的作战计划,并于八月再次驾临,一直住到十月。他对开封宫殿、官署应有较深的了解。可是这一双幼年好友所看到的汴梁城和旧宫经历了多次毁坏和重建、饥荒和屠杀,已不是北宋国都、金朝南京的样子,但是如果考察相隔还不到100年的遗迹,朱元璋会不会看出,金代汴梁皇宫前的那座两翼双阙的承天门(图1-1-07)要比自己在南京兴建的与北宋宫殿相似的皇宫门禁壮观些、园囿也丰富些呢?

徐达势如破竹地在1368年的夏天夺取元大都,改称北平府。当时的北平,城区过于广大而人口稀疏,徐达遂废弃北城墙,在城里约3公里处新建北墙,其余三面未加改变(图1-1-08)。至于前代元朝的宫殿园囿,根据《明太祖实录》的记载,徐达"封其府库及图籍宝物等,又封故宫殿门,令指挥张焕以千人守之",于是得以比较完整地保存了下来。

大都宫城内主要建筑分为南北两部分,各以一座大型院落为核心

（图1-1-07）瑞鹤图

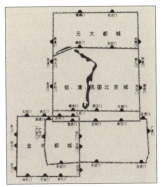
（图1-1-08）元大都与明北京城关系示意图

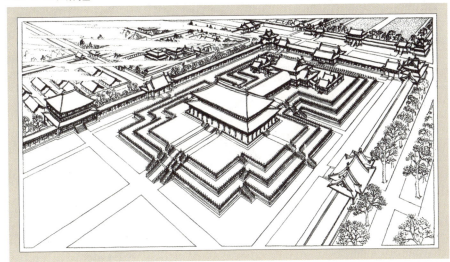
（图1-1-09）元大都大明殿复原想象图

（图1-1-09，图1-1-10）。南面院落叫做"大内前位"，中心有三层巍峨白石台基，其上便是主体建筑大明殿和后面的寝殿，两殿之间有廊庑连接；北面的院落叫做"大内后位"，格局与前院相似，主殿叫做延春阁，阁后连接有寝殿。当时人们可能比今天的我们更深地体会到，尽管元朝统治者在宫廷建设中大量地吸取了汉族文化，但元故宫仍然具有非常鲜明的蒙古文化特色。从选址上看，宫城比邻太液池，有"逐水草而居"的原因；从宫殿格局规制上看，蒙古的习惯是皇帝和皇后并列升朝不分内外，大明殿和延春阁分设朝寝，各为一体，与汉族传统的前朝后寝布局方式不同。

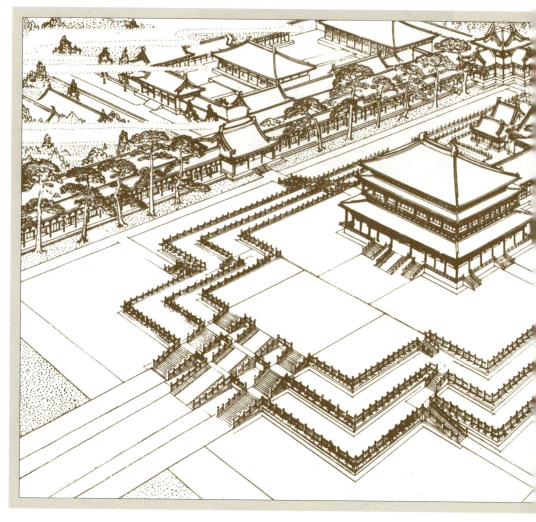

当时，朝廷中有一位工部主事叫做萧洵，随同徐达等大臣到北平遍览元代留下来的宫禁之地。想来大臣们的工作是要向洪武皇帝汇报元代宫殿的规格建置和种种细节，而萧洵这个有心人则颇有兴致地写下了一篇游记——《故宫遗录》。这篇游记补充了大名鼎鼎的陶宗仪《南村辍耕录·宫阙制度》中未能记叙的元朝末40年间又增添的建筑，对我们现在的话题来讲，它至少能够作为旁证说明元大都宫殿并未被毁坏，如果朱元璋

（图1-1-10）元大都延春阁复原想象图

需要的话，他完全可以将首都搬到北平来，或者将此处作为营造宫室的样本。但是，由于军事环境和故土情结等多方面的原因，洪武皇帝很快否定了往远处搬家的念头，而固执地希望在他的故乡凤阳建设新首都。他问大臣们建都的事时，有人讲"北平元之宫室完备，就之可省民力"，朱元璋则委婉地反对说："若就北平，要之宫室不能无更作，亦未易也"。在这句话里他肯定地表达了这样的意思：元朝的宫殿制度是不宜全面继承的，需要"更作"、改造才能符合要求。

朱元璋收拾旧山河营建新宫殿的第一段落可以划分到此，我们仿佛能够听到纷乱的战争中渐渐奏响并且嘹亮起来的序曲，北京紫禁城没有出现，但它模糊的轮廓却已慢慢地浮现了出来。在随后的洪武二年（1369年），朱元璋下诏以他的老家临濠（今安徽省凤阳）为中都，在南京金陵、北京开封之外又加一"京"，热切地想将此地作为全国的中心统治天下。对于宫殿建筑，洪武皇帝的要求是"建置城池宫阙如京师之制"，就是要按照南京大内的样子来修建中都皇宫。可是随着洪武皇帝一座接一座地进入历史古都，一点一点地切实感受历朝故宫给他带来的空间感受，他在心里边是否盘算着要保留自己南京故宫特点的同时吸取些前辈的经验呢？▲

经历就是一本书

我们要说的第一本经历之书属于刘基,也就是传说中那个有着诸葛亮一般智谋的刘伯温,他是谋划南京紫禁城宫殿规制的主要人物之一。

刘基(1311—1375年),字伯温,浙江省青田县南田人,出身于一个书香世家。刘基自幼"博通经史","于书无不窥"【《明史·刘基传》】,"神知迥绝,读书能七行俱下",【张时彻:《诚意伯刘公神道碑铭》】成为一个能够兼读博览的儒家学者。元宁宗至顺三年(1332年),22岁的刘基赴杭州参加江浙行省乡试,中第十四名举人;翌年赴大都会试,中三甲第二十六名进士,侍讲学士揭傒斯称其为"魏征之流,而英特过之,将来济时之器也"【[明]黄伯生《诚意伯刘公行状》】。但是刘基在仕途上并不顺利,时兴时谪,亦文亦武,直至至正二十年三月(1360年),方顺应时势,与宋濂、章溢、叶琛同赴金陵,辅佐朱元璋。其后,刘基在军事、政治、经济等诸多方面为朱吴政权擘画良多,曾负责在南京选址和规划宫室,朱元璋亦"常呼老先生而不名,曰:吾子房也。"【《明史·列传十六》】明朝建立后,刘伯温身居要位,参与国政,后于洪武四年(1371年)告老还乡,此年遭胡惟庸构陷,入朝引咎自责,至洪武八年(1375年)病重返乡,卒于家中,享年65岁。

撇开刘基运筹帷幄的军事才能和强本节末的经济思想不谈,他对于宫室营造的直接和间接贡献,则不仅在于熟练掌握堪舆术来审度山川形势，更在于理解和建构古代宫殿制度的宏大构思。我们不妨仔细考察一下刘基的经历和思想。

刘基一生辗转南北，游历颇广，其中对于大都和杭州两个城市中宫殿和宫殿遗迹的了解对他理解正统宫室布局及其空间感受有莫大的帮助。元代的元统元年（1333年），23岁的刘基参加会试考中第二十六名进士的时候到过大都，36岁又赴北京，写有《丙戌岁赴京师途中送徐明德归镇江》，长诗《北上感怀》也约作于此时。至于杭州，他便更加熟悉了。刘伯温22岁在杭州参加乡试；31岁隐居闲游复至杭州；38岁复出任江浙儒学副提举行省考官便在杭州，且于是年得长子刘琏，并一直居住在杭州到41岁红巾军大起义爆发，由于年底徐寿辉兵锋东向，遂离杭归里，其间还得次子刘璟；42岁重仕复归杭州。

兵马倥偬的年代很难有人有心情随笔撰写游记，上溯历史应当是揣测刘基等人眼中的皇家宫殿的唯一办法。回想马可·波罗在1282年3月阿哈马被杀时和1288年3月左右两至大都，1284年到杭州，说来也就是刘基规划南京新宫八十多年前的事。那时大都和杭州是华夏大地上最令人注目的大都会。

现有的《马可·波罗游记》共五种汉文译本，20世纪30年代冯承钧的译本因尽量搜集、参考了当时所能见到的诸重要版本，较为审慎完备，被公认为具有较高的学术水平，流传也最为广泛。因此我们连带冯氏译本中关于大都宫殿和杭州的注释一并摘录。

第八三章　大汗之宫廷

应知大汗居其名曰汗八里之契丹都城，每年三阅月，即12月、1月、2月是已。在此城中有其大宫殿，其式如下：

周围有一大方墙，宽广各有一哩。质言之，周围共有四哩。此墙广大，高有十步，周围白色，有女墙【案：宫城之墙（即波罗所言周围四哩之墙）周围有三四九八公尺，东西七六六公尺半，南北九八二公尺半，砖甃，高十一公尺。1271年阴历八月十七日动工，七阅月而工毕。辟六门，三门向南，余三门并不全在北城，东有一门曰东华门，西有一门曰西华门，若以一哩当五七五公尺，则此城大致有六哩，与今之紫禁城约略相等】。此墙四角各有大宫一所，甚富丽，贮藏君主之战具于其中，如弓、弦、鞍、辔及一切军中必需之物是也。四角国宫之间，复各有一宫，其形相类。由是围墙共有八宫甚大，其中满贮大汗战具。但每宫仅贮战具一种，此宫满贮战弓，彼宫则满贮马辔，由是每宫贮战具一种【波罗所言墙上之大宫，似指城角城门上之堞楼，波罗谓为大汗贮藏战具之所，然其后五十年《辍耕录》之著者谓贮藏战具别有所在（布莱慈奈德书55页）。案：《辍耕录》是布莱慈奈德同《新元史》所采史料之要源，曾详述元末之宫阙制度。至若波罗所见之宫阙，乃初建时之宫阙，故此二书所言微异。此种异点后经鄂里克（Odoric）证明，缘其在波罗三十五年后至大都，居留此城三年也】。

此墙南面辟五门，中间一门除战时兵马甲仗由此而出外，从来不开。中门两旁各辟二门，共为五门。中门最大，行人皆由两旁较小之四门出入。此四门并不相接，两门在墙之两角，面南向，余二门在大门之两侧。如是布置，确使此大门居南墙之中。

此墙之内，围墙南部中，广延一哩，别有一墙，其长度逾于宽度【此句仅节本中有之，虽有视其语意不明者，然其所言之墙，应指昔之大内。案：大内分两部，北为帝宫，南为大明殿等正衙，谓其周围仅一哩，则所指者仅其南部而已】。此墙周围亦有八宫，与外墙八宫相类，其中亦贮君主战具。南面亦辟五门，与外墙同，亦于每角各辟一门【此节所言诸门，可以考见其名称。波罗述大内南面五门或三门（剌木学本及中国载籍）后，所言之余二门，并非西庑之麟瑞门同东庑之凤仪门，乃为后庑之二门，一是东北角之嘉庆门，一是西北角之景福门。

除此大内及宫城二城外，尚有一第三外城，名曰萧墙，未经波罗著录，周围有二十里，大致可当今之皇城（周围十八里）。据《日下旧闻考》，丽正门（今正阳门）北有千步廊，距丽正门北约一千一百公尺为棂星门（今天安门），辟于上述之萧墙中。墙内三十二公尺，有一渠，上有三弧大理石桥一。此渠受太液池水，流经今天安门前金水桥下（布莱慈奈德书109页注69）。

准是以观，紫禁城及诸城墙，至今似未大变。元亡明兴，虽经兵燹，削平元代宫阙，然明之宫阙似仍建于旧基之上。今所见之湖丘桥梁，仍是元代之故迹，特中国人讳言胡元，不欲明言之也（玉耳本第一册272页注13）。

此种结论，似可兼适应于大都之城，不仅适用于萧墙而已也。然则昔日大都之南城，不应如布莱慈奈德所言之近（自观象台达双塔寺一线）。更据数种史料，永乐皇帝重建北京时，曾将南、东、西三城保存云】。

此二墙之中央，为君主大宫所在，其布置之法如下：

君等应知此宫之大，向所未见。宫上无楼，建于平地。惟台基高出地面十掌。宫顶甚高，宫墙及房壁满涂金银，并绘龙、兽、鸟、骑士形象及其他数物于其上。屋顶之天花板，亦除金银及绘画别无他物。

大殿宽广，足容六千人聚食而有余，房屋之多，可谓奇观。此宫壮丽富赡，世人布置之良，诚无逾于此者。顶上之瓦，皆红黄绿蓝及其他诸色。上涂以釉，光泽灿烂，犹如水晶，致使远处亦见此宫光辉。应知其顶坚固，可以久存不坏【马可·波罗所言之大宫，即《元史》之大明殿，殿基高出平地三公尺，约略可当今之太和殿。《辍耕录》述大明殿制云："后连香阁，……青石花础、白玉石圆磶，文石甃地，上藉重茵，丹楹金饰，龙绕其上。……中设七宝云龙御榻、白盖、金缕褥，并设后位，诸王百寮怯薛官侍宴坐床重列左右。前置灯漏，贮水运机，小偶人当时刻捧牌而出。木质银裹漆瓮一，金云龙蜿绕之，高一丈七尺，贮酒可五十余石。"（布莱慈奈德书49—50页，参看《斡朵里克行纪》，颉节本第一册270页引沙哈鲁《使臣行纪》，安文思《中国新志》）】。

上述两墙之间，有一极美草原，中植种种美丽果树。不少兽类，若鹿、獐、山羊、松鼠，繁殖其中。带麝之兽为数不少，其形甚美，而种类甚多，所以除往来行人所经之道外，别无余地【此处所言两墙之间一节，似有脱误，今皇城、紫禁城间，北方今有煤山，昔为御苑，辟四红门。别有内苑，辟五红门。琼岛之西又有灵囿，此皆两城间之苑囿也（布莱慈奈德书48页、60页、110页）】。

由此角至彼角，有一湖甚美，大汗置种种鱼类于其中，其数甚多，取之惟意所欲。且有一河流由此出入，出入之处间以铜铁格子，俾鱼类不能随河水出入【斡朵里克所志宫殿湖沼之文，见尽与此同。布莱慈奈德曾言马可·波罗所见之湖，即是太液池，不过湖形微变而已。案：太液池名始于12世纪时，金帝始导西山诸泉于都城北，其出入此池之水犹存，尚名金水。此太液池今名三海，剌木学本除此湖外，尚著曾有更北之一别湖，始指今之积水潭、什刹海、荷塘等水】。

北方距皇宫一箭之地，有一山丘，人力所筑。高百步，周围约一哩。

山顶平，满植树木，树叶不落，四季常青。汗闻某地有美树，则遣人取之，连根带土拔起，植此山中，不论树之大小。树大则命象负而来，由是世界最美之树皆聚于此【绿山非今之景山或俗称之煤山，乃指今之白塔山。金初筑此山，名曰琼华岛。1262年忽必烈重修岛中园林，改名曰万寿山。其山皆全玲珑石为之，峰峦隐映，松桧隆郁，秀石天成。引金水河至其后，转机运（戽斗）汲水至山顶，出石龙口，注方池（布莱慈奈德书59页）。

山南不远，有一圆城，在大石桥头。中有一殿，名承光殿，此殿与城均为元代旧物，游人在此处可见北京最美之松树，如白裹松（Pinus Bungeana）之类。石桥建于1392年，其先仅有一木吊桥，长四百七十尺，立柱架梁于二舟，以当其空。至车驾行幸上都，留守官则移舟断梁以禁往来（布莱慈奈德书60页）。此山固始于金、元，山上之白塔则建于清顺治时，1652年西藏达赖喇嘛来朝，特建此塔以资纪念（同书99页）。至若景山之名，始于清代，其俗名煤山，在16世纪以前未见著录，则波罗虽言绿山在宫北一箭之地，必非煤山明矣。1644年崇祯皇帝曾在此山树上缢死】。

君主并命人以琉璃矿石满盖此山。其色甚碧，由是不特树绿，其山亦绿，竟成一色。故人称此山曰绿山。此名诚不虚也。

山顶有一大殿，甚壮丽【考《辍耕录》，万寿山顶有广寒殿"七间，东西一百二十尺，深六十二尺，高五十尺。……中有小玉殿，内设金嵌玉龙御榻，左右列今臣坐床。前架黑玉酒瓮一，玉有白章，随其形刻为鱼兽出没于波涛之状，其大可贮酒三十余石。又有玉假山一峰、玉响铁一，悬殿之后。"然则波罗所志绿山上之宫殿，显指此广寒殿，而绿山显是琼花岛，彰彰明矣。中国载籍谓此山有石名曰翠岩，并题有"幽芬翠草"之句，名曰绿山，洵不诬也（同书61页）】，内外皆绿，致使山树宫殿构成一色，美丽堪娱。凡见之者莫不欢欣。大汗筑此美景以为赏心娱乐之用【大汗宫内，言之难尽。尚有一事，可广异闻。忽必烈建筑大都宫阙以后，命人取莎草于沙漠，种之宫中，欲使子孙勿忘其发源之地。此草球根形，似隶莎草科（Cypéracées, 同书57页）】。

第一五一章　蛮子国都行在城

……此城尚有出走的蛮子国王之宫殿，是为世界最大之宫，周围广有十哩，环以具有雉堞之高墙，内有世界最美丽而最堪娱乐之园圃，世界良果充满其中，并有喷泉及湖沼，湖中充满鱼类。中央有最壮丽之宫室，计有大而美之殿二十所，其中最大者，多人可以会食。全饰以金，其天花板

(图1-1-11)朱元璋像(2张)

及四壁,除金色外无他色,灿烂华丽,至堪娱目。【(意)马可·波罗:《马可·波罗行纪》,冯承钧译,北京,东方出版社,2007】

不好说刘伯温是否有幸目睹了马可·波罗写到的一切,但是可以肯定他在做南京宫殿规划时得到的前代宫殿建筑资料比马可·波罗的更加详尽——也免去了翻译的辛劳——虽然随着两年后徐达攻陷元大都,一手资料不断充实,刘基还可能发现不少有待改进之处。

我们再来关注一下朱元璋(图1-1-11),王朝宫殿规划的最终决策者。

朱元璋比刘伯温小十七岁，出身赤贫。造反之后运道极好，先后得到了多位有势力、有见识的人的帮助，终于确立了自己的地位。虽然在穷苦的幼年没有受教育的机会而起事后又陷于日理万机之中，但是这位皇帝自己还是懂得读书的重要，并且不断努力提高文化水平。早在元至正二十六年（1366年），朱元璋的军队攻取杭州的那一年，已经看到胜利曙光的他就命下属访求古今书籍，藏在秘府中，以资阅览。他对侍臣们谈读书和治国的关系时说："三王五帝之书不尽传于世，故后世鲜知其行事。汉武帝购求遗书，六经始出。唐虞三代之治可得而见。武帝雄才大略，后世罕及。至表章六经，阐明圣贤之学，尤有功于后世。吾每于宫中无事，辄取孔子之言观之，如'节用而爱人，使民以时'，真治国良规。孔子之言，诚万世师也。"【《明太祖实录》卷二十】即位南京的第一年（1368年），他便在宫中建大本堂，贮藏古今图籍。他不囿于传统见解，还经常纠正教师的说法。如对汉景帝时的七国之乱，他就认为太子师说"曲在七国"是"偏见"。对古人的见解包括韩柳的文章，他也时有批评。他的看法未必都对，但秉着不泥古的态度，可以影响到他的书法（图1-1-12），也可以影响他对宫殿建筑规制的要求。

朱元璋的性格决定了他不会简单重复前代的宫室格局，他甚至不会满足于自己昨天的作品。朱元璋的性格也决定了他对建设宫室的要求是一丝不苟的，虽然在当时的国力条件下，难免留有遗憾。从南京的兴建到中都的营造，再从罢建中都到改造南京皇宫，一切努力都像是在追逐着理想的梦。到头来，年近古稀的朱元璋不得不留下这样的话："宫城之地，首昂中低，形式不称。本欲迁都，年老力倦，兴废有命，惟有听天。"或许这句话根本就是朱棣的墨客们为了证明迁都北京的正确而杜撰的，但是它却道出了南京宫殿固有的缺陷——填埋燕雀湖作为宫殿造成了地势低洼甚至下沉的现象以及宫中积涝不易排除的问题。又有谁知道晚年的朱元璋心目中理想的皇宫会是什么样子呢？

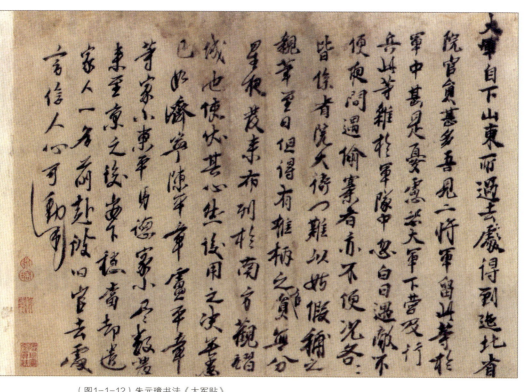

（图1-1-12）朱元璋书法《大军贴》

研究宫殿建筑的人看来，这两位老人合作成果之一便是在中国古典礼制的基础上确定了宫室制度。这个制度决不是抄袭之作，而且与前朝宫殿相比，这个制度具有鲜明的特点。

在这两位老人之后，参与实现皇宫规制行列中的人陆续有营造北京宫殿时的朱棣、陈珪、李友直等，那是一种决策者和执行者的合作，更多的是在因地制宜地实践既定规制。▲

北京紫禁城的直接蓝本

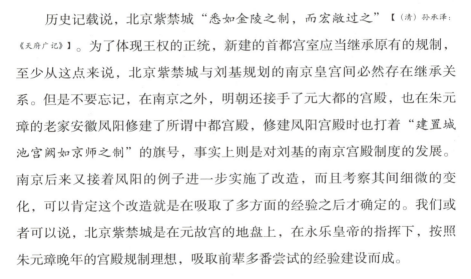

历史记载说，北京紫禁城"悉如金陵之制，而宏敞过之"【（清）孙承泽：《天府广记》】。为了体现王权的正统，新建的首都宫室应当继承原有的规制，至少从这点来说，北京紫禁城与刘基规划的南京皇宫间必然存在继承关系。但是不要忘记，在南京之外，明朝还接手了元大都的宫殿，也在朱元璋的老家安徽凤阳修建了所谓中都宫殿，修建凤阳宫殿时也打着"建置城池宫阙如京师之制"的旗号，事实上则是对刘基的南京宫殿制度的发展。南京后来又接着凤阳的例子进一步实施了改造，而且考察其间细微的变化，可以肯定这个改造就是在吸取了多方面的经验之后才确定的。我们或者可以说，北京紫禁城是在元故宫的地盘上，在永乐皇帝的指挥下，按照朱元璋晚年的宫殿规制理想，吸取前辈多番尝试的经验建设而成。

先看一看早期的南京明宫。元末农民起义发展到至正十六年（1356年），红军大元帅朱元璋率军攻占了集庆（今南京），改集庆路为应天府。清代嘉庆年重修《大清一统志》卷七四《故宫城》记载："旧志，宋行宫在京城（指今南京）内大中街。元至元十五年（1278年），（元世祖忽必烈）拆故宫材木，输之大都，遗址仅存。二十三年（1286年），改为御史台治。至正十六年（1356年），明太祖入金陵，建军府于此。寻为吴王府，又建为皇宫。后改筑皇城于东偏，称此为旧内。"【《大清一统志》】这里说的"改筑"之举，是指至正二十六年（1366年）八月间"命拓应天城，初建康旧城西北控大江，东近白下门外，距钟山既阔远而旧内在城中，因元南台为宫，稍庳隘。太祖乃命刘基等卜地，定作新宫于钟山之阳，在旧城东白下门之外二里许。故增筑新城，东北尽钟山之趾，延亘周回凡五十余里。规制雄壮，尽据山川之胜焉"【《明太祖实录》卷二十一】。因而有了南京故宫。南京故宫宫室虽久已无存，所幸的是，至今我们还能看到其建筑遗址——是经过"罢建中都"后改造过的建筑遗址。因此，解读这段历史的时候需要多方校雠比对。

当时56岁的刘基是选址擘画南京故宫的首要人物。虽然当时刘基还不能随大军攻向北平，但是他应当曾经凭借印象和案头资料仔细研考过历代正统王朝的宫殿设置，他也可能读过陶宗仪记录的史官虞集的话："尝观纪籍所载，秦汉隋唐之宫阙，其宏丽可怖也，高者七八十丈，广者二三十里。而离宫别馆，绵延联络，弥山跨谷，多或至数百所……"【陶宗仪：《南村辍耕录》】，元代尽管"幅员之广，户口之夥，贡税之富，当倍秦汉而参隋唐也，顾力有可为而莫为，则其所乐不在于斯也"，因而宫殿"大有径庭于古也"。南京宫殿的做法在尺度上更接近于北京元朝故宫，未"高者七八十丈，广者二三十里"；但在制度上，则更重视恢复汉族文化传统。

从总体自然形势上讲，南京宫城背依钟山的龙头富贵山，填湖造宫，以旧城东渠为皇城西壕，连通内外五龙桥。究其放弃原六朝及南唐宫殿旧址所在的平坦地带的原因，则有避讳"六朝国祚不永"外，还因旧城居民密集，又多功臣府邸，迁置非易。

从宫城规划思想上讲，刘基是否遵循了古代的"三朝五门"制度，不同学者有不同的看法，但是至少朱元璋的"老先生"已经明明白白地确定了前朝部分有奉天、华盖、谨身三大殿，后宫部分由乾清宫、坤宁宫率领八宫"以次序列"，更显礼教规范，摆脱了元大内正朝大明殿、常朝延春阁分设寝殿，殿内帝、后并列设座的做法。

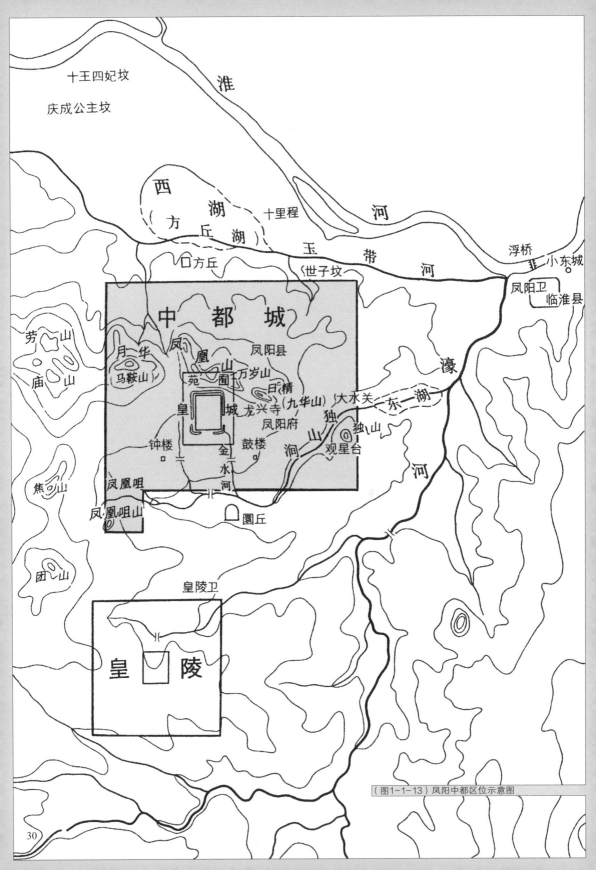

(图1-1-13) 凤阳中都区位示意图

我们须得接着关注改造南京紫禁城前建设的凤阳紫禁城。《明太祖实录》记载，洪武二年（1369年）深秋，不顾刘基的反对，朱元璋权衡再三，下决心"衣锦还乡"营造中都（图1-1-13）。官样文章是这样说的：

初，上诏诸老臣问以建都之地。或言关中险固金城，天府之国；或言洛阳天地之中，四方朝贡，道里适均；汴梁亦宋之旧京，漕运方便（此四字根据《昭代典则》补）；又或言北平元之宫室完备，就之可省民力者。上曰：所言皆善，唯时有不同耳。长安、洛阳、汴京实周、秦、汉、魏、唐、宋之所建国，但平定之初，民未苏息，朕若建都于彼，供给力役悉资江南，重劳其民；若就北平，要之宫室不能无更作，亦未易也；今建业长江天堑，龙盘虎踞，江南形势之地，真足以立国；临濠则前江后淮，以险可恃，以水可漕。朕欲以为中都，何如？群臣皆称善。至是，始命有司建置城池宫阙如京师之制焉。【《明太祖实录》】

在此期间，朱元璋曾经借鉴过元代宫殿的规划，洪武二年，十一月丁卯，"奏进工部尚书张允所取《北平宫室图》，上览之"【《明太祖实录》卷四十七】，这位已过不惑之年的皇帝无疑注意到了元大内的午门采用双阙前引的形式。另外，当时儒臣们关于礼教制度的方方面面也研讨日深，朱元璋肯定更希望在这次新的实践中实现完善的体系。

在委派大员方面，这次朱元璋用的是"外宽和，内多忮刻"的太师、韩国公李善长。李善长名义上于洪武四年（1371年）正月同刘基一道致仕回家，实际上当年三月便因董建临濠宫殿而受到了封赏。营建中都的工程连续不断地进行了六年。到洪武八年（1375年）初夏，朱元璋"亲至中都验功赏劳"归来，终觉难以收拾"役重伤人"引发的反抗，当天便以"劳费"的理由"诏罢中都役作"，在凤阳拆了部分宫殿，移建龙兴寺，纪念一下，也慰藉一下，另外就是在南京集中精力"改建大内宫殿"，"制度皆如旧，而稍加增益，规模益宏壮矣"【《明太祖实录》卷一一五】。极其凑巧的是，刘伯温也在这一天泯然辞世了。凤阳故宫虽未完竣便遭停作，但是其选址、规模、格局、装饰等方面深远地影响着明代宫室的模本，直至于北京紫禁城的建设。

中都城选址在濠州城西二十里的凤凰山之阳，皆因濠州城地势平坦低下，而其东的古钟离城虽地势稍高，但也无险可恃。凤凰山，以形似名，是新城的依托，再北为沿淮平地和洼地；东面和南面是濠河及其支流。此山之外，城内尚有"万岁山，在府城中，禁垣北径其上，山之东西有二峰对峙，东曰日精（旧名盛家山），西曰月华（旧名马鞍山）"

【[明]陈循等撰：《寰宇通志》，扬州，江苏广陵古籍刻印社，1987，卷9/1a，转引自王剑英：《明中都》，39页，上海，中华书局，1992】。这种后有靠山，东西翼辅的环境使中都紫禁城地理形势无疑远胜南京填湖建宫"前昂后洼"的形势（图1-1-14）。紫禁城外的一圈"禁垣"，就是明代后来习惯称为的皇城（明初惯称紫禁城为皇城，称皇城为禁垣），枕于万岁山之上；紫禁城更是"席凤凰山以为殿"，利用凤凰山南平缓的坡地，增加宫室的宏大气魄。

关于明中都宫殿建筑的记载，并未出现在《明实录》、《寰宇通志》、《大明会典》、《大明一统志》等史册中，仅在《凤阳新书》中有所描述。考察宫殿建制，主要特征可以归纳为三部分。

外朝部分，是"询国危、询国迁、询国君"的地方，皆系国家、百姓之事，涵盖颁诏、颁历、献俘、秋审等事务，分别于午门前不同的殿宇门庑中执行。中都午门左右两观翼然，外置中书省、大都督府和御史台，阙门外左祖右社，午门前有御桥，在外有端门、承天门、大明门，门前为洪武街和千步廊。尤其是将太庙和太社稷分别列于阙门东西，这种做法是突破性的举措，直接影响了南京故宫的改造和北京故宫的营建。前代宫殿尊崇《周礼》"左祖右社"记载者并未如此突出紧凑地布置，朱元璋的吴王新宫也把太庙建在皇城东北，把社稷建在宫城西南。后来洪武八年（1375年）改建太庙，十年（1377年）改建社稷坛时，朱元璋亲口承认当时"愚昧无知"，以致"地势少偏"，并将改正

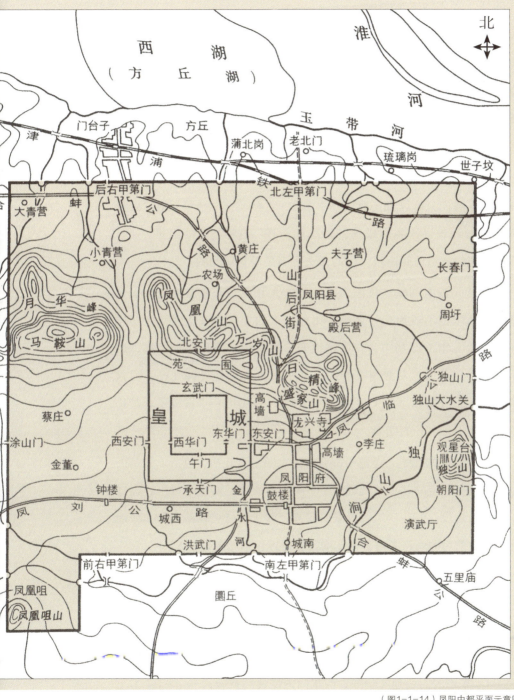

（图1-1-14）凤阳中都平面示意图

后的样子作为国家定制。

治朝部分,"听治"之所,大宰"赞"之,系国家政治之事,当涵盖君礼、臣奏诸事,包括大殿、御门等建筑空间和院落空间。遵照南京的制度,就是遵照刘基定下的前三殿的规制,中都的做法无非是完善前庭的宏大院落,在适当的地方增加门庑。

作为燕朝的后寝之地,则应包括接晤、议事、宴饮等事务,宫殿的使用更加不固定。没有资料能够说明凤阳宫殿的这两部分都有什么殿,我们只能读到《凤阳新书》【(明)袁文新:《凤阳新书》】中"兴福宫在大内之正中,其余殿宇,惟基址尚存"这样简短的记述。但是后宫嫔妃的宫室仿照南京大内的做法应当是没有疑问的。

是不是没有刘基,凤阳宫殿一样宏大壮观?若非劳役过重引发骚乱,凤阳岂不成为又一名都?年近五十的朱元璋可能固执地这样想。洪武九年(1376年),更将临安公主嫁给李善长之子李祺,后来"寻命(善长)与曹国公李文忠总中书省大都督府御史台,同议军国大事,督圜丘工"【《明史·列传第十五》】,也算进一步发挥了李善长监督管理工程事务的能力。

顺着时间的线索,罢建中都后,南京明皇宫开始了改造。刘基去世了,刘基制定的基本制度延续了下来,即所谓"制度如旧";经过了中都的建设,一些建筑设置需要完善,即所谓"规模益宏"。仔细比较改造前后的南京大内,稍加增益的地方包括(图1-1-15):

1. 午门在原来的基础上"翼以两观",并在午门中间三个大门洞之外,东西再各添加一门;

2. 奉天门(即午门内三大殿前的大门)左右增筑东、西角门;

3. 奉天门外两庑增筑左、右顺门;

4. 东华门内增建文华殿,西华门内增建武英殿;

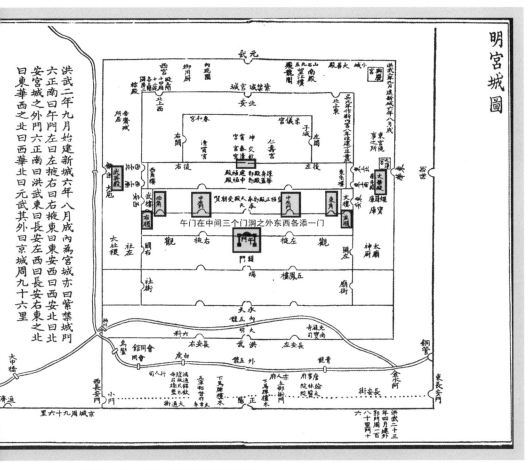

（图1-1-15）改建后的南京故宫平面示意图

5. 奉天殿左右，增筑中左门和中右门；
6. 增筑后宫正门。

这里尤其以增加后宫正门具有制度意义。但是，在历史资料不足的今天，有谁能够合理地推断出当时没有正门的后宫建筑群应当具有什么样的布局呢？▲

朱棣的盘算

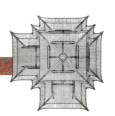

在明成祖朱棣小的时候,朱元璋就亲自向儿子们谈讲学问。皇子读书的大本堂与文华殿他经常去,并和太子、诸王商榷古今,评论经史。朱元璋还为太子诸王聘请道德学问都是第一流的老师。《明史·桂彦良传》说,"明初特重师傅。既命宋濂教太子,而诸王傅亦慎其选。(桂)彦良、陈南宾等皆宿儒老生"。从老师那里,不同的人可以学到不同的东西。朱棣学到的是经邦纬国的雄才大略,而不是琴瑟文章的儒雅品好(图1-1-16)。

后来朱元璋分封儿子们为藩王,并定下了"藩屏帝室"的任务。这个任务非但一点也不轻松,而且既事务繁重又责任重大,因此也不是随便哪个皇子都可以胜任的。朱元璋不愧是知人善任的领导者,被封在北方边陲的这几个皇子大都是"英武智略",朱樉、朱㭎和朱棣在北方曾经率领一些将领,打击了故元残部,在相当程度上发挥了警卫边陲、夹辅皇室的作用。不过,分封是一把"双刃剑",由他洪武皇帝把握着,可以剑锋向外,保国杀敌,一旦失控,剑锋也是可以对准内部的。

洪武三十一年(1398年)朱元璋死后,因太子朱标早亡,皇太孙朱允炆嗣位,改元建文。建文帝为了实现中央集权,不久便连续废周王朱橚、齐王朱榑、岷王朱楩为庶人,后秘计擒废燕王朱棣。"英武智略"的朱棣绝非俎上鱼肉,借靖难为由,起兵南下,攻入南京,建文帝不知所终。朱棣遂夺取帝位,以明年(1403年)为永乐元年。

不仅在权力斗争的战场上朱棣具有超越常人的胆识，在迁都北平兴建宫殿这件事上，这位永乐皇帝也是充分发挥自幼培养出来的领导才能和指挥技巧，他一系列的手段——任命得力助手、审定宫殿规制、计划工程进度、对付反对意见，用"老谋深算"来形容再恰当不过了。

登极之后的朱棣不能忘怀起家的燕赵之地，不能小看蒙古势力对北部边疆的威

（图1-1-16）朱棣画像

胁，其实他早就下决心定都北京了。与朱元璋"衣锦还乡"营造中都的想法不同，定都北京是一个具有战略眼光的决策。元亡后，南方边陲不足为虑，而北方边疆蒙古各部时有侵扰，始终难以长治久安。洪武时期一直对故元各部采取容忍政策，永乐初期也一方面加强防卫，一方面和睦怀柔，频有赏赉，但蒙古部落仍屡屡骚扰。定都北京可以从根本上改善北方防御，政治和军事目的昭然。永乐起于北京，虽平定全国，但他的政治力量，宿将谋臣多为原燕邸旧人，更多地依靠故有势力，并以北京为基地招致、调遣南方官吏可以使这位驰骋疆场、杀戮无数的皇帝从政治上、心理上有所保证和寄托。

但是因为一方面需要稳定南方政治局势,彻底平息对于篡夺建文帝位、抛弃太祖所创之南京宫室基业的议论,一方面国力待苏,他不愿意承担重复建设劳民伤财的名声,另一方面还需要不时兴兵征讨,劳动军民,平定边境动乱,所以不能直截了当地行事。反观当时定都北京、营建紫禁城的整个过程,永乐皇帝的策略是循序渐进,先着手做物质准备,再按部就班地借臣下之口提出建议,消除不同意见于无形。

永乐元年(1403年)正月,朱棣祭天还宫之后,礼部尚书李至刚等首先提出北平应建为京都。此议正合皇帝心愿,北平也就改名成了北京。三月,命都督佥事率舟师重开海运输粮至北京,自是岁为常;八月,又发流罪以下之人垦北京田,后并徙直隶苏州等十郡、浙江等九省富民实北京。

永乐四年(1406年),闰七月初五日,"文武群臣淇国公丘福等请建北京宫殿以备巡幸"【《明太祖实录》】。于是,朱棣顺水推舟,命尚书、侍郎、副都御使、佥都御史等大员七人分赴五省采办木植,督军民匠役烧造砖瓦,命工部征召天下诸色匠役、军士、民丁来年到北京候命待工。

永乐五年(1407年),徐皇后崩逝,然一直未葬;永乐七年(1409年)三月,朱棣亲至北京,五月即命礼部尚书赵羾在北京择地建陵。

永乐十一年(1413年),陵寝工程初具规模,命名为长陵,二月葬皇后,至永乐十四年三月长陵殿堂告竣,奉安皇后灵位于殿内。

永乐十四年(1416年)八月,朱棣下令先在北京建一座西宫,作为北巡时视朝之所,其址在太液池西元代的隆福宫、兴圣宫旧地;十一月,永乐皇帝"复诏群臣议营建北京……工部奏请择日兴工,上以重建事重,恐民力不堪,乃命文武群臣复议之。于是公、侯、伯、五府都督及在京都指挥等官上疏曰:臣等窃闻北京河山巩固,水甘土厚,民俗淳朴,物产丰富,诚天府之国帝王之都也……比年车驾巡狩,……趋河道疏通,漕运日广,商贾辐辏,财货充盈,良材巨木已集京师,天下军民乐于趋事。……六部……等官复上疏曰：……即位之初，尝升为北京而宫殿未建……伏乞早赐圣断……以副臣民之望"【《明史·地理志一》】。在这段文字中，"河道疏通，漕运日广，商贾辐辏，财货充盈"早在永乐元年便已埋下了伏笔；"良材巨木已集京师，天下军民乐于趋事"是永乐四年便已启动的，绝非"良材大木不劳而集"；就连这个议论的主题，永乐皇帝早早地在永乐元年五月便以有关的问题暗示过了，当时他提出"北京，朕旧封国，有国社、国稷。今既为北京，而社稷之礼未有定制，其议以闻"【（明）刘若愚：《酌中志》卷十一】，但当时礼部、太常认为古制别无两京并立太社太稷之礼，国家中心仍确定在南京。

永乐十五年（1417年）四月，西宫成；六月北京宫殿正式全面兴工。就这样，在元代故宫原有的基础上，明代紫禁城的轮廓逐步浮现了出来。用朱明儒臣的话讲，是"压胜前朝"；今人来看，或许是一种既为元朝宫室惋惜，又为一代文化载体的诞生而充满欣喜的矛盾感受吧。

永乐十八年（1420年）十一月戊辰，"上自明年御新殿受朝，诏天下曰：开基创业，兴王之本为先；继体守成，经国之宜尤重。……爰自营建以来，天下军民，乐于趋事，天人协赞，景况骈臻，今已告成。……"【中央研究院历史语言研究所校：《明太宗实录》（影印本），北京，中央研究院历史语言研究所，卷231】北京紫禁城工程正式告竣。自此，永乐帝再未回驾南京宫殿。

这是永乐帝一步一个脚印地把王朝正统转入自己的轨道的过程。皇帝要实现他个人的想法是要符合礼法规章、顺应天意民心的；有谋略的皇帝在中国传统文化背景下顺利实现自己的想法是要运用政治手段、利用臣工舆论的；皇帝们的言行被他们设立的官员小心翼翼地记录了下来；皇帝们的真实想法也便在故事的前因后果中显露了出来——不管这些记录多么枯燥、简略，经历多少有意的修改。▲

贰 理想城

古代欧洲的建筑师们曾经梦想建设完美的城市,要实现合乎上帝的意志,还要合乎实际的需求,要坚固、实用、美观。他们把这种城市称为理想城(Ideal City)。

紫禁城的规格制度,关乎国家政治理念,统率北京城市规划,呼应帝王统治礼仪制度,具体表现在对朝仪、寝兴的建置上。规制层次上的问题主要是由儒臣们提出、议论,最终由皇帝决策定案。紫禁城是中国帝王心中的理想城。

明朝的皇帝提到宫城规制的时候,元代的宫廷规制是不可取的。当时元朝皇宫正殿是大明殿。一切重大仪式,如皇帝即位、元旦、庆寿等,都在这里举行。殿内设"七宝云龙御榻,白盖金缕褥,并设后位"。皇帝和皇后并列而坐,是蒙古族的传统,明朝皇帝不想接受,而是希望首先符合中国汉族王朝的"正统"。正统前提下的紫禁城才可能是保佑王朝长治久安的理想城。

一套说法

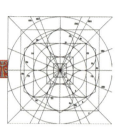

天子以正统享天下，又以符合"古制"标榜政权的正统地位。这里所说的"古制"，最具代表性的当推"左祖右社"和"三朝五门"之说。

《周礼·考工记·匠人营国》："匠人营国，方九里，旁三门，国中九经九纬，经涂九轨，左祖右社，面朝后市，市朝一夫。"这里所说的国都的尺度、道路规制，和以"夫"为单位的"市"、"朝"的规模，与皇宫的关系尚不密切；而这里讲的"祖"（太庙）、"社"（社稷）原本也是在都城这个大范围下的概念，只是从朱元璋建设凤阳起，被布置到了午门近旁。

"三朝五门"到底指的是什么？今天在这里的讨论比起当时在朱元璋殿堂上的讨论肯定要自由得多，至于所据资料则古今各有偏重和所长。我们不妨看一看永乐年间修纂的《永乐大典》中的记录。《永乐大典》"凡书契以来经史子集百家之书，至于天文、地志、阴阳、医卜、僧道、技艺之言，备辑为一书，毋厌浩繁"，并以《洪武正韵》为纲，"以韵统字，以字系事"。《大典》共正副两部，正本下落不明，副本系嘉靖重录，清乾隆后保管不善，亡散日多，终于八国联军之乱中焚毁殆尽，所余散帙。究其总体卷册，原帙二万二千八百七十七卷，今所见残存者终究不过八百余卷。透过仅有的历史资料，能够读出哪些明代儒臣们对"三朝五门"制度的理解呢？

《永乐大典》目录表明：《大典》卷三五一八至卷三五二四会释"门制"，先述周代、秦代宫门，再记汉至隋朝宫门，唐宫门，宋辽金元宫门，至于明宫殿门、诸国门、祠宫门，周至魏都城门、晋至元明都城门，以及郡邑城门；《永乐大典》卷一七四六四至卷一七四六六解释朝贺制度，包罗了汉至五代朝贺、宋朝贺、辽元朝贺和国朝朝贺等内容。可惜的是，这些卷册多在散失之列，只有1983年山东莱州人孙洪基先生将亲自发现的三五一八、三五一九两卷捐献国家，使今人对明代辑录的宫门制度有所了解。其余则无从得到文字原貌，尽管如此仍然可以看出，明代初期的学者对于历代宫廷朝、门制度不仅非常熟悉而且非常系统。

　　那么现存至今的文献中记载的"三朝五门"制度是什么样呢？

　　三朝，即外朝一，内朝二，内朝又包括治朝和燕朝，散见于《周礼》。外朝，据《周礼·秋官》，"小司寇之职，掌外朝之政"，"朝士，掌建邦外朝之法"，其主要功能包括：一询国危、二询国迁、三询国君，审理百姓诉讼，依法定刑，公布法令等。其位置当于宫城之外。治朝，据《周礼·天官》载，"宰夫之职，掌治朝之法"，大宰"王眂治朝，则赞听治"，其功能以日常朝会和处理奏事为主，位置当在宫城内的前部。燕朝，据《周礼·夏官》载，太仆的职掌有"王眂燕朝，则正位，掌傧相"，其主要功能是接待会晤，燕饮和举行册命等，位置当在宫城内治朝之后。

　　五门，按照比较通行的说法，是"皋、库、雉、应、路"或"皋、雉、库、应、路"五门，各说之间仅有次序的差别。其中，皋门，"皋，缓也……门之远者谓之皋"，"皋，告也，王居外朝，播告万民谋大事也"；库门，各说定义多有歧异，代表性的解释是汉代的郑玄注释、唐代孔颖达等作正义的《礼记·郊特牲》中的语句"献命库门之内，戒百官也；太庙之命，戒百姓也"，郑玄注"库门在雉门之外，入库门则至庙门外矣"；雉门，"两观，皆天子之制"，特指今故宫午门一样的大门左右两翼前展的形式，《左传·定公二年》"夏五月壬辰，雉门门及两观灾"

的记载从侧面印证了雉门的建筑形式；应门，"应，当也，当朝正门"，"应门发政以应物"；路门，"一曰毕门，又曰虎门"，"人君所居皆曰路，以大为名"。

　　研究者发现，实际上从战国以后，都城宫室制度中循此三朝五门制度者无几，直到唐长安始有其意，后来元失此制。对比北京紫禁城建成结果、明朝使用建筑空间的方式和古代制度，我们可以发现二者相当吻合（图1-2-01）：

　　皋门，相当于北京的天安门，起初称为承天门。门外有部府衙门，每遇大典，在承天门举行颁诏仪式，门外及门内至午门区域的功能又可比附"外朝"。

　　库门，相当于今天的端门，端门前庭院东西各有一门，分别通往太庙和社稷坛，基本能够附会古制的说法。

　　雉门，就是今天故宫博物院的南大门午门，明清两代均于此举行献俘礼。午门的左右雁翅楼就是雉门的双观。原来刘基规划的南京故宫的午门还没有双观，直到朱元璋在凤阳中都的营建中更加努力地追求正统的宫殿制度之后，南京大内午门的建筑形式才采用了和北京故宫一样的阙门形制。

　　午门之内，便是今天惯称的太和门，其原名是奉天门，后改为皇极门。明代皇帝在这里御门听政，处理国家大事。所以太和门可以说就是五门制度的应门。

　　太和门之内，为故宫的核心前三殿，综合从午门内一直到前三殿区域，不同的空间被赋予了不同的朝政功能，总体上讲可以称为"治朝"区域。

　　路门，相当于故宫的乾清门，门内则帝后、嫔妃的寝宫，即为"路寝"之所。明朝皇帝在门内的乾清宫居住并召

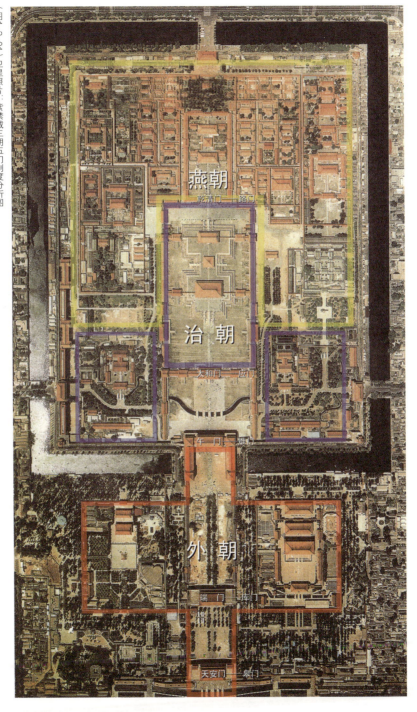

〔图1-2-01〕卫星照片：紫禁城三朝五门制度分析图

(图1-2-02)三台卫星照片

见臣工，是为"燕朝"。

符合"古制"的宫城规制还需要符合当时的天人合一的观念，顺应阴阳，调和五行。阴阳五行说在中国扎根远久，甚至被说成是"天地之道"，是"万物之纲纪也"，"故圣人作则必以天地为本，以阴阳为端，以四时为柄，以日星为纪，以月星为量"《礼记·礼运篇》，如此深刻地影响到国人的信仰、认知方法、思维模式和生活习惯等诸多方面。与营造密切相关的主要包括数目的正负、奇偶，方位的上下、前后，命名的文字遴选，装饰的纹样选择、色彩搭配等。

（图1-2-03）三大殿外景（4张）

（图1-2-04）三台外景

具体地讲，故宫被认为是人间的紫微宫，当居大地之中；三大殿更应居宫中之中。而五行中央为土，三殿所依的巍峨三层汉白玉石台，便被设计成"土"字形轮廓（图1-2-02）。再有，紫禁城外朝为阳，内廷为阴，皇统为阳，后宫为阴，同时又有阴阳相济之相生处。阳者多以奇数相合，如三大殿（图1-2-03），承托三殿的三层汉白玉平台（图1-2-04），皇子所居的乾清宫东西五所等；阴者则选偶数相应，如后两宫（南京故宫在建文元年即1399年于乾清宫、坤宁宫之间添建省躬殿；永乐朝未采用建文制

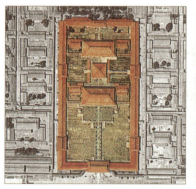  

（图1-2-05）后三宫在紫禁城中的位置及外景（4张）

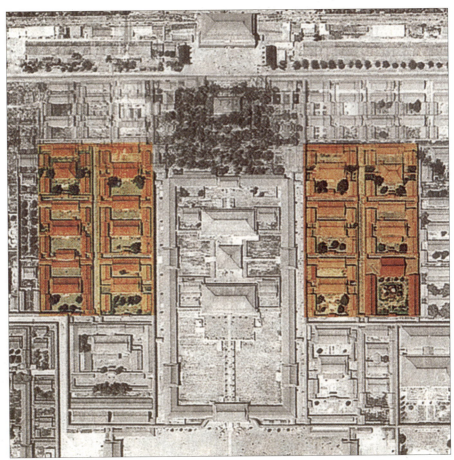

(图1-2-06)东西六宫卫星照片

度,北京故宫至嘉靖时期方兴建后两宫之间的交泰殿,(图1-2-05),东西六宫等(图1-2-06)。核心殿宇命名选《易》乾坤之文;琉璃屋面色泽又突出五行方位、相克相生规律,如将太子读书的地方设在东华门内,是五行中"木"的方位,定屋顶琉璃为绿色,是为东方之色(图1-2-07)。

到此为止。笔者不想花太多的笔墨阐述阴阳五行说在故宫的具体体现。因为笔者以为,除了古人确实附会在设计中的一些观念之外,从根本上指导设计的总体原则只有一点——建立在历代皇统规制上的本朝规制。换言之,皇统规制是统率一切的要点,阴阳五行是对信仰和观念的比附,后

（图1-2-07）文渊阁外景（2张）

者是不可或缺的，但是是第二位的。

除上文中提到的规划特点及其背后的种种阴阳五行说法，当今的研究者仍然力求发现紫禁城内深藏的设计思想，其中有的研究洞察入微，但是也有的钻了牛角尖，误解了古人的用意，成为一种貌似神

（图1-2-08）东华门门钉

离的揣度。究其实质，还要说回来，历代营造、修缮紫禁城的古人们在设计中是有主有次的，他们既要对皇帝负责，不忽视规划要点，又不会陷在细枝末节中无法自拔。

在种种误解中，具有代表性的是多年来关于"东华门门钉"的讨论。东华门门钉九行八列，与紫禁城另外三门九行九列不同（图1-2-08）。关于这个现象，曾经流行过多种说法：或曰因为李自成攻入北京，崇祯皇帝自此出逃，所以被清代定成"罪门"；或曰清帝出殡多经此门，成为"鬼门"；或曰门扇过窄，只好排作八列；或曰东方属木，中央主殿属土，木克土，只好权将此门门钉定为阴数，阴木不克阳土，从而化凶为吉。其实，前两种说法牵强附会，都有反例，不攻自破；"门扇过窄"的说法过于草率，——要知道设计者是要对失误负绝对的责任的，是要用性命来担保这种关乎规制的大事的；至于最后一种说法则过分拘泥于吉凶说的细节，——虽然古代常常有一些故弄玄虚的阴阳生，但是宫禁大门更须体现宫廷制度，其他问题都在其次。上述解释大多抱着猎奇的心

态，是以玄虚之心揣测本不玄虚之事，并无广泛深入的调查，算不得踏实的研究。

事实上，紫禁城还有午门左右掖门的门钉与东华门相同，也是九行八列（图1-2-09），这是吉凶等说法所无法解释的。有学者据此考察明代的门制，发现午门中间的门洞是"帝门"，专供皇帝车驾出入；两侧的门是"王门"，王公经此出入；左右掖门则为文武百官上朝之用。三个级别规模不同，以示尊卑，而百官所经之门更是采用了比皇宫普通大门低一个等级的门钉排列，同时还高于王府大门的九行七列规格。至于东华门，地位低于西华门，皇帝出入西华门较为常见，而除明英宗复辟时由东华门入紫禁城外，此前没有一个皇帝正式从东华门经过。到了嘉靖皇帝，他登极前礼部拟仪，要他从东华门入，

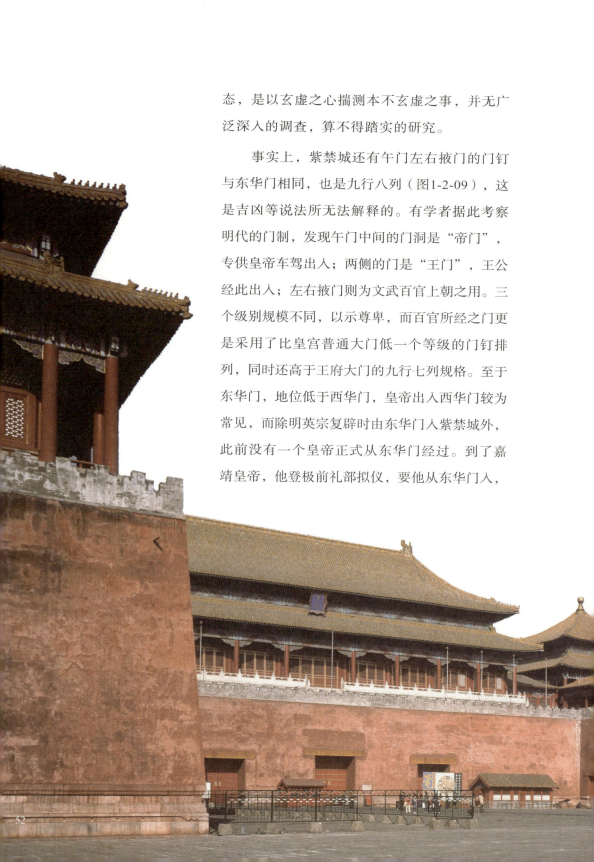

（图1-2-09）午门外景及左右掖门门钉（2张）

先到文华殿行太子礼，然后再去奉天殿登极。朱厚熜称"吾嗣皇帝位，非为人子"，拒绝从此门进宫，必要进大明门，迫使朝臣妥协。可见东华门地位较低。这种九行八列的门钉制度是明代永乐朝规划紫禁城时便已确定好了的，具有严格的等级规制色彩，并非阴阳生推衍吉凶所得。

总之，统观中国历代国都宫室，经过多次历史实践的摸索和儒家学者全面探讨，最终形成如此呼应古典制度，如此恰当运用阴阳五行说来象征骈比者，唯北京紫禁城耳。▲

一组网格

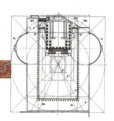

　　皇帝住的地方定要与天庭紫微垣相合,就像西方建筑师把建筑的比例与人体比例、进而是上帝自己的比例对应起来一样。如果说在欧洲人体比例是上帝、建筑之间的纽带,那么在中国,"自然秩序"就是天庭、皇宫之间的联系。

　　大概有多少个风水先生就能说出多少套紫禁城风水阴阳交泰的说法来,但是最终实现的建筑平面布局则必须由设计者先在纸面、再于地面上布置停当,虽可能存在不同说法,但是只有一个定案的实物。就此,傅熹年先生曾经作过令人信服的分析。如果说前两年何建中先生针对傅熹年先生的著作《中国古代城市规划、建筑群布局及建筑设计方法研究》【傅熹年:《中国古代城市规划、建筑群布局及建筑设计方法研究》(上)(下),北京,中国建筑工业出版社,2001年】所发表的《唐宋单体建筑之面阔进深如何确定》【何建中:《唐宋单体建筑之面阔进深如何确定》,载《古建园林技术》,2004(1),3页】、《浅析〈中国古代城市规划、建筑群布局及建筑设计方法研究〉中的单层建筑设计方法》【何建中:《浅析〈中国古代城市规划、建筑群布局及建筑设计方法研究〉中的单层建筑设计方法》,载《建筑史》,第21期,93页】等文章,和傅先生答复的一篇《关于唐宋时期建筑物平面尺度用"分"还是用尺来表示的问题》【傅熹年:《关于唐宋时期建筑物平面尺寸用"分"还是用尺来表示的问题》,载《古建园林技术》,2004(3),34页】代表了学术界对于单体建筑的设计问题开展了多方面的思考的话,到了古代建筑群体的规划问题,我们能够读到的争论就太少了,多数学者对于傅先生的成果都曾频繁引用，表现出普遍的认同。其计算始于一组占地尺度的算术关系【傅熹年，《中国古代城市规划、建筑群布局及建筑设计方法研究》（上），24~27页，北京，中国建筑工业出版社，2001年】：

1. 前三殿之东西宽基本为后两宫宽之二倍，南北方向也是后两宫南北深的二倍（图1-2-10）。

2. 如以四座角库之外墙为界，前三殿宫院之长宽比近于3∶2；三殿下的工字形大台基长宽比也是3∶2，二者为相似形；若比较宫院与台基之间的比例关系，可以发现接近于九五之比，附会九五之尊（图1-2-11）。

3. 若以尺长0.3187m套绘紫禁城平面，前三殿一区则宫院内部院落的关系由10丈网格控制"自太和殿下大台基南缘至太和门左右昭德、贞度二门台基的北缘恰可容4格……自殿前东西相对的体仁、弘义二阁的台基前缘计，其间恰可容6格……若南起昭德、贞度二门台基北缘，北至保和殿东西的后左、后右二门前檐柱列，中间可容10格……昭德、贞度二门之中线东

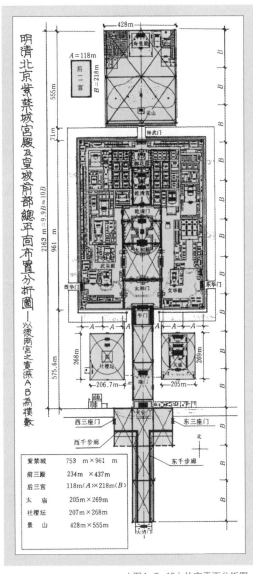

（图1-2-10）故宫平面分析图一

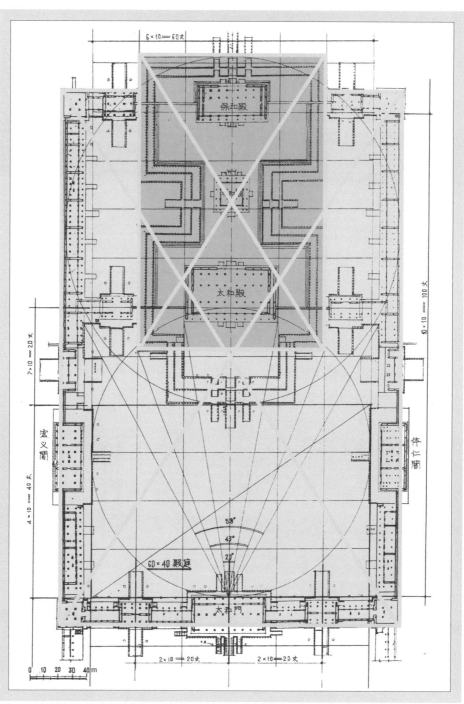

（图1-2-11）故宫平面分析图二

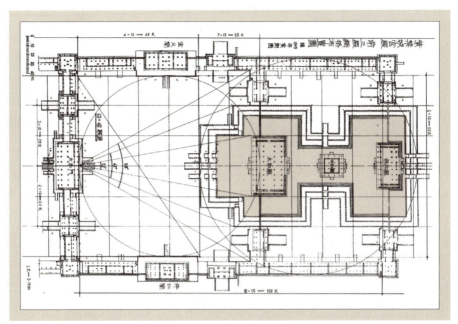

（图1-2-12）故宫平面分析图三

西相距4格"（图1-2-12）。

4. 拓展推演，（图1-2-13）"自后左、后右门前檐柱列向北排3格恰可至乾清门东西庑的台基前缘；自昭德、贞度二门台基北缘向南排6格可至午门正楼墩台之南壁……整个外朝部分总深190丈"……"自午门正楼南壁再向南排方10丈网格，南至端门下墩台南壁，恰为12格。自此再向南排，至外金水河之中心又可排7格，二者共深19格，即也是190丈"，"上述现象说明，紫禁城内的外朝部分和宫前御道，全部是以10丈网格为基准安排的"。

5. 对于紫禁城后两宫和东西六宫的布局，则采用了5丈控制网格（图1-2-14）。后两宫面积规模是"东西宽7格，为35丈，南北深13格，为65丈"；显著的建筑对位关系有，"乾清宫之宽如以山墙计，基本占3格，即宽15丈；殿前广庭，东西宽6格，南北深（月台至南庑北阶）3.5格；东西侧之日精、月华二门基本占1格；交泰殿及东西庑上与之相对的景和、隆福二门的中线也与东西向网线重合"。东西六宫，也利用了5丈

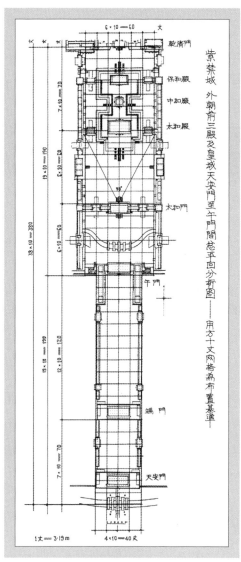

（图1-2-13）故宫平面分析图四

网格，"每宫东西均宽3格，即15丈，其南北之深以西六宫为例，共深9格，其中只有最南一排深3格，北面两排都是加上前面的横巷共深3格"，换一个角度考虑"它可能用的是3丈网格，每宫是3丈网格5个，而不是5丈网格3个"。

说到利用网格控制院落布局的关键，有两点是最核心的，其一"最大的网格为方50丈，用来控制宫城等特大建筑群的全局，一般建筑群则为方10丈、5丈、3丈、2丈数种，视建筑群之规模、等级酌情使用"，其二"置主体建筑于建筑群地盘之几何中心"【傅熹年：《中国古代城市规划、建筑群布局及建筑设计方法研究》（上），8页】。依照这两个思路，傅先生还对故宫的宁寿宫、武英殿、文华殿、慈宁宫、奉先殿等处院落一一加以网格分析，所得"都是在明清紫禁城宫殿规划布置上表现出的共同规律和手法"（图1-2-15）。

反过来考察整体的紫禁城，到了今天仍然保留不少空地，如断虹桥附近的十八槐地段、箭亭南空地、上驷院东边等。虽然历史上

（图1-2-14）故宫平面分析图五

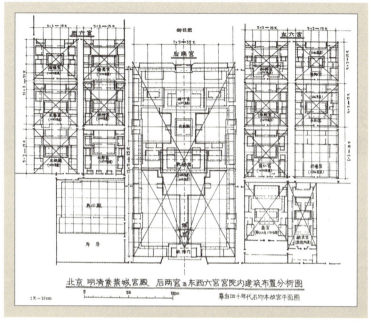

有些地段上存在过低等级的附属用房，终非永乐始建时擘画所及。换言之，当时规划的紫禁城不是一套无处不在的严密控制，不是一套纵横入微的枷锁，而是一种抓住核心，放松隙地的做法。这不正是我们所熟悉的"大而化之"而不"深究细节"的"中国式思维"吗？▲

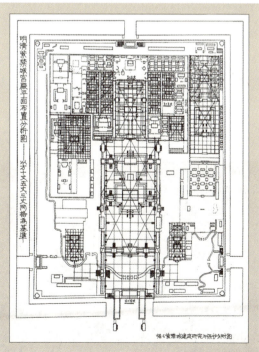

（图1-2-15）故宫平面分析图六

推算和验算

既然说到"大而化之"的思想根源,今天以更高的精度验算研究者推导出来的网格与现存建筑的吻合程度似乎过于钻牛角尖了。然而我们还是能从西方学者对古罗马共和晚期到帝国盛期的广场设计(图1-2-16)的解读中得到一些启发【Wightman, Greg. "The Imperial Fora of Rome: Some Design Considerations" in JASH/56-1 [March 1997]: 64-88。另参见刘畅摘译:《罗马帝国广场群设计思想研究》,载《中国紫禁城学会会刊》(内部通讯),总第九期,2001年12月:"神庙后衬墙与广场长轴轴线夹角均为60度,其延长线恰与两侧半圆形空间的外墙相切。上述发现意味着设计方法中圆及其切线几何运用的重要性。如果我们再画出同心圆A、B、C、D,把这个几何模型和广场平面对照,可以发现其相符程度近乎精确";又,"一些尺寸不能直接从方圆几何模型直接推导出来……但是却可以根据基本模型通过'神圣分割法'得出。古代数学家和建筑师用此方法统一了无理数和有理数,并很可能因此沉溺于融合曲线元素和直线元素"】。以奥古斯都广场为例(图1-2-17),虽然发挥主要控制作用的那一套同心圆+周围圆+外切六边形系统(图1-2-18),但是具体控制建筑墩座墙、台阶等边界的则还有一套

(图1-2-16)古罗马广场群模型

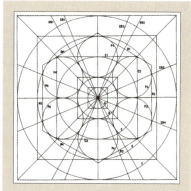

（图1-2-18）古罗马广场设计基本算术——几何模型

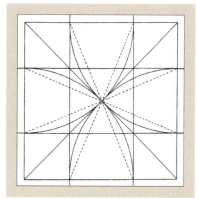

（图1-2-19）神圣分割法示意图

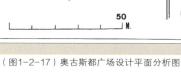

（图1-2-17）奥古斯都广场设计平面分析图

"神圣分割"（图1-2-19）法则——一套把无理数$\sqrt{2}$带入平面控制线中的法则。回到北京紫禁城，我们并不"强求"中国古代工匠具有与古罗马建筑师相近的数学修养和"神圣无理数"控制下的使命感，我们只想设身处地地推敲一下，在控制面积规模的网格背后，是否还隐藏着一些匠人用以确定建筑平面关系的"朴素"方法呢？

先来看一看用来确定网格大小的最基本的营造尺长318.7毫米，取值在明代太庙和社稷坛实测推算结果的317.3毫米和319.7毫米范围之内。而考虑到其他实例，前人推算的永乐陵寝长陵按照317毫米折算；永乐朝创建的其他建筑社稷坛前后殿、太庙戟门、紫禁城角楼按照317.3毫米折算。对于单体建筑的用尺推算问题，笔者将在本章详细讨论，而对于紫禁城规划用尺，我们是不是能够在紫禁城总图中找到一些可以自我印证的数据呢？

于是应当注意到东西、南北两个方向上的一些建筑定位关系：东西方向上，文华殿、武英殿的平面中轴线关系理应反映一些布局想法，断虹桥、前星门三座桥的位置同样应当不是草率确定的；南北方向上，协和门与熙和门中线、体仁阁与弘义阁中线、景运门与隆宗门中线的确定，以及它们之间距离的确定，都是当时工匠在铺陈紫禁城建筑时所必须面对的问题。这里没有选取昭德门、贞度门各自的中轴线距离紫禁城中轴线的距离关系，主要是因为太和门和它这两个左右翼门在清光绪年间遭遇了大火，经历了重建。而且，量取故宫电子版总图上的这两段距离分别为64075毫米和64154毫米，可以非常准确地确定营造尺长为320毫米，与傅先生推算的明初紫禁城规划用尺存在显著差异。

以下的推算采用2003年重新测量定位的故宫1：500总平面图为基准，不仅因为它具有更高的精度、是电子版文件，而且因为它采取了不同于以往只绘制建筑屋顶轮廓的方式，图中绘有各座建筑台基。根据上述提要，同时假设上述中轴线的间距至少应当按照1丈的整数倍来计算，就可以得到以下一套公式：

文华殿中轴线至紫禁城中轴线=186019毫米=1丈整数倍；

武英殿中轴线（前有三座桥，武英门略偏东）至紫禁城中轴线=220991毫米=1丈整数倍；

三座门桥至紫禁城中轴线=285207毫米=1丈整数倍；

断虹桥至紫禁城中轴线=154973毫米=1丈整数倍；

协和熙和轴线至体仁弘义轴线=190518毫米=1丈整数倍；

体仁弘义轴线至景运隆宗轴线=284577毫米=1丈整数倍。

做一个简单的回归计算，用315至320毫米0.5毫米为间隔的营造尺分别验算，唯316.5毫米用尺时，计算结果符合上述假设，并且吻合程度最高，数百尺之间，绝对误差普遍仅在2尺之内。与保留至今的明中早期营造尺实物、明钞实物等（尺长318-320毫米）【参见丘光明 等：《中国科学技术史·度量衡卷》，406—407页，北京，科学技术出版社，2001年；中国历史博物馆藏39张明钞；《律学新说》卷二明尺图样；明嘉靖牙尺；山东梁山县出土的明初骨尺】相比较也相差不大。这当然不是说我们可以全然确定316.5毫米为明初紫禁城规划用尺，当时施工放线的误差很可能相当可观，比如说东西华门距离城墙南转角的距离分别为131999毫米和139033毫米，约分别合44丈和42丈，差别相当大——或是工程地质原因，或纯粹就是放线不准，或也可能古代匠人使用了其他尺长，只是今天看来准确性有些"不理想"罢了。但是，今天的计算还是别无选择地应当追求吻合程度最高的数据，虚无的假设和"不如不计算"的态度对于逐步揭示古代设计规

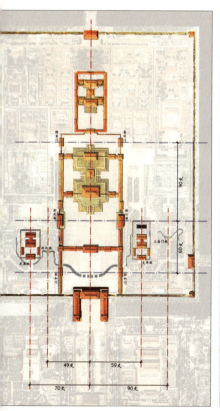
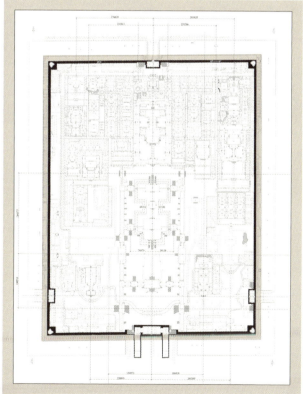

（图1-2-20）紫禁城总平面关键轴线分析图（2张）

律是毫无用处的，那会断了我这种琢磨历史的愚蠢闲人的生路。于是，复核计算得到（图1-2-20）：

文华殿中轴线至紫禁城中轴线=58.77丈≈59丈；

武英殿中轴线（武英门略偏东（图1-2-21））至紫禁城中轴线=69.82丈≈70丈；

三座门桥至紫禁城中轴线=90.11丈≈90丈；

断虹桥至紫禁城中轴线=48.96丈≈49丈；

协和熙和轴线至体仁弘义轴线=60.20丈≈60丈；

体仁弘义轴线至景运隆宗轴线=89.91丈≈90丈。

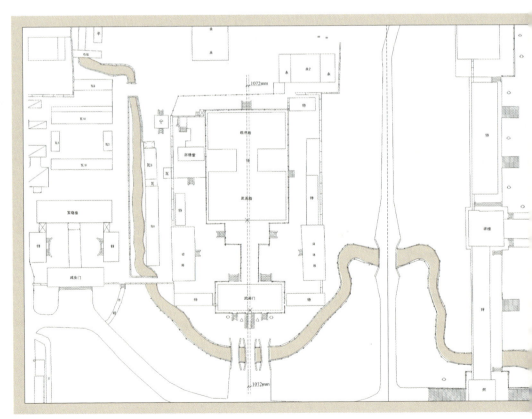

（图1-2-21）武英殿轴线关系现状图

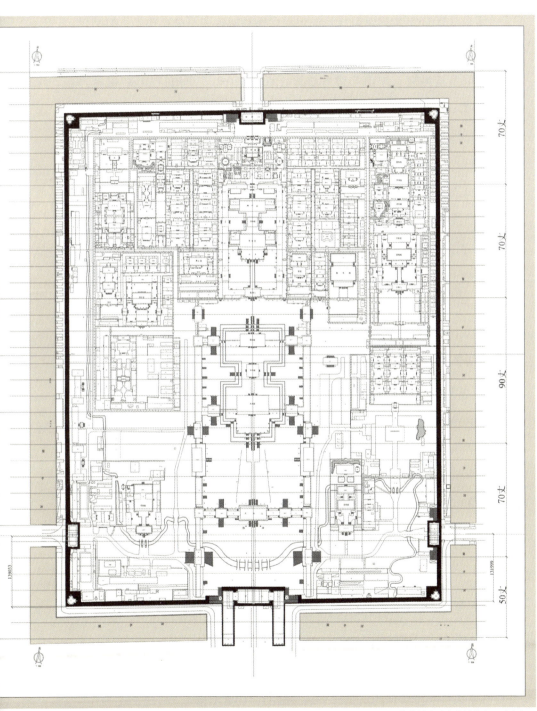

（图1-2-22）紫禁城南北向关键控制尺寸分析图

那么以316.5毫米为营造尺长度量整个紫禁城，会不会在傅先生的网格体系之外有什么新的收获呢？或者仅仅是一点貌似相合的线索呢？

量取紫禁城筒子河南北边界总长，近似350丈（东边1110587毫米，合350.9丈；西1108506毫米，合350.2丈），东西边界比280丈略宽（南边897960毫米，合283.7丈；西893069毫米，合282.2丈），也可以说成是用280丈进行了总体控制。对比城中建筑对位，城墙与筒子河的定位误差相当大，可能受到了工程地质条件的影响。以丈尺排布较严密的宫内核心区为基准排列10丈网格，能够找到以下对应关系：

1. 自网格北界计算（图1-2-22），第一个70丈对应后两宫合院北界，第二个70丈对应后两宫合院南界，再一个90丈太和殿三台前缘（误差稍大，为8尺），再一个70丈到协和—熙和门中心连线，最后一个50丈到网格南界。这个算法实际只是对上文傅先生的计算的另一种描述，本质上还是在10丈网格的基础上徘徊。

2. 紫禁城中轴线以东90丈的三座门桥中线是主要的控制线，向北控制了后来改成南三所的太后太妃宫区域，此控制线向西21丈就是文华殿的东院墙；紫禁城中轴线以西70丈的武英殿中线（前有三座桥），就是网格西半部的中线，是主要控制线，向北控制南天门、长信门、慈宁宫一线，武英殿院落东西各宽11丈，东界再向东10丈就是断虹桥的中线（图1-2-23）。

深入一步，在现有图纸精度的条件下，在没有相对准确的柱网平面的条件下，难以得出令人信服的更微观的院落布局规律——当然如果条件成熟了，规律也就会浮现出来——比如说后边章节中将讲到的寿康宫和南三所。简而言之，任何规划设计过程本身就是一个逐渐深化的过程，是一个从总体定位控制到各部分定位的过程，接下来还需要结合具体每一座建筑的大小进行微观调整。至此，再多的验算已没有其他滋味可嚼，值得回味并应在将来进一步验证的还是那个最基础的"10丈网格"。

我们还等待着两组重要的素材：第一，更加清晰准确的紫禁城平面图——应当具体到绘有每座建筑柱网平面的深度；第二，更加完整的紫禁城建筑沿革的资料，它能够帮助研究者理解一些历史上改造的痕迹。▲

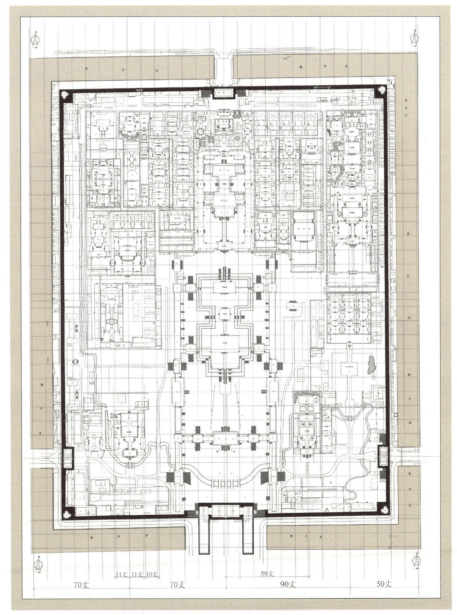

（图1-2-23）紫禁城东西向关键控制尺寸分析图

叁 理想城的变迁

如果说对于外朝大殿规制的改动是国家大事,要触动礼制,惊动那些比皇帝更加谙熟旧典的大臣们,那么对于内廷的调整则主要是天子家事,皇帝有了主意外人便不好多说什么。于是乎今天的研究者可以比较清晰地追踪三大殿的变迁,而对于深宫的悄然更动,又有谁能够尽数呢?

不过,皇帝自己对于内廷建筑的主张其实也都不是贸然的决定,都有各自的原由和个人的思考。这些原由和思考也是天子家的大事,也往往由内官们记录在案。今天我们能够简要总结的紫禁城更作大事主要集中在两个时代——明嘉靖和清乾隆。明朝个性昭彰的嘉靖皇帝曾经在紫禁城中屡兴土木,而清朝的乾隆皇帝则更多地把他对紫禁城的改造留到了今天,留给了我们。

沿着乾隆皇帝的心路历程追溯,必须讲到的是他登极之初营造的寿康宫、重华宫,以及他甲子之年后营造的宁寿宫。

青年皇帝的任务

年纪轻轻便贵为人主，要操心的不只是国家大事，还要安顿新寡的母辈，还要规划自己的生活空间。乾隆皇帝就是这样。他的生母身体康健。他自己又特别地自信与自矜。

一、寿康宫

明朝"理想城"里太后、太妃、宫眷属们养老的地方主要在慈庆、慈宁宫和紫禁城东北角的仁寿宫（图1-3-01）。【刘若愚：《明宫史》】因为他母亲崇庆皇太后要入住太后宫的缘故，整治慈宁宫，兴建寿康宫，是乾隆登基后的第一件营造事务（图1-3-02，图1-3-03）。那是在雍正皇帝驾崩后的雍正十三年十一月初三日，乾隆皇帝读到了内务府总管大臣海望要钱的折子，准备着手对慈宁宫周边的东西北三个院落的建筑进行整体改扩建，西院改建为寿康宫，北院改建为后三宫（中宫、东宫、西宫），东院改建为三所（后所、头所、二所）【中国第一历史档案馆藏：《内务府全宗 奏销档》，胶片62："内大臣户部尚书兼内务府总管 臣海望谨奏为请领钱粮事 臣遵旨修理慈宁宫，于雍正十三年九月初七画样呈览，奉旨准照建造，所需银两向内库动用，其拆卸木石破瓦俱行添用。慈宁宫内东南围房系太皇后原住之殿，尔亦敬谨所茸，钦此钦遵，臣率员详细踏看得慈宁宫应拆卸旧有宫殿房屋八十六间，墙垣一百六十八丈七尺，新添宫殿大小房屋二百二十三间，院墙二百三十三丈五尺，地面一千二十丈六尺二寸，其油饰彩画之处俱照宫殿式样油饰彩画……"】。揣摩当时乾隆皇帝的意图，专门为他的母亲建造一座宫院不仅在当时是必要的，同样希望他的后代原则上继续这种做法，所谓"其地宜留为万年奉养东朝，不宜安奉圣母御容、神位"【乾隆：《正月十四日作》诗注，见《清高宗御制诗文全集》，第七册卷五十五。北京，中国人民大学出版社，1993年】。这大抵上与后来乾隆60岁前后建造宁寿宫的思路是一致的，先为自己归政的生活做一个铺垫——抑或是一种吉祥的期冀，而后再嘱托后代将这种使用功能继承下去。从这一点来看，寿康宫倒是整个慈宁宫改造工程的核心。

对比乾隆二年《恭建寿康宫奏销黄册》【乾隆二年《恭建寿康宫奏销黄册》，转引自：故宫古建部：《故宫寿康宫区古建筑现状勘测报告》，2005年6月】中反映的寿康宫总体布局和宫院现状，我们会惊奇地发现，除了后殿与后罩房之间的穿堂殿、后殿东游廊等在册中没有反映之外，文、实的吻合是相当惊人的。

比如，黄册中的记载是这样的：

寿康宫大殿五间，内明间面阔一丈五尺五寸四，次间各面阔一丈三尺五寸，进深四丈，柱高一丈四尺五寸，径一尺四寸五分，九檩歇

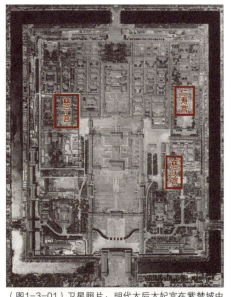

（图1-3-01）卫星照片：明代太后太妃宫在紫禁城中的分布图

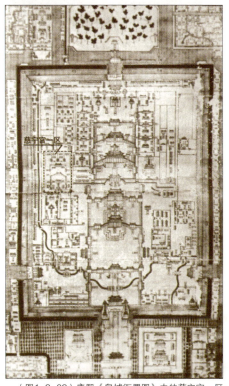

（图1-3-02）康熙《皇城衙署图》中的慈宁宫一区

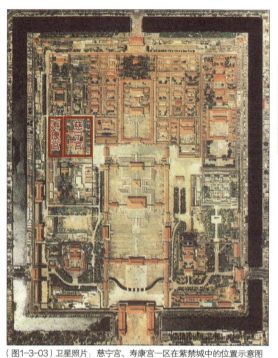

（图1-3-03）卫星照片：慈宁宫、寿康宫一区在紫禁城中的位置示意图

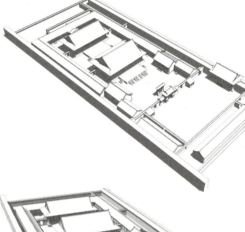

（图1-3-04）寿康宫（4张）

山，斗口重昂斗科。

经过针对大殿的实测（图1-3-04），再进行算术回归，精确到毫米，得出此处一营造尺约等于324mm，反算建筑基本丈尺，计算结果如下表所示，二者相关系数可达99%以上，可以认为是完全吻合的。因此基本证

测量对象	实测尺寸（mm）	折合丈尺（324mm/尺）	文献记载	相关系数
明 间	5040	一丈五尺五寸六	一丈五尺五寸四	99.87%
次 间	4370	一丈三尺四寸九	一丈三尺五寸	99.91%
总进深	12990	四丈九分	四丈	99.77%
檐柱高	4700	一丈四尺五寸一	一丈四尺五寸	99.96%
檐柱径	470	一尺四寸五分	一尺四寸五分	100%

实，建造寿康宫时所使用的营造尺一尺的大体长度是324mm。

再有，关于寿康宫后殿，黄册如此记载（次要内容略去）：

后殿五间，通面阔六丈九尺五寸，进深三丈二尺，柱高一丈四尺，径一尺四寸，七檩歇山，斗口单昂斗科，廊内隔井天花，殿内海墁顶隔成造。

对比寿康宫寝殿现状测量尺寸，按照前殿一营造尺约等于324mm计算，全套尺寸与文献记载基本相符，檐柱径测量与文献数据相关系数最低，亦达96.38%，其他尺寸的符合程度均达99%以上。

测量对象	实测尺寸（mm）	折合丈尺（324mm/尺）	文献记载	相关系数
通面阔	22600	六丈九尺七寸五	六丈九尺五寸	99.64%
通进深	10450	三丈二尺二寸五	三丈二尺	99.21%
檐柱高	4570	一丈四尺一寸	一丈四尺	99.29%
檐柱径	470	一尺四寸五分	一尺四寸	96.38%

寿康宫前院东西配殿等建筑现状同样与黄册记载基本符合。下表中所列举文献记载数据与实测数据的核算的比较具有代表性（一营造尺按照324mm计算）。其中除柱径尺寸与记载尺寸相差14毫米——究其原因大概

测量对象	实测尺寸（mm）	折合丈尺（324mm/尺）	文献记载	相关系数
通面阔	11320	三丈四尺九寸四	三丈五尺	99.82%
进 深	6460	一丈九尺九寸四	二丈	99.69%
檐柱高	3700	一丈一尺四寸二	一丈一尺五寸	99.30%
檐柱径	310	九寸六分	一尺	95.68%

由于历次维修砍挠地仗新做灰麻致使木构件断面略减以外，其他尺寸的相关系数均达99%以上。

此外，值得注意的还有宫院内的转角围房，以及顺便提到的顺山房。转角围房整体上围合了寿康宫正殿两侧起至后院的东、北、西三面；而顺山房六间即指东西配殿的南耳房。探究把它叫做"顺山房"又合并计算入通面阔的原因，一则耳房顺配殿山墙而设，再则耳房、配殿、围房一同围合寿康宫宫院，耳房、围房基本尺寸一致，合并计算便于工程管理人员销算工料。围房如此计算，顺山房也是如此。兹浅析黄册有关段落（次要内容略去）：

转角围房一座，四十五间，通面阔四十八丈九尺四寸。顺山房六间，通面阔六丈六尺，俱进深一丈五尺，柱高九尺，径八寸，五檩硬山转角，一斗三升采斗枋，后封护檐墙成造。

以上段落记载的转角围房，起自寿康宫前院东西配殿北山墙，将前后院大部分三面围合起来。算上北部东西两端的转角房，围房共计45间。现将文献与实测尺寸对比分析如下：

测量对象	实测尺寸（mm）	折合丈尺（324mm/尺）	文献记载	相关系数
转角围房通面阔			四十八丈九尺四寸	
顺山房通面阔	21340	六丈五尺八寸六	六丈六尺	99.79%
通进深	东4910 西4890	东一丈五尺一寸五 西一丈五尺九分	一丈五尺	东98.97% 西99.38%
檐柱高	2920	九尺一分	九尺	99.86%
檐柱径	250	七寸七分二	八寸	96.45%

上述黄册中的主要建筑与现存建筑具有极高的吻合度，证明乾隆后历史上的人为干预是以保养为主，除添加后殿与后罩房之间的穿堂和添加后殿东侧连廊、耳房外没有大规模的改造。此外，以324毫米长度为营造尺这一贯穿所有主要建筑的线索还证明整个院落基本建设于同一时期，即雍正十三年（1735

（图1-3-05）寿康宫院落平面分析图一

年）到乾隆元年（1736年）——清工部《工程做法》颁行后的第一年到第二年。

把这些考察综合到一张总图里，可以看出乾隆规划寿康宫院落的手法。我们分三个层次讨论一下：

第一个层次，我们借用一下傅熹年先生关于古代设计人员使用平面网格控制院落尺度的结论：其一"最大的格网为方50丈，用来控制宫城等特大建筑群的全局，一般建筑群则为方10丈、5丈、3丈、2丈数种，视建筑群之规模、等级酌情使用"；其二"置主体建筑于建筑群地盘之几何中心"【傅熹年：《中国古代城市规划、建筑群布局及建筑设计方法研究》（上），8页，北京，中国建筑工业出版社，2001年】。如果将寿康宫总平面实测图与一套三丈网格对应起来，那么可以发现，

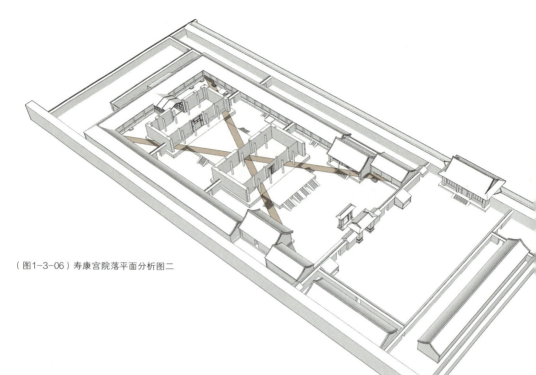

（图1-3-06）寿康宫院落平面分析图二

宫院整体上位于一个东西宽5×3丈，南北长9×3丈的范围内。三丈网格南北中心轴线就是院落的中轴线，而网格中心——对角线交点则相当准确地落在寿康宫大殿后檐檐步柱廊轴线上。具体而言，网格南边界是南院墙内皮，北东西三面边界难以准确认定，大致分别为庑房后檐墙外皮或后檐台明边界（图1-3-05，图1-3-06）。

第二个层次，我们发现简单地套用网格是无法解释古人确定建筑基址的方法的，同时借鉴验算紫禁城网格时所用的方法，需要引入正殿、配殿关系尺寸来确定院落布局关系。这样可以一下子引出一组

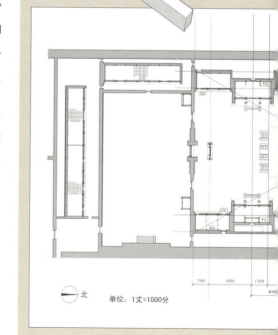

（图1-3-07）寿康宫院落平面分析图三

核心建筑的尺度关系（图1-3-07）：正殿通进深4丈；正殿前檐柱轴线到东西配殿中轴线距离为4丈；正殿前檐柱轴线到月台南边界2丈5尺；前院空间尺度控制在8×9丈，南北方向为从照壁到正殿前檐柱，东西方向为东西配殿前檐柱间距。

第三个层次，古代匠人在最终落实建筑位置的时候必然通盘考虑建筑尺度、院当、整体网格三者之间的关系，我们如果再把后殿丈尺、前后院院当尺寸，以及庑房进深和木照壁位置在总图上进行定位分析的话，便可全面揭示寿康宫院落的布局手法。周围一圈，用1丈5尺深的庑房和前门照壁进行围合，前院

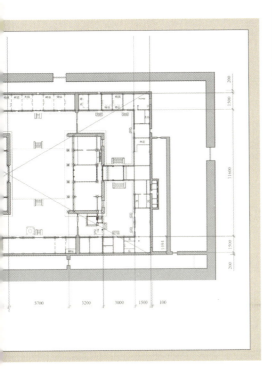

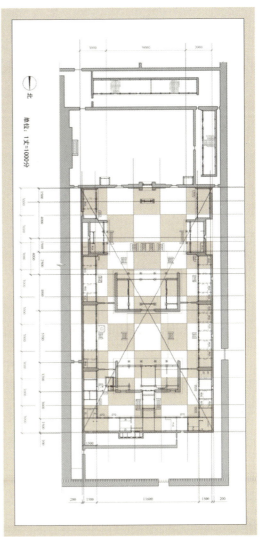

（图1-3-08）寿康宫院落平面分析图四

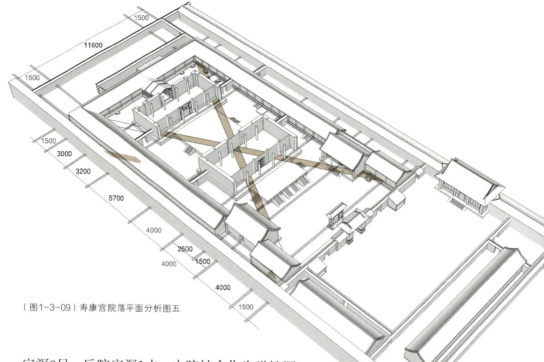

(图1-3-09)寿康宫院落平面分析图五

定深9尺,后院定深3丈,中院结合作为弹性调整,集合后殿等各座建筑进深、庑房各间面阔确定深度大约在5丈7尺。究其设计灵魂,就是房子要一间一间地排,最后剩下中院、东西方向的间距成为零碎尺寸,用来凑足大尺寸的完整(图1-3-08,图1-3-09)。

总结起来,就是以下的设计程序:

1. 首先进行规模和面积控制,确定院落总体规模为15丈×27丈;

2. 进而明确建筑基址关系,为了达到前后院落均衡适当的目的,先确定正殿后檐柱轴线正中位于院落几何中心;

3. 然后按照预见到的一些关系逐步展开,摆布所有的建筑。先确定正殿通进深4丈,再确定正殿前檐柱轴线与东西配殿中轴线南北距离同样为4丈,后以1.5丈为标准,确定周围东西北三面庑房进深,并确定南面大门内木照壁距离网格南端的距离,按照建筑尺度、平面与高度核算等匠作常用方法反过来确定建筑围合出来的院落尺寸是否合宜。

2. 重华宫

明代到清早期，乾清宫两侧一直有东西五所的布置，那是皇子们的居所（图1-3-10）。乾隆当皇子时17岁完婚，并得到了乾清宫西边东起第二所院。

乾隆深爱自己的母亲，不惜打破紫禁城格局来安置母亲的宫殿；后来的御制诗和三十多年不立皇后的事实也证明乾隆还深爱着17岁娶来的发妻孝贤皇后。建造重华宫既可以恭奉母亲，又可以纪念自己的青少年时代。

乾隆元年开始，西五所进行了较大的改造【参见中国第一历史档案馆藏：《内务府全

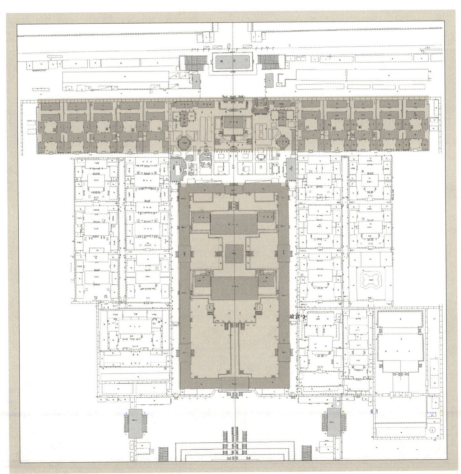

（图1-3-10）乾清宫东西五所院落示意图

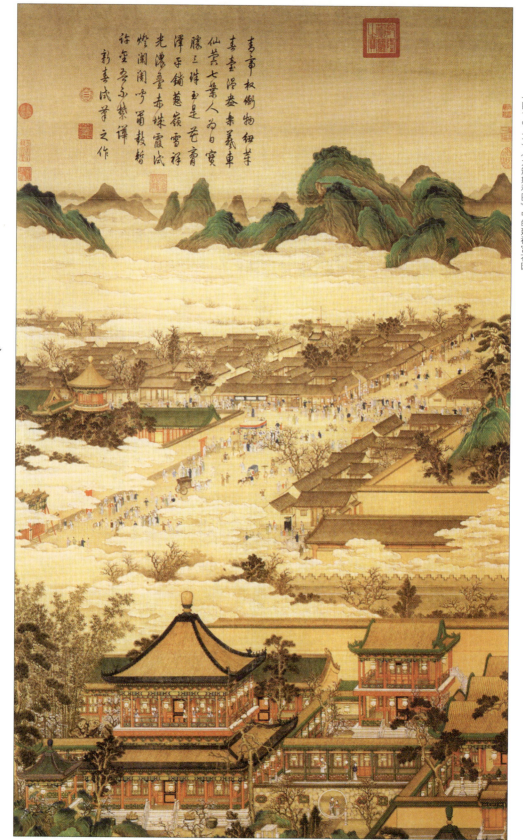

(图1-3-11)《太簇始和图》中的建福宫花园

宗·内务府活计档》，胶片74。乾隆元年二月初九日传旨："重华宫俟秋后再行收拾"；五月十八日又传旨："重华宫不必俟秋令拆造，现令预备料，即择日开工修造"】。乾西三所的改造从建筑布局上到功能安排上都是一气呵成的，其核心是三所中间的一所——今天的重华宫。乾西头所漱芳斋是重华宫的戏院，乾西三所是重华宫的厨房。皇家活动的主要场所集中在重华宫和漱芳斋二院，历史文献中往往只提在重华宫家宴、茶宴或接见某使，而实际上活动中心又往往是在更加宽敞的戏院空间里赐宴或赏戏。再西的两所则规划成了建福宫花园（图1-3-11）。

不是像寿康宫一样从头设计，重华宫三院不得不在明代西五所格局的制约下进行内部的调整，布局并不带有多少创造性。

3. 南三所

即位之初的乾隆还没有面临着儿子成年等待赐第的压力，不过压力逐渐显现出来，紫禁城里还是需要足够大的皇子宫。或可大胆猜测，乾隆心目中其实早有一个决定——建南三所，定下东边皇子、西边太后的大框架。

（图1-3-12）卫星照片：南三所在紫禁城中的位置示意图及院落布局（2张）

南三所在故宫东华门内文华殿之北、宁寿宫以南，南北三进东西三跨（图1-3-12）。明朝这一带先是太后太妃居住的慈庆宫【刘若愚，《明宫史》】，后改为端敬殿、端本宫，为东宫太子所居【参见《悫书》、《山书》，载[清]于敏中 等编：《日下旧闻考》卷三五，541—542页，北京：北京古籍出版社】。其中原有殿名"撷芳殿"，清康熙年间太子允礽之宫人于此居住。乾隆十一年（1746年）建成南三所后，马上就有皇子入住【单士元：《故宫南三所考》，载《故宫博物院院刊》，1988（3）】，后来嘉庆皇帝颙琰曾于乾隆四十年至六十年（1775—1795年）在中所生活，乾隆六十年（1795年）受封太子后移居毓庆宫。嘉庆年间，皇子幼年时先住在毓庆宫，成婚后移居南三所。此后道光皇帝、咸丰皇帝都曾在此度过他们登极前的日子。

南三所共享宫门一座，面阔三间，进深一间，绿琉璃瓦歇山顶，当中开门，内外设礓磋慢道。门内有一东西窄长的小广场，广场北侧自东向西依次排列三所，每所皆为前后三进，形制完全相同：南端有琉璃门一座，内木影壁一座（图1-3-13），前殿面阔三间，歇山顶（图1-3-14），中殿、后殿皆面阔五间，绿琉璃瓦硬山顶。殿前都有东西配殿各三间，中殿前有井亭一座（图1-3-15）。乾隆十九年（1754年），三所又各添盖后罩房

（图1-3-13）南三所影壁遗迹

（图1-3-14）南三所正殿外景

（图1-3-15）南三所井亭外景

一座，黑琉璃瓦顶。此外，配殿、后罩房往往还有耳房或顺山房，用作值房、膳房、库房、净房等。

可以把北五所的院子单元和南三所作一对比（图1-3-16）。殿座数目差别不大，除去后增加的后罩房，两处都是三进院子，第二处院子里设井亭，唯独南三所的第三进院子加了东西配房，而北五所没有；南三所的院

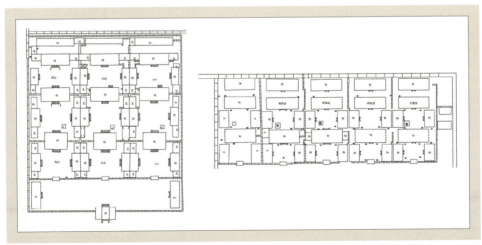

（图1-3-16）南三所/北五所院落平面比较图

83

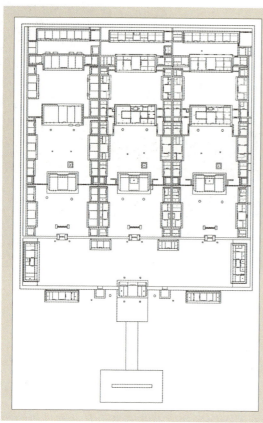

（图1-3-17）故宫南三所内檐装修改建地盘样

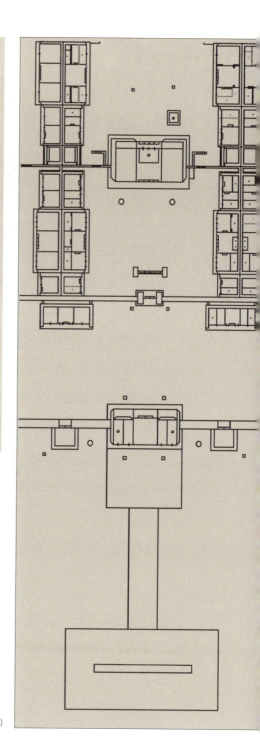

（图1-3-18）故宫南三所内檐装修改建地盘样（局部）

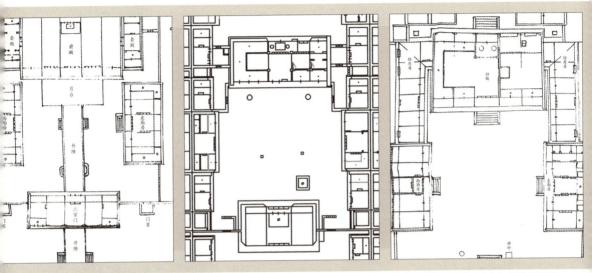

（图1-3-19）恭王府地盘画样（局部）　（图1-3-20）故宫南三所内檐装修改建地盘样（局部）　（图1-3-21）恭王府地盘画样（局部）

落空间显然大了许多；南三所的前殿缩小成三间，却改成了歇山顶，俨然王府的规格。

笔者有幸在中国国家图书馆见到多幅收藏于样式房图样排架中的《故宫南三所内檐装修改建地盘样》（图1-3-17）【中国国家图书馆样式雷排架，171包】，可以把南三所的规划设计意图搞得更清楚些：

1. 各所前殿，后金步设四扇屏风，前设地平宝座一套，是各所建筑中地位最尊崇的礼仪场所（图1-3-18）；单这一座建筑就确实达到了王府的级别——北京恭王府的二门之内不过一座五间殿，室内也布置四扇屏风和宝座地平（图1-3-19）。

2. 各所中殿，五间之中，明间后部设大灶，西二间设万字炕，东二间设二奥室（图1-3-20）。全然是满族祭祀、会客用的厅堂。与恭王府的后殿格局完全一致（图1-3-21）。

85

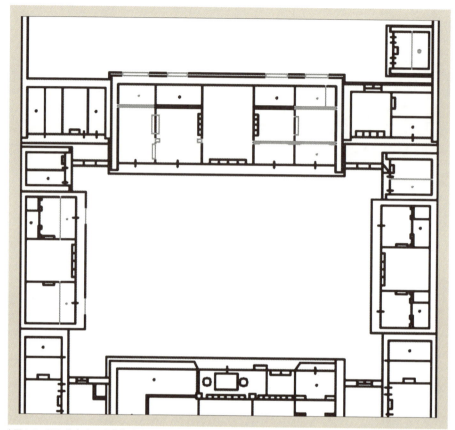

(图1-3-22）故宫南三所内檐装修改建地盘样（局部）

3. 各所后殿，是明间公共空间，左右各二间分设后檐炕或前檐炕，是生活起居的空间（图1-3-22）。

那么，南三所的院落布局设计有什么规律可循吗？

简单套用"网格分析法"，南三所主院控制在一个东西宽6×5丈、南北深5×5丈的网格之内，而院落中心正好是第二进院落的中心，并没有把正殿放置在中心点上。不过，网格只是确定的用地规模，远无法揭示各座建筑依次摆布的定位方法。以故宫电子版总图为底，大致可以看出每所中各殿座确实按照较整的尺寸逐步排列的，配殿更以其中线的东西联线确定院落中心的位置，及其与正殿的关系，并不拘泥于网格线（图1-3-23）。▲

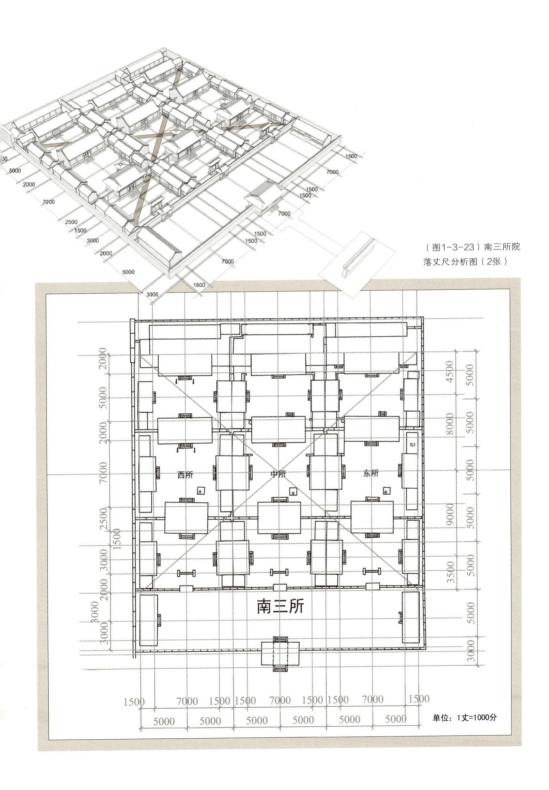

（图1-3-23）南三所院落丈尺分析图（2张）

老人的远见

60岁的老人会想些什么？

60岁的乾隆当然会想到长寿。他的爷爷活到了69岁，执政61年，是一个不错的榜样。乾隆皇帝年幼时深受爷爷康熙皇帝的钟爱，是日后登极的基础。因此他即位之初便对天发誓，如果上天保佑他像其祖父一样在位60年，他就传位给儿子。

乾隆60岁的次年是乾隆三十六年（1771年）。母亲已经准备过80寿辰了。作为一种"吉祥的期待"，宁寿宫开始改造为太上皇宫殿，以备归位后享用。四十一年（1776年）新宫建成，历时五年，耗银140余万两，虽仍名宁寿宫，但规模超过以往。宁寿宫建成以后，乾隆皇帝曾在宫中听戏、赐宴。乾隆85岁时的嘉庆元年（1796年）在皇极殿举行的千叟宴可谓是盛况空前，应邀者达5000人之多。至今仍可见到当时为了布陈宴桌不得不加宽的两侧廊庑的台明。乾隆皇帝退位以后，并未到此居住，仍居养心殿训政，直至逝世。

乾隆皇帝生前曾有谕旨，谓宁寿宫日后仍作太上皇居所，不可照雍和宫之例改成佛寺，宫殿形制亦不可改变【"宁寿宫乃朕称太上皇后颐养意地，在禁垣之左。日后尤不应照雍和宫之改为佛宇。其后之净室、佛楼，今有之，亦不必废也。其宫殿，永当依今之制，不可更改。若我大清亿万斯年，我子孙仰膺天眷，亦能如朕之享图日久，寿届期颐，则宁寿宫仍作太上皇之居。此旨著缮录两份，一交上书房，一交内阁存记。"载（清）庆桂等监修：《大清高宗纯皇帝实录》卷一四六七，北京，中华书

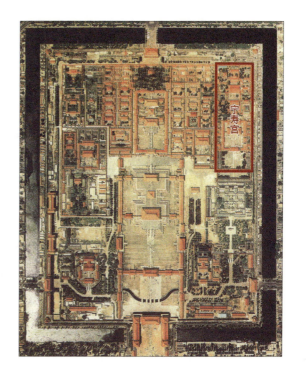

（图1-3-24）卫星照片：宁寿宫在紫禁城中的位置示意图（2张）

局，1985】。这位老人的远见没有保佑清朝再出现一位长寿的太上皇，但是恩泽到了今天的你我，得以目睹宁寿宫的威严和花园的灵秀，也恩泽到了故宫珍宝馆，得以售卖票中票。以后嘉庆、道光、同治各朝仍以宁寿宫为庆典、观戏、筵宴场所。光绪十三年（1887年）光绪皇帝曾随慈禧太后居住宁寿宫，光绪皇帝居养性殿，慈禧太后居乐寿堂。但不久，慈禧太后移回储秀宫，光绪皇帝移回养心殿。光绪晚期，慈禧太后仍以乐寿堂西暖阁为寝兴之地。宣统元年（1909年）在皇极殿为慈禧太后治丧。

与故宫中轴线上的前朝后寝的平面布局相似，宁寿宫建筑也分为前后两部分（图1-3-24），其主要殿宇形制也多仿自故宫原有建筑，尤其是重要建筑。如皇极殿仿保和殿、宁寿宫仿坤宁宫、养性殿仿养心殿、符望阁仿延春阁、景福宫仿静怡轩、梵华楼和佛日楼仿慧曜楼和吉云楼、倦勤斋仿敬胜斋……，诸如此类，宁寿宫仿佛是故宫的缩影。学术界对此已经有了清晰的认识:"朝区的宁寿门、皇极殿、宁寿宫之形制仿照'后两宫'……规格比'后两宫'降低。寝区的前殿养性殿全仿清帝听政的养心殿,其后的乐寿堂是全宫最豪华的寝殿……这些情况说明宁寿宫一区是改变了明朝和清初的旧规,按乾隆帝的要求重新建造的,它的规划、布局反映了乾隆时的特点和水平"【傅熹年:《中国古代城市规划、建筑群布局及建筑设计方法研究》(上),27页】。笔者以为,正是因为乾隆从青年登极开始便在紫禁城中大兴土木,有意无意间成为了改变紫禁城格局最为巨大的人。随着年龄的增长,随着创立规制的愿望的逐步增强,乾隆皇帝肯定希望把皇宫按照自己的理想做一下重新定位和规范化。如果说在紫禁城中彻底实现这个理想工程过于浩大而变得不现实的话,借擘画营造宁寿宫的机会便完全可以充分地体现一下自己的构思。我们可以把宁寿宫一区的规划设计看作是乾隆皇帝的"皇宫理想",虽名为太上皇宫,但其关键的空间序列、建筑制度则真正是乾隆的理想城的缩影。简单地说"谁仿谁"并不能体现乾隆的意图,而这些意图最突出地体现在从皇极殿到乐寿堂的建筑规制上,外政内

(图1-3-25)皇极殿外景

务皆成典范。依次说明如下：

1. 皇极殿（图1-3-25），建筑形式确是仿照保和殿的，可乾隆要求"宁寿宫皇极殿前恭照乾清宫前安竖楠木天灯二座，楠木万寿灯二座"，而且更能体现皇极殿地位的是，乾隆四十年的时候，按照乾隆的旨意"皇极殿添设中和乐、丹陛乐各一分。恭查皇极殿应设乐器，应照太和殿规制办理"【章乃炜：《清宫述闻》，866页，乾隆五十二年《内务府奏销档》；乾隆四十年四月英廉奏折】，可见皇极殿的尊崇。

（图1-3-26）宁寿宫外景

2. 宁寿宫（图1-3-26），面阔七间，仿照九间的坤宁宫，不过室内主要的功能空间一样不少。宫殿之内对门设大灶、西间设万字炕，东间设仙楼，全然是自佛阿拉"客厅"（参见3.1节）以来满族最传统的宫室的标准样式。乾隆说"余将来归政时，自当移坤宁宫所奉之神位、神竿于宁寿宫，仍依现祀神之礼"【章乃炜：《清宫述闻》，870页，乾隆癸卯新正《乐寿堂》诗注。另，《钦定总管内务府现行则例》："乐寿堂之乐器，照乾清宫例，安于宁寿宫外西边围房"】。

（图1-3-27）养性殿外景

3. 养性殿（图1-3-27），是养心殿的翻版，标榜帝王勤政，是理政寝兴的场所。面阔三大间，每大间再分成三小间【刘畅：《清代宫廷内檐装修设计问题研究》，[博士学位论文] 2002，北京，清华大学建筑学院】。唯一不同的是，雍正皇帝选择养心

殿作寝宫时无法改变养心殿地处紫禁城中轴线西偏的现实，而乾隆则把养性殿放到了后寝部分最显要的中心前大殿的位置。

4. 乐寿堂（图1-3-28），最具典型性的是它的室内空间，这种前后二层大厅，中以两层的廊子分隔，两翼仙楼的格局在紫禁城外的皇家宫苑中承担着家族聚会、帝王休憩的功能，所谓"园庭憩息之所"【章乃炜：《清宫述闻》，870页，乾隆《宁寿宫铭》】。如长春园的淳化轩、圆明园的九州清晏殿。

乾隆三十七年和三十八年（1772—1773年）十一月，内务府总管福隆安等在奏折中分别有如下的记录，说明了工程进程与工程量：

（乾隆三十七年奏折载）乾隆三十五年，遵旨修建宁寿宫殿宇房屋，节次烫样呈览，复经奏准，先修建后路殿座……以上三路宫门、殿宇、穿堂、楼台、亭座，共五十五座，计二百六十二间；游廊共五十座，计三百十三间；净房、值房共三十四座，计九十五间。通计六百七十间。拆砌后围大墙一百五十丈……

（乾隆三十八年奏折载）查皇极门一座……五色琉璃九龙影壁一座……敛禧、锡庆门二座，履顺门一座……皇极殿仿保和殿一座，计九间，前后廊，溜金斗科，重檐庑殿成造……宁寿宫一座，计七间，斗科，歇山

（图1-3-28）乐寿堂外景

成造……（其他院内建筑略去）……以上统计，殿宇、门座，房八十座，计三百十七间。成砌大墙，凑长一百九十三丈五尺。院墙凑长一百五十三丈一尺。暗沟，凑长二百四十丈……【章乃炜：《清宫述闻》，849-850页】

这两段文字没能提供真正有效的数据，而给我们的线索是，宁寿宫是统一设计、分步施工的，前后部分存在差别与联系。

联系的纽带，就是线贯穿整座院子一条中轴，从五色九龙琉璃影壁开始，宁寿门、皇极殿、宁寿宫、养性门、养性殿、乐寿堂、颐和轩、景祺阁都以此轴线为建筑中线。

前后的差别则非常显著。宁寿宫前部，到养性殿为止，以主体宫院为核心，只在两侧隙地建造了空间相当狭小的附属院落，宽度只有四丈，和核心院的尺度不是同一标准，核心部分最适合采用网格控制确定建筑总平面的方法。后部分为中、东、西三路。中路以养性殿为正寝，延续整个宁寿宫的主轴线；东路有畅音阁、阅是楼，为演戏、观戏场所，向北依次为寻沿书屋、庆寿堂、景福宫、梵华楼和佛日楼，其中庆寿堂为一正两厢、前后四进院落，室内装修分别仿照皇家宫苑中的其他建筑，与戏院共用同一条次轴线；西路，就是闻名遐迩的宁寿宫花园，俗称"乾隆花园"，从衍祺门到遂初堂共用另一条次轴线。更有特点的是，这里的东西两条轴线，并未贯穿各路，半途又有曲折，各路建筑体量形状也极尽变化之能事，殊难粗暴地套上网格的枷锁。

于是，我们可以"就前论前，就后论后"地找到以下几则尺度关系线索：

1. 宁寿宫用地，按照章乃炜先生的说法"宫垣南北一百二十七丈有奇，东西三十六丈有奇"【章乃炜：《清宫述闻》，841页】。实际上，不论按照大墙外皮还是内皮计算，乾隆的臣下们量得的都是零碎尺寸。既然不是平地起建，就得多费些心思把房子"挤"进来。

2. 宁寿宫前部，核心宫院的尺度可以用21×33丈的3丈网格。如果套用前文分析紫禁城总体布局的方法，寻找重要的左右配殿的中线连线与整体网格的关系，可以发现，履顺门—昌泽门—凝祺门一线，距离相邻网格线3300毫米，合1丈，而它距离宫院南界11丈，距离北界22丈，整体设计体现出清晰的连贯性（图1-3-29）。

3. 再向南推演7×3丈，便抵皇极门一线；门外东西长南北窄的前庭则不符合3丈规律，南北大致是2个5丈，中间对应锡庆门—敛禧门中线的连线（图1-3-30）。

4. 宁寿宫前后两部的过渡院落的深度既无法用5丈，也无法用3丈量度，倒是以3丈5尺为基数的东西方向平行线形成良好的对应关系（图1-3-31）。

5. 从上述宁寿宫后部南界基准线算起，一直到北大墙内侧，图面距离是167988毫米，折合52.5丈。2.5丈的尾数暗示我们是否可以将此作为基准度量建筑关系。

6. 电子版故宫总图反映后部三轴线间距误差不小。东轴线距中轴线40467毫米，折合12.65丈；西轴线距中轴线39696毫米，折合12.41丈。二者平均12.5

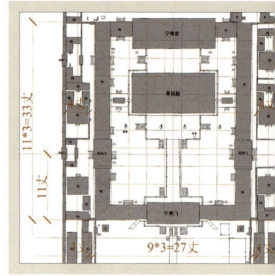

（图1-3-29）宁寿宫总平面丈尺分析图一

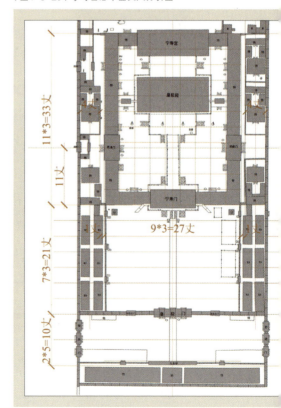

（图1-3-30）宁寿宫总平面丈尺分析图二

丈。据平均数度量，宁寿宫后中路总宽合15丈；东路总宽10丈+距大墙的剩余尺寸；西路总宽10丈+距大墙的剩余尺寸（图1-3-32）。

需要强调的是，尤其是宁寿宫后部，"网格"所能起的作用仅仅是确定建筑中轴线，规划各院落地盘占用面积，对于确定建筑具体位置是无能为力的。这一点发现足以使我感到深深的欣慰——人是活的，设计是活的，因而建筑是因地制宜的。我永远不会相信古人留下来的意趣昂然的空间序列、辗转腾挪的背后，使用一套板起面孔的格子便可藏事。▲

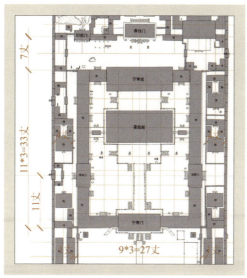

（图1-3-31）宁寿宫总平面丈尺分析图三

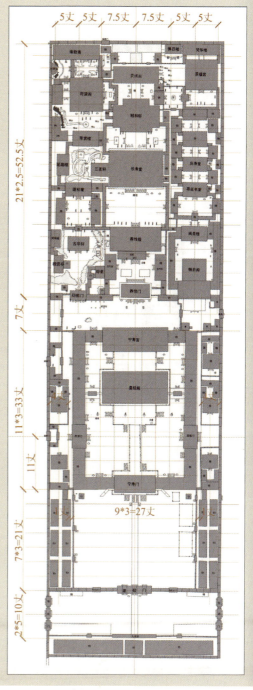

（图1-3-32）宁寿宫总平面丈尺分析图四

中篇 图说营造

我们今天津津乐道的很多古代建筑的精彩，可能在过去只是设计师习以为常的"定式"。比如说我们在太和殿前煞费眼力地搜索的屋角上的琉璃小兽，还比如说那些贴金或不贴金的彩画花样，甚至还有密集的檐下斗栱。定式之所以能够出现，需要有人发明，定式之所以成为定式而得到普及，还需要有人变通。发明和变通都依赖于审美和智慧，审美和智慧是建筑设计的灵魂。

然而，就像我们的智慧发明了墨水，而在书写的时候墨水已经退出了智慧的舞台；对于一位擘画紫禁城建筑的古人来说，"拈来"什么样的墨水已是常识，使用什么样的词汇已是常规，而如何用这些词汇组成堂皇的宫殿建筑才是当时智慧最集中的体现。落实到建筑师的术语，就是建筑的"比例问题"。

其实，建筑"比例"是一个特别具有西方色彩的术语。古罗马时候维特鲁威在《建筑十书》中说："所有建筑应当遵循坚固、实用、美观的原则……美观是要令人愉悦和具有良好品味的，是要建筑的组成部分符合正确的对称法则下的适宜比例关系"；"对称是起源于比例的,在希腊语中比例被称作ἀναλογία。比例是一座建筑整体各个部分量度之间的协调关系,是一个从整体到局部的量度标准。由此出发,对称可以被推算出来……如完美的人体所表现的一样。"①

文艺复兴之后的建筑大师们进一步坚信,"世间任何事物的美均由比例关系构成;这种比例关系也可称为事物的神圣构成——因为它来源于亚当的身体,来源于上帝之手,也来源于上帝自己的和近似的形态;不同柱式起源于男性和女性身体的差异——归根结底是身体比例的不同,外加一些我们熟知的其他差异。"

这后一段话写在十七世纪晚期法国国王路易十四的管家保罗·福亥亚赫给他的胞兄罗兰·福亥亚赫(1606—1672年)的长信中②。信中详细记录了他一件重要的迎来送往的任务——奉路易十四的命令以皇家规格接待当时欧洲最著名的建筑师、雕塑家兼剧作家和诗人,意大利人贾安·罗伦佐·贝尔尼尼(1598—1680年)。半路相见寒暄之后二人同车北上奔赴巴黎,因而保罗也能够亲耳聆听并在信中转述了这位年近七旬的名流的许多重要言论。福亥亚赫兄弟本身不是等闲之辈,"商特路先生"保罗是一位著名的鉴赏家和收藏家,"商伯亥先生"罗兰则在建筑史上占有一席之地,是法国古典主义的代表,他在1650年出版的《古代与当代建筑的平行关联》③在14年后被翻译成了英文,足见其影响之广。而说到上文引语的主人贝尔尼尼先生此番巴黎之行的主要目的,就更是一件欧洲瞩目的事情了。当时他是在赢得法王罗浮宫新宫设计竞赛后应邀叙谈后续事宜。虽然后来贝尔尼尼的方案由于预算巨大,再加上路易十四决心集中精力营造凡尔赛宫,而终于被放弃,虽然贝尔尼尼专横的举止使他

① Book I Chapter III, Book III Chapter I. Vitruvius. The Ten Books On Architecture. Translated by: Morris Hicky Morgan. 1960 (Originally 1914, Harvard Univ. Press) Dover Publication Inc.

② Paul Fréart. 1981. Journal de Voyage du Cavalier Bernini en France. 1885. Ed. L. Lalanne. Paris.

③ Roland Fréart, Parallèle del' Architecture Antique et de la Moderne. Trans. John Evelyn, A Parallel of the Ancient Architecture with the Modern (London, 1664).

在巴黎树敌颇众，但是可以想象，"大师"的话语还是大大地肯定了法国古典主义者的信念，大大地促进了古典主义在法国的成长。不言而喻，古典主义信念中涵盖并尤其重视对于基本概念"比例"的理解，而这种理解也必然深刻地影响了建筑创作，并进一步"固化"在城市面貌和建筑形式上。

举办设计竞赛、特邀建筑师这种事情不是永乐皇帝营建紫禁城之时能够发生的；我们也难以简单地顺藤摸瓜，找到那些古代的建筑师确凿无疑地把"比例"的概念和利用比例设计建筑的方法落实到他的创作实践中。从梁思成先生那代人开始，建筑史学者逐步解读了中国宋代的《营造法式》、清代的工部《工程做法》，发现这两本古建筑的"语法课本"比较深入地谈到了建筑构造的一些局部的比例问题，甚至是模数问题，但是需要澄清的是，这些著作的读者主要是负责工程管理的工官，是承接工程项目的工匠，就像标准图集或手册，并不是为激发设计师灵感，不是建筑理论书籍，并未涉及建筑设计的方法和权衡比例的规律。反过来讲，如果你要盖千人一面的规矩房子，你要全面控制工程费用，这两本书确实是最好的读本，但是如果你要想知道古人是如何实现一种叫"美"的东西，或者另外的与信念相关的叫"真"还有"善"的东西，或者更基本一些如何实现一个"恰当"的设计，那么抱着这两本书你会失望的——说话留一些余地，或许《营造法式》在某种程度上还有些帮助。

即使我们把视野拓展一些，把明朝的计成写的《园冶》、午荣和章严整理的《鲁班经匠家镜》等涉及建筑设计的著作都算进来，也必须承认这样一个现象，就是中国古代的营造行业长期以来没有步入文人阶层，那些进入到文人视野中的设计巧思充其量不过是生活的点缀，属于身外"长物"的范畴，不是文人根本的"修齐治平"的大事，也便少有著作，更少有理论成果传世了。

缺少像西方历史上那些建筑师自己撰写的建筑理论，我们只好更多地借助测绘手段来揣度前人的设计。测绘数据越丰富，推算出的结论就越有说服力。关于故宫的测绘成果，大多在故宫的数据库系统里。在学术论文里、修缮报告里、测绘记录里公布的数据只是宏大数据库中的"冰山一角"。即使如此，细心的推演、大胆的推测仍然可以带给我们峰回路转、豁然开朗的发现，诸如紫禁城的院落原来是如此布局的，太和殿的高度居然是如此确定的，英华殿很可能拿2尺5寸、2寸5分、2分5厘的这样的四分之一丈、尺、寸作为设计的基本度量单位，乾隆花园实际不是完全意义上的创造型园林设计，而是乾隆钟爱的花园片段的重新组织等等。

因此，在这篇里谈论的紫禁城的建筑设计就不花大篇幅来循规蹈矩地介绍明清皇宫的建筑的称谓，不引章据典地历数"龙生九子"和"阴阳象数"，不兴致勃勃地揭秘皇帝在哪里睡觉、吃饭和选妃，也不皓首穷经地澄清哪个皇帝在哪个年代到底搞了什么建设，以及今天所见到底是啥时候的遗物。本篇主要的口舌都用在紫禁城建筑本身，用在古人为建筑本身曾经盘算过的小九九。书中拉杂之言是我1992年以来攀爬、测量、修缮紫禁城建筑过程中穷尽能及的智力活动的结晶，将涵盖单层重檐建筑、单层单檐建筑和楼阁建筑这几种最基本的建筑形式。本篇于是带有了非常强烈的个人色彩和专业色彩。它不是来取代任何对故宫的解读，它只是来添加一种解读，作者所期待的也不是多少人来肯定这种解读，而是恳请有心人延续、更正、甚至推翻这种解读。

是不是把点滴心得埋起来等待积累成泉或者等它发酵长大？还是急切而朴素地把它公布出来？所幸不必在意一些"功利"的考虑：关于正确性的验证已经超出了自己智力，而是否有人支持、有人批驳，我想很可能要等到今天功利的风潮雨过天晴之后才会有人静下心来真正关注这本书。就让发现的喜悦和长久的忐忑作为本篇的引子吧。

我的九三年

应当感谢命运的安排，1992年秋天成为故宫博物院古建部的工作人员，当年便有机会参与谋划对故宫古建筑进行全面测绘。测绘工作在1993年正式启动。这一测便是五年。直到我在1998年告别故宫回清华大学进修，测绘图纸的整理工作仍在进行。

这当然不是头一次测绘故宫。明清两代定有一些必要的测绘之举，可用"样式雷"世家流传至今的故宫"踏勘"图样为证。样式雷在清朝长期为宫廷建筑的设计服务，所憾往往根据皇家需要而做，"进内"——就是"进入大内"，还需要特殊批准，决非随意，因此不能要求古人的图纸全面、完整。时值日军侵华期间，营造学社的朱桂莘先生想到光复国家的战争，想到侵略者的丧心病狂，嘱托基泰工程公司组织技术人员和学生30多人对北京中轴线古建筑进行了全面测绘，为故宫留下了丰富、精美的大量测绘图纸，可惜没有涉及中轴线两侧的大量的重要建筑。其后，故宫自己、天津大学等单位也开展过零星的测绘工作。真正系统的测绘则非1993年开始的那一次莫属了。

因此，谈到单体建筑，乃至于对斗拱、梁架细节的了解，都不可避免地谈到1993年开始的那场测绘活动；而我本人对于明清紫禁城的营造和设计方法的认识，也必须从那一年的一些记忆说起。

建筑结构：赵工如是说

赵工是1993年测绘的技术主谋（图2-4-01）。赵工叫赵仲华，2008年去世时74岁。他是祁英涛先生的弟子，而祁英涛毕业于北洋大学，是新中国古建筑保护研究学科的带头人，被誉为"理论与实践双茂的领军人物"。可以想见，赵工的观念和方法大致带有学院派和工程师的双重色彩，并非来源于传统的中式大木匠。

（图2-4-01）赵仲华先生的照片（左）

一、柱脚平面和柱头平面

去故宫工作之前，我受到的建筑教育绝大部分是现代的，是清华的，是植根于Beaux Art体系的。长时间以来我们以为建筑有好的，也有坏的；更重要的，有对的，也有错的。评价标准的演变就是建筑学理论的演变。

赵工当然深刻地了解这一点，并一直尝试着评价紫禁城的建筑，更尝试着揭示为什么当时这些建筑被认为是好的，或是正确的。赵工的巧思在于，他不满足于探讨颜色的等级制度，不满足于排列从庑殿顶到硬山顶的尊卑，他想知道建筑尺度中隐藏的奥妙。于是他热爱测绘，并领导了1993年的测绘。

"表面上看，故宫的房子不规矩。"赵工总会用这句话开头。这里的"规矩"是指一本教科书一样的清代建筑营造法——清工部颁行的《工程做法》。

"可是，要说故宫的房子不规矩，那还不如说规矩不对。"赵工的峰回路转让人无法反对。

"可是，规矩是白纸黑字写着的，要反省的还是我们的认识和方法。"

可惜的是，赵工到底没有时间把他的反省写下来。

所幸的是，每一个赵工的学生都不会忘记他对测绘和测绘数据的要求，不会忘记他解释"规矩"的努力，那就是他坚持无论如何困难也要把一座古建筑的柱脚平面和柱头平面都拿到手。弯腰量一量柱根，就能够得到柱脚平面，而测量柱头平面则要复杂得多。

为何非要测量柱头平面呢？

首先要说到一个叫"侧脚"的术语。古建筑的柱子往往并不直立，而是向建筑中心方向略微倾斜。倾斜大小因时因地因匠作传承而异。由于倾斜度难以精确测量，因此侧脚大小至今无法确切厘定。

还要说到开间进深尺寸的尺度。在设定了侧脚的建筑中，匠人到底是按照柱头还是柱脚平面计算尺度呢？

按照常理推断，柱头平面的尺寸应当是大木匠心中的基本尺寸。原因很简单，柱头之上的所有梁、枋、檩、斗栱等等一切构件的计算方法都是在柱头尺寸的基础上进一步划分的，如果这个尺寸畸零的话，无疑就会给其他构件的长度和关系尺寸带来计算上的麻烦。

谁知道柱头、柱脚关系背后还隐藏着什么奥秘呢？赵工的要求不但不是在过分苛求手下的徒儿们，而且可以说成是必要的要求，是揭开奥妙的钥匙。

二、构件大小和关系尺寸

测量之前，赵工总会嘱咐，现场测量之后不是马上画图，而是要先整理数据。而整理数据的目的有两个，一是别丢尺寸，二是认定什么样的尺寸。

先说第一点。

学生的测量习惯一般很"理性地简约"，他们愿意把钢尺抻长，端正放在一大组复杂构件的旁边，然后沿着钢尺一段一段地读取数据，或是拍张照片回去再读，觉得这样理应做到没有遗漏。

我不反对这样做自有他们的道理，但是赵工的道理更让我心生崇拜。"测绘不只是为了画测绘图，而是与古人交流、对话。"古人把建筑留下来,也把自己的计算方法留了下来。洞察这些计算方法的数据来源主要有两个方面:每个构件自身的尺寸,还有构件之间的关系尺寸——间距或中心距或相对距。因而更接近古人确定尺寸方式的测量方式,能够让我们更接近古人设计方法的真相。

三、推算营造尺

再说第二点。

测绘取得的尺寸必然多于绘图需要的尺寸。同一尺寸在不同测量过程中的数据可能不同。到底用哪个数据呢?

"一靠验,二靠算。"这是赵工的答案。

所谓"验",就是多次测量、测量同构造不同位置的数据,然后进行比对;所谓"算",就是在大量数据的基础上推导出古人所用的测量单位——营造尺的长度,再回过头来看到底古人把构件大小及其关系定为多少尺多少寸,背后藏着什么样的计算方法。

孤独的测量者一旦读懂了古人的用心,他们便拥有了无价的欢喜,在学术暗然的今天,也拥有了孤独的骄傲。

赵工给出了简单的答案。但是老实讲没有多少人做到了。当时故宫的测绘也没有做到。要怪,就怪"时间紧任务重";要怪,就怪测绘图的完成时间是没有商量余地的。"孤独的骄傲"的机会,就曾经这样从我们的指间溜走。▲

建筑施工：
另一位赵工的讲课

这位赵工叫赵崇茂，是原故宫博物院工程队最棒的大木匠之一（图2-4-02）。69岁去世时也带走了他精湛的木工手艺。作为杰出的手艺人，赵师傅特别注重不同的做法，尤其是榫卯结构的做法；对于传统大木匠的操作工艺，他则了然于胸，熟练得如同卖油翁。如果不是年近古稀就不幸辞世，凭借着手上的功夫和眼力见识，赵工一定会被今天保护非物质文化遗产的专家们视为至宝。感谢故宫古建部，早在1990年代，他们利用周五下午业务学习的时间邀请赵工讲授大木作工艺技术，一讲就是十几堂课。

（图2-4-02）赵崇茂先生的照片

不知当时那台老式的录音机录下的磁带还安好否？而有些事情一旦领会，就能终生铭记。以下就是那些课印在我头脑中的词句——丝毫不用重新翻阅自己潦草凌乱的笔记。

一、中线行

我们常说北京城的中轴线、紫禁城的中轴线，或是那座对称式建筑的中轴线等等。这真是一条能够串起众多芜杂的事物，能够让纷纭的信息变得清晰起来的关键线。关键之处在于，这条线不是自然界的创造，而是人脑的成果。本质上是面对复杂世界的简化的机巧，再穿上一层信仰或是美感的外衣。

体现在营造行当匠人的技术上，"中线"就是设计、施工操作的关键线。

2007年炎热的6月，在故宫乾隆花园倦勤斋文物保护的现场，笔者被问及一则关于建筑尺寸的问题——就其核心，则是关键线的问题。

提问的先生叫做爱德华·沙贝尔，来自美国，是弗吉尼亚州威廉斯堡殖民地基金会建筑研究部的主任。这位先生在兴致勃勃地逡巡考察了四天之后，把我拉到一旁，停在两根室内装修立柱边上，两眼闪着兴奋的光，灰白的胡须也几乎随着跳跃着，一边押出了他一直挂在腕际的钢卷尺，一边发问：

"关于倦勤斋的使用功能和历史、关于西方教士的影响和争论，我想我问得已经够多了。我这里还有一个发现。"他略作一下停顿，把那把标有英寸和公分的卷尺靠在两根立柱之间,"我测量了很多构件之间的距离,而令我十分惊奇的是,很多测量结果居然恰好是整数英寸!你看,这里柱子的间距【这里,他使用了一个西方建筑常用的尺度概念——intercolumnation,专指西方古典列柱中柱子之间的净空距离】便是一个例子。"他的眼神转瞬间仿佛沉静了下来,"我想在作过多的联想之前听一听你的意见。"

我的回答大概会让所有的"文化遐想者"失望,因为爱德华所做的测量是非常"西方古典"的,是被称作"柱间"的尺度(Intercolumnation),是两根立柱的内侧的距离。维特鲁威在他的《建筑十书》中专门说明了柱间距的大小对于建筑的造型和结构方式产生的影响:"密列柱式(Pycnostyle)神庙的柱间是柱底径的1倍半,如恺撒广场的维纳斯神庙……;双径列式(Systyle)神庙的柱间可容纳两个柱径……;如果柱间可放置3个柱径,便可称为长列柱式(Diastyle)神庙,如阿波罗神庙和戴安娜神庙……;在对柱式(Araeostyle)神庙中,柱楣不能使用普通石料,也不能使用大理石,我们只能采用木梁体系……;在此我们必须讨论一下理想列柱,这是一种被认可的方式,是按照方便、美观和有力的原则而做的布置,其次间柱间为2又1/4柱径,建筑前后明间柱间则为3柱径……"

那么中国古代的木匠们是否使用"柱间"作为量度标准呢?答案是否定的。赵师傅当时晃着大拇指的神情我不会忘记:"我们就是中线行。"是的,直到清末民初,传统营造行当仍然自称"中线行",意思是说在这个行当里面,大多采用构件的中心距离为基本量度,再计算出构件的不同尺寸,安置在相应的地方,"中线"是这个行当的核心线。流传至今的大木作技术之中,确定中线仍然是各种技术方法的基础。

二、杖杆

清朝以来营造行当所谓的"八大作"——瓦、木、石、扎（搭彩棚、脚手架等）、土（建筑基础夯筑等）、油漆、彩画、糊（裱糊装饰），说到头还是围绕着大木作——建筑结构的核心。瓦作有句谚语，叫"齐不齐，一把泥"，透着率直和坦白，既说明拿捏砖瓦构造的分寸全都在灰泥的掌握上，也说明在大木结构上面铺瓦，在大木结构底下墁地，都不是要突出自己，而是得服从木作的要求，并不依赖缜密的算计。

至少大木匠要进行缜密的算计。每个大木匠都会仔细地把所有重要尺寸记录在一种叫做"杖杆"的器具上，并且妥善保存起来，用以指挥调度所有工匠的造作尺度。统领所有核心尺寸的杖杆叫总杖杆；记录柱、梁、枋等同类构件尺寸和制作方法的叫分杖杆。总杖杆是一根四方截面的木杆，一面标开间，一面标进深，一面标柱高，一面标出檐、斗栱等；分杖杆上要更加细致地标出榫卯做法。

杖杆就是木匠的施工图。负责排杖杆的木匠就是工程主持人。

三、十活九病

但是木匠中还流传着一句话，叫做"十活九病"，意思是说没有尽善尽美的工程。

"病"的来源首先是误差。施工有误差，设计时一旦要计算三角问题，那就涉及到了无理数，即使精确到1/1000，算到一丈就会有几分的误差。"病"的另一个来源是古建筑的复杂性。靠一位卓越的大木匠的掐掐算算，要精确地确定太和殿成千上万根构件的广厚、长短，甚至还有价钱，那真是一件不得了的事，出点小错没有不原谅的道理，——更何况那位大木匠很可能还不识字。

就算"十活九病"，一座古建筑的基本尺寸是不会太离谱的，要推算原始设计依然存在可能性。如果说有一些古建筑按照赵仲华老师的要求仍然没法推导出原来的丈尺设计的话，那么最大的原因有两个：一是"十活九病"，病得还不轻；一是古建筑经历了改造，后来的做法和先前的做法混在一起，让人难以辨别。

四．差一寸，不用问

再有一点，大木作表面看来似乎不是缜密算计的结果。又要拿一句匠人的谚语来说明，叫做"差一寸，不用问；差一尺，正合适；差一丈，用得上"。讲的是作为"长木匠、短铁匠"之中的长木匠，一寸的施工误差不是灾难，大可以忽略；而如果长出一尺，则正好用作榫头；如果长出一丈，便省出了有用的木料。木建筑不是古典家具，家具的榫卯要严丝合缝，容不得半点松动；大木结构的榫卯则要宽松一些，便于安装、容纳误差、允许木材些许变形。

我们换一个有意思的角度，既然能够量出差一寸，那么就有可供比较参照的标准，这个标准其实就是"设计尺寸"。因为设计尺寸是算出来的，是预想出来的，所以设计尺寸至少比施工所要的一寸的精度要高，而且在斗栱等细部做法上是应度以分毫的。接着推论，设计尺寸不仅关心构件自身的大小，更关心构件之间关系尺寸的大小。我们对建造房子提出来的需求,首先从关系尺寸开始:需要多大的开间,需要多深的厅堂,需要多高的顶棚;匠作的师傅们才会更加实际地关心构件本身:有没有足够长的立柱,有没有足够高的大梁,咋样恰当地确定其他构件的尺度【关于设计的方式和工作流程,可以参见[明]午荣、章严《工师雕斲正式鲁班经匠家镜》,中国国家图书馆善本号】。要是定不出结构构件之间相对关系的尺寸,建房子就失去了设计的起点。与之相比,构件自身尺寸退居为第二性的问题。可以说,靠"差一寸不用问"的标准制作出来的只是一些"墨水"写就的单词,而把它们拼装在一起的关系尺度,就是组成句子的语法,构成文章的句法。明白词义是解读古建筑的基本功,搞清文法才是理解文意的关键。反过头来看"差一寸不用问",我们不会诧异这句话出自古代底层的匠师,而不是建筑师,我们也应当理解,尽管建成结果可能存在相当的误差,但是设计的初衷归根结底还是一些工程主持人头脑中的"合理的"整数,或是一套清晰的比例关系和计算方法。建筑比例便成为了一个考察中国古代建筑的不可回避的问题。建造民居如是,建造紫禁城亦如是。▲

伍 重檐大殿：太和殿

把太和殿作为第一个剖析单体建筑的实例是不需要理由的（图2-5-01）。

需要解释的是太和殿并非一直是今天看到的样子。从永乐建好紫禁城正殿奉天殿（当时对紫禁城正殿的称谓）以来，这座建筑明代一共经历过三次火灾和三次大的重建【明代的三次火灾和重修分别为：永乐十九年（1421年）大火，时称奉天殿，正统六年（1441年）重建；嘉靖三十六年（1557年）大火，嘉靖四十一年（1562年）重建，更名皇极殿；万历二十五年（1597年）大火，天启七年（1627年）重建。关于这个问题，学术界已经有了深入的研究。参见：王璞子：《清初太和殿重建工程》，《紫禁城建筑研究与保护》，北京，紫禁城出版社，1995年；郑连章 辑：《紫禁城宫殿建筑大事记》，载于《紫禁城宫殿》，香港，商务印书馆，1992年；周苏琴：《紫禁城建筑》，北京，紫禁城出版社，2006年】，嘉靖皇帝在重建奉天殿时查到大殿"原旧广三十丈，深十五丈云"【《明世宗实录》】，是今天太和殿尺度的1倍半。不知李闯王是否焚毁了三大殿，清宫档案记载了入清后遭遇康熙十八年（1679年）大火前又重修（或冠以"重建"之名）两次：顺治三年（1646年）【《东华录》顺治七】、康熙八年（1669年）【《清会典》八三六】，康熙十八年（1679年）的大火后康熙二十九年（1690年）筹备重建【《清会典》八六三】，直到康熙三十四年（1695年）开工，又花了两年半的时间把它营造成了今天我们看见的太和殿（图2-5-02）。

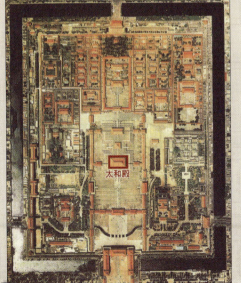

（图2-5-01）卫星照片：太和殿在紫禁城中的位置

（图2-5-02）太和殿外景

两组啰嗦的数据

关于太和殿大木尺寸的资料,详尽到可以参照进行研究的主要有三套:康熙年的《太和殿纪事》、1941—1942年基泰的测绘成果(图2-5-03,图2-5-04)及2004—2007年故宫博物院太和殿测绘、勘察和修缮记录(图2-5-05)。前者是始建材料,重要性自不必说;基泰的图纸虽注明的详细尺寸,但是没有记录从测量数据到图面标注数据的统计简化方法,且今日所见有底图(图2-5-06)与成图两套(图2-5-07),一些图纸还存在标注尺寸差异;最近的一次实测当然最具深度,同时笔者也在业余时间进行

(图2-5-03)基泰工程公司测绘时于太和殿前留影

（图2-5-04）基泰工程公司测绘太和殿现场照片

（图2-5-05）2006年太和殿修缮工程现场

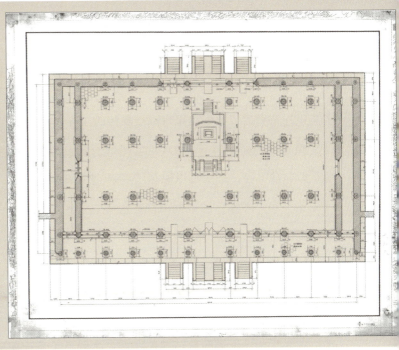

（图2-5-06）基泰工程公司测太和殿平面底图

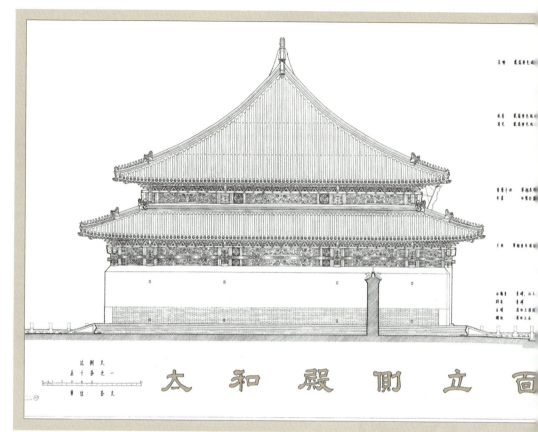

(图2-5-07)基泰工程公司测太和殿侧立面底图

了斗栱补充测量,数据结果可以反映当时工匠制作时的尺寸规矩。

值得特别注意的是,在一古一今上述两份基础材料中,分别出现了一组看似非常零碎,甚至可以说是"啰嗦"的数据。

第一组"啰嗦"的数据出现在康熙三十四年(1695年)江藻写的《太和殿纪事》中。

工部等衙门谨奏,为奏闻事。臣等查:案并会典,内开康熙六年具题。修太和殿九间,东西二边各一间。面阔十八丈六尺九寸五分,进深十丈三尺五寸九分,檐柱高二丈三尺,正中高七丈四尺五寸九分。今太和殿照此建造可也……太和殿一座计九间,东西二边各一间。内明间面阔二丈六尺三寸五分，八次间各面阔一丈七尺三寸，两边间各面阔一丈一尺一寸，通面阔十八丈六尺九寸五分。山明间阔三丈四尺八寸五分，两次间各阔二丈三尺二寸七分，前后小间各阔一丈一尺一寸，通进深十丈三尺五寸九分。檐柱高二丈三尺，金柱高三丈九尺五寸，正中高七丈四尺五寸九分。吾殿重檐，溜金斗科，上檐单窈三昂，下檐单窈重昂。中明间龙井天花。安照壁，周围隔井天花。两傍垂花门，桩修菱花槅扇，雕做玲珑云龙。成造台基，周围拦土，内里填厢。背底高五尺，用新样城砖，灰砌，磉墩砌临清城砖。地面砍细二尺金砖，安砌新旧角柱，柱顶莲瓣座子。御道、踏垛、过门槛垫等石，墙垣下城里皮用琉璃圭文砖，外皮砍细临清砖乾摆墙上身。并群城、背馅俱用新样城砖灰砌灌浆，裏外抹饰红黄泥。头停瓦二样黄色琉璃瓦料。所有需用物料开列于后：分入木作、陶作、石作项下……

记载清晰详尽。同时可知重建工程的尺度设计一直追溯到康熙六年（1667年）修缮前的踏勘数据。这组数据"啰嗦"的特点出现在哪里呢？第一个感觉是比较明朝嘉靖皇帝查到的数据，康熙时量得的面阔和进深尺寸居然零碎到"明间面阔二丈六尺三寸五分"、"山明间阔三丈四尺八寸五分"的地步（图2-5-08）。这些"碎尺寸"量度起来不是一件极复杂的事情，但是它们的背后却隐藏着确实复杂的尺度设计：既然平面丈尺零碎，精确到"分"，大木的步架设计也就会跟着不是简单的整数尺度，甚至由于步架的总数是偶数，中间三丈四尺八寸五分的进深就会被继续地分成半分，折合成公制，

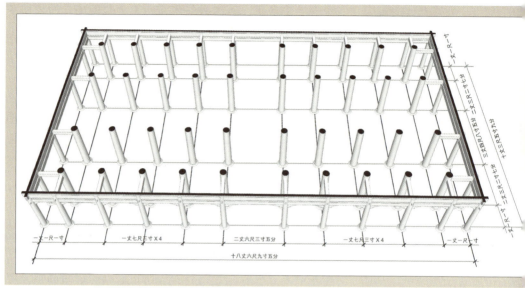

（图2-5-08）康熙三十四年建太和殿平面丈尺示意图

就是1.6毫米左右的精度，这是一种过于理想化的尺度，在大木作加工中是达不到的；至于根据步架长度按照起举比例而计算出来的举架高度则真可以用"相当啰嗦"来形容——如果按照一贯的清式"若干举"的比例系数来计算，每一步举起的高度便需要进一步的乘法运算，其算术结果就更加的零碎。不过设计太和殿的大木匠似乎确实这样做了，最终凑足的标高数据就是"正中高七丈四尺五寸九分"（图2-5-09）。何必如此呢？

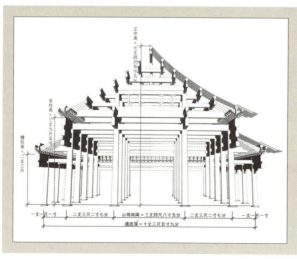

（图2-5-09）康熙三十四年建太和殿剖面丈尺示意图

这样的设计无非是要按照当时保存下来的柱础平面定间

架结构,就是康熙十八年(1679年)火灾过后遗留下来的建筑基座。接下来往前推,为什么之前"康熙六年具题修太和殿九间东西二边各一间"时的太和殿所用平面丈尺还是不似一般新建工程那样用整尺或半尺为基本度量,也是精确到分,增加施工度量的复杂性呢?我们还可以继续上溯到顺治入关后"重建"太和殿,甚至更早的时候,就是天启七年(1627年)所建皇极殿的旧有规制【王璞子:《清初太和殿重建工程——故宫建筑历史资料整理之一》,《科技史论文集》第二辑,上海,上海科技出版社,1988年】。前辈学者推断说:"颇疑是用清尺去量按明尺所定柱网的结果"。【傅熹年:《中国古代城市规划、建筑群布局及建筑设计方法研究》(上),147页,北京,中国建筑工业出版社,2001年】进一步的验算完全可以证实这个说法,倒推出来,康熙时候营造尺长为321毫米,明朝时开间进深数据分别是(图2-5-10)——

1. 面阔方向,按照明天启营造尺=317.5毫米计算:

边间平均开间=11.34尺,设计开间11尺,侧脚3.4寸;

次间平均开间=17.49尺,设计开间17.5尺,各檐柱向心侧脚相等,无相对侧脚;

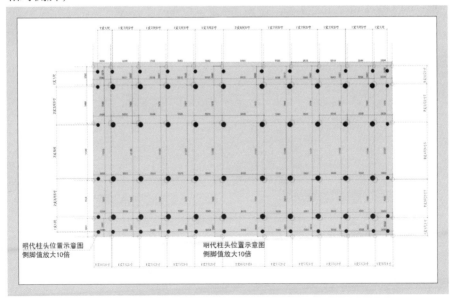

(图2-5-10)太和殿平面丈尺分析图

明间平均开间=26.67尺，两侧柱向心侧脚约0.85寸。

2. 进深方向，按照明天启营造尺=317.5毫米计算：

边间平均开间=11.30尺，设计开间11尺，侧脚3寸；

次间平均开间=23.53尺，设计开间23.5尺，各檐柱向心侧脚相等，无相对侧脚；

明间平均开间=35.24尺，两侧柱向心侧脚约1.2寸。

第二组"啰嗦"的数据出现在2007年斗栱补测的数据表中，与之呼应的还有《太和殿纪事》中"金柱高三丈九尺五寸，正中高七丈四尺五寸九分"这两个尺寸。

2007年我补测近100攒太和殿斗栱，统计了上层后檐全部斗栱、西山和前檐个别斗栱外拽各拽架的出跳斗口、栱厚、出跳长、跳高，以及下层前檐明间和明间以西全部斗栱、后檐西四次间个别斗栱外拽各拽架的相应尺寸。上下檐平身科斗栱外拽各跳数据尺寸值归整，得到下面的结论（图2-5-11）：

上层檐斗栱斗口2.7寸，栱厚2.4寸，跳高5寸，第一二跳出7寸，第

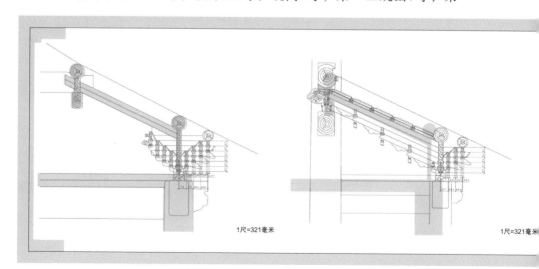

（图2-5-11）太和殿斗栱实测数据示意图（2张）

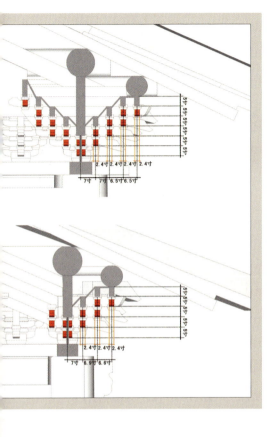

三四跳出6.5寸，总出挑27寸。

下层檐斗栱斗口2.7寸，拱厚2.4寸，跳高5寸，第一跳出7寸，第二跳出6.9寸，第三跳出6.6寸，总出挑20.5寸。

上述数据反映出，斗栱细部设计与清工部《工程做法》中所载大相径庭：斗口与各跳栱厚不相同；各跳出挑尺寸不尽相同；各层跳高并非斗口的2倍，也不是栱厚的2倍。用三维形象对比，可以看出其间的差距（图2-5-12）。

古代工匠为什么会采用如此看起来复杂的尺寸呢？这两组"啰嗦"数据的背后是否隐藏着诸如"天地之数"一样的玄机？还是掩盖着某些权衡尺寸的匠心呢？▲

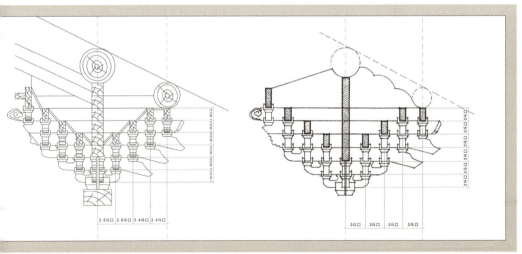

（图2-5-12）太和殿斗栱与清工部《工程做法》斗栱标准做法对比示意图

一个巧合的正方形？

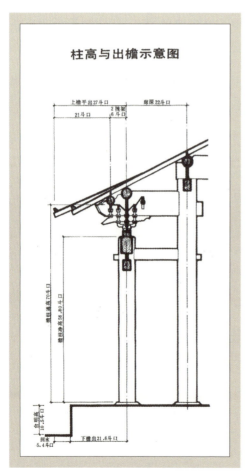

（图2-5-13）工部《工程做法》檐柱高做法示意图

从一个浅显的计算开始。金柱高为什么是3丈9尺5寸，而不是4丈？字面之外的意思是什么？

如果重温一下建筑平面"明间面阔二丈六尺三寸五分"的记载，或许有人会注意到这个等式：

2丈6尺3寸5分×1.5=3丈9尺5寸2分5

简单的数字倍数关系便能够把我们的思考引向"太和殿金柱高是明间面阔的1.5倍"的结论。为了使建筑高度数据简洁一些，古代匠人只需略去0.25寸的尾数就可以了，而这0.25寸折合成公制只有8毫米。

2004年故宫古建部所得包

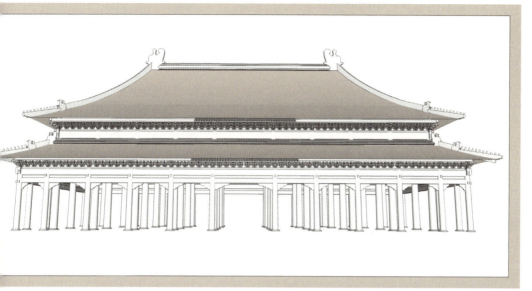

（图2-5-14）清式建筑立面效果示意图

括彩画地仗厚度的测量结果是"金柱高度=12715毫米",按照平面统计得出的1尺=321毫米计算,折合39.6尺,与史料记载高度吻合。

那么明间面阔的尺度在立面上相对应的高度位置是哪里呢?

这里有必要介绍一个叫做"檐柱高"的概念。在那本梁思成先生称为中国古代建筑"语法课本"的清工部《工程做法》中,檐柱高即指"檐柱通高"。

通到哪里呢?并不停留在檐柱上端,而是一直计算到斗栱上面支顶着的挑檐檩的下皮（图2-5-13）,高度上等于檐柱净高与柱头斗栱总高（从柱头上坐斗枋算起至挑檐檩下皮）之和。

如此定义这个"檐柱高"的概念,说明它比檐柱净高得到了更高的重视,很可能是大木匠设计建筑时的重要参考。

不妨来对照一下古建筑立面观感和立面图的效果（图2-5-14）。显而易见,屋檐的高度的确是中国古典建筑极其重要的高度控制线。屋盖是否舒展，出檐是否深远，实际上都与屋檐高度有关。

但是，如果让一位大木匠准确地说出他把屋檐高度定成了多少丈多少尺，那就不是一件容易讲清楚的事了。古建筑的斜坡屋顶往下延续构成屋檐，最外边还往往需要再铺设一排叫做"飞子"的构件（图2-5-15）。固然有诸多口诀说到飞子的规矩做法，但是飞子到底要伸出多少？椽子到底伸出多少？支撑飞子的椽子到底是不是"五举"【指确定坡度的直角三角形水平和高度的关系，高为水平出的一半；依次还有四举、六举、六五举、七举、七五举、八举、八五举、九举。高于九举的九五举、十举之类在清代建筑中不常见】？而且"出头的椽子先烂"，你怎么知道今天看到的屋檐伸出和屋檐的高度还是当时建造时的尺度？

为了控制好屋檐姿态，还是求助于一些更主要的结构构件吧。

对照古建筑剖面图，我们不难理解古代匠师们会选择挑檐檩的位置，定"檐柱高"，定出檐深。我们不难理解，那些自信而倔强的老木匠们怀揣着种种算法，并不焦虑传承的脆弱，反倒担心秘诀的泄露。我们也不难理解，在《工程做法》的只言片语当中，掩盖着有趣的故事，而且掩盖着的远比揭示了的多得多。

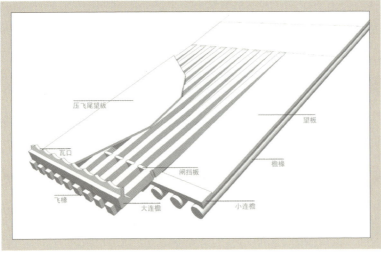
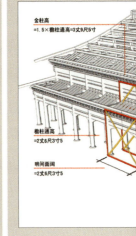

（图2-5-15）清式建筑屋檐做法示意图

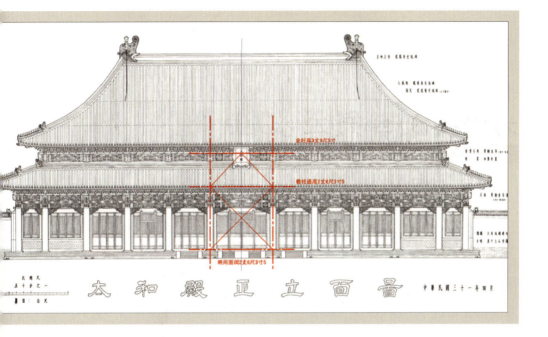

回到太和殿，其檐柱通高的测量尺寸为8430毫米，按1尺=321毫米计算，折合26.25尺，考虑年久沉降等因，这1寸的差距实在可以说成是完美的吻合，可以认为实测得到的太和殿"檐柱通高"与明间面阔26.35尺相等。于是，我们得到了一个正方形（图2-5-16）。从此向上推演，金柱高为檐柱通高的1.5倍，这个现象使得先前的计算并不孤立，进而说明这不是一个偶然的正方形。设想康熙三十四年（1695年）在前人的遗址上、利用原来的柱础盖房子，控制房子整体的比例并不容易，不如控制明间的高宽简便，但是如果自己平地新建呢？所以，这也可能不是一个普遍适用的正方形，或许在其他建筑立面设计中不是立面当心间的比例关系，而是更加注重整体的比例关系。▲

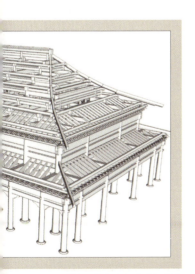

（图2-5-16）太和殿梁架结构分析图一（2张）

为何七丈四尺五寸九？

太和殿为什么"正中高七丈四尺五寸九分"？从金柱高3丈9尺5寸起算。金柱下的高度前文中已有答案。需要解释这金柱以上的3丈5尺0寸9分。

来做一道算术题。

在得到答案之前，计算需要先分三步走。

第一步，算一下上层檐斗栱支撑的正心檩所在的高度。清式大木举架从正心檩算起，因而以正心桁下皮高度为控制尺寸是最简明的做法。上层檐采用单翘三昂九踩斗栱。比起下层檐斗栱总高，上层斗栱多加一跳，而由于出挑的增加正心部位也须按檐步举架角度升高，正心檩下皮比挑檐桁下皮大约要高出两倍的跳高。根据实测数据推算可得"下层檐斗栱跳高5寸，坐斗枋下到正心桁总高48.5寸；

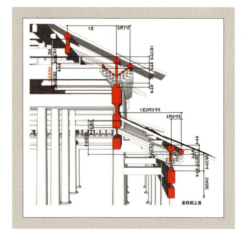

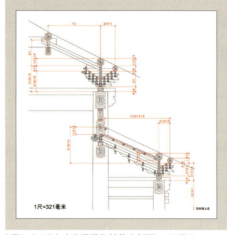

（图2-5-17）太和殿梁架结构分析图二（2张）

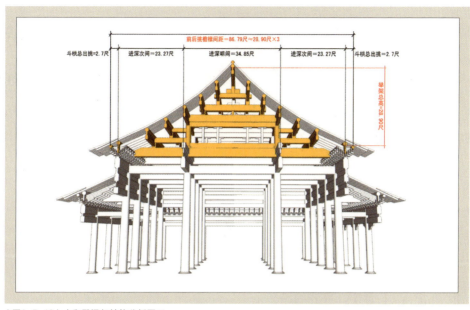

(图2-5-18)太和殿梁架结构分析图三

总出挑20.5寸（图2-5-17）。"【张学芹、刘畅：《康熙三十四年建太和殿大木结构研究》，载《故宫博物院院刊》，2007（4）】于是，正心檩下皮在金柱柱头之上4尺8寸5分的地方。

第二步，计算脊檩下皮的高度。再计算梁架总举架（图2-5-18）。故宫古建部实测结果为9277毫米，合28.90尺。而前后挑檐檩间距=2×斗栱总出挑（2.7尺）+进深明间（34.85尺）+2×进深次间（23.27尺）=86.79尺。值得注意的是86.79尺÷3=28.93尺，去掉尾数3分，正好是28.90尺。这是不是一个巧合？还是匠人确实是这样计算的？不管如何，我们可以确定脊檩下皮在正心檩下皮之上2丈8尺9寸的地方。

第三步，脊檩有多高呢？古建筑桁条不是标准的圆柱体，而是在上下表面都削出一个平面，以便与上下构件连接妥帖。这个平面被称为"金盘"。因此需要把古建筑桁条直径与高度的关系计算一下。依照常规做法和制作"金盘"的一般尺度规律（图2-5-19）【马炳坚：《中国古建木作营造技术》，北

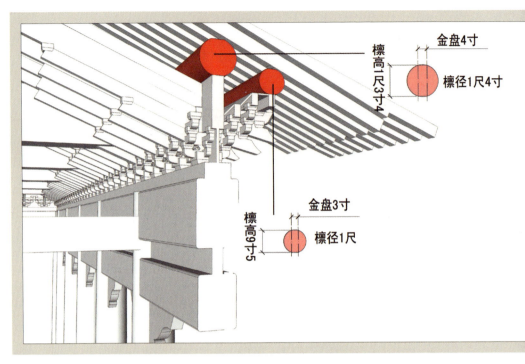

京，科学出版社，1991】，得到：

条直径1尺，高度9.5寸；

条直径1尺4寸，高度13.4寸。

《太和殿纪事》中明确说明脊檩的直径是1尺4寸，因此其高度就有1尺3寸4分。

最后，我们把这些高度加起来，就得到所谓的"正中高"（图2-5-20）：

正中高（到脊檩上皮）=金柱高3丈9尺5寸+柱头到正心檩下皮4尺8寸5分+举架总高2丈8

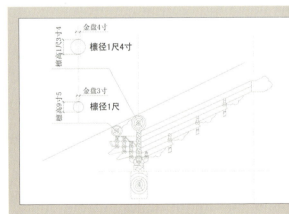

（图2-5-19）太和殿梁架结构分析图四（2张）

尺9寸+脊檩高度1尺3寸4分=7丈4尺5寸9分。

这就是《太和殿纪事》中的记载。这是至今唯一的解释《太和殿纪事》建筑尺度设计规律的尝试。就如前文中所说到的"爱德华问题",这或许不是正确的解释,但是我已经不再被演算的忐忑所困扰,因为我期待着反对者拿出更好的数据和更敏锐的洞察力。▲

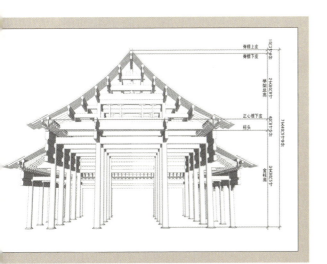

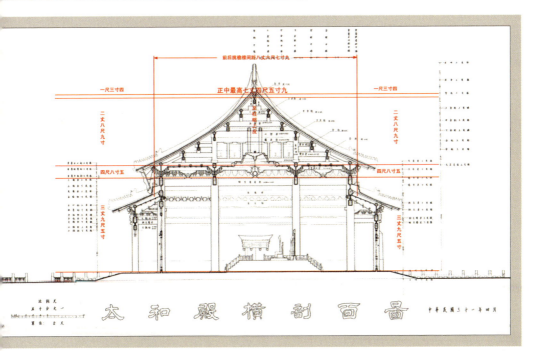

(图2-5-20)太和殿梁架结构分析图五(2张)

梁九的错误？

《太和殿纪事》"恩赉"一节中梁九名列工匠之首。王士禛在《带经堂集·蚕尾续文》卷七中有《梁九传》，说"康熙三十四年重建太和殿有老工师梁九者董匠作，年七十矣。自前代及本朝初年大内兴造梁皆董其事。一日手制木殿一区献于尚书所。以寸准尺，以尺准丈，不踰数尺许而四阿重屋室规模悉具……"【王士禛：《梁九传》见《带经堂集·蚕尾续文》卷七。《哲匠录》首载于《中国营造学社汇刊》，第四卷第一期，1933年】。1933年朱启钤、梁启雄先生整理《哲匠录》时对此有全面摘录。摘录内容中值得注意的还有接下来的"样式雷"第一代雷发达的故事。这则传说也与太和殿有关，后经研究者考证实际是样式雷家的第二代雷金玉在畅春园九经三事殿修建时的事迹【王其亨、项惠泉：《"样式雷"世家新证》，载《故宫博物院院刊》，1987（2）】。朱桂老听到的故事是这样的：

康熙中叶，营建三殿，发达以南匠供役其间；据顾老传闻云："时太和殿缺大木，仓促拆取明陵楠木旧梁柱充用。上梁之日，圣祖亲临行礼。金梁高举，卯榫悬而不合，工部从官相顾愕然，皇恐失措；所司乃私畀发达冠服，使袖斧猱升，斧落榫入。礼成。上大悦，面敕授工部营造所长班。时人为之语曰：'上有鲁般，下有长班，紫薇照命，金殿封官。'"……

实际上，雷发达卒于康熙三十二年（1693年），太和殿重建工程到了康熙三十四年才开始，至于康熙八年的修缮，雷家暂居金陵，不可能参与。

虽然故事张冠李戴了，但是有这样一个线索是非常有趣的——太和殿结构非常可能确实存在缺陷，这才使得口耳相传的匠人文化中留下了能人"现场救火"的经典段子——当然，九经三事殿的故事又进一步说明，大木匠们在头脑中、画样、烫样、木样中权衡的尺寸到了施工现场难免发生这样那样的误差。

太和殿的大木设计有问题吗？

答案是肯定的。需要说明两点，其一《太和殿纪事》中的错误，其二现存构造问题。

先讲记载的不确。举三个代表性的例子：

第一，"上下挑檐檩……长二丈五尺四根，长一丈八尺八寸四根，长一丈二尺六寸八根"为转角处用料，虽然计算了檩子搭头，但是未计算斗栱出挑，显然估算不足。

第二，"五架梁……八根……七架梁……八根"实各用六根，显然未将推山部位计算准确。

第三，推山处所用扒梁、顺梁尺寸与实际均不符合，用料过长。

归根结底，如果不把《太和殿纪事》看作竣工报告，而看作工程前的"提料单"，这些错误其实都是可以理解的。或是于细节之处大意了，或是故意虚报冒领，或是也符合当时匠作规定的一定的宽余度，些许文实不符的现象在古代不会引起过多的注意，甚至外行根本读不懂。

关于现存构造问题，2006年太和殿保护修缮工程中，文物保护专家们注意到太和殿两山左右各两根，共4根内金瓜柱柱头处的顺梁，有三根存在显著的下沉现象，沉降量约为6厘米（图2-5-21，图2-5-22，图2-5-23）。

是局部荷载过大，构件断面选择不合理造成构件塑性形变的吗？

答案是否定的。因为故宫的专家将顺梁顶升起来，发现不存在显著的腐朽，压缩变形的范围在2厘米左右，远远小于沉降量。更有甚者，古代的

（图2-5-21）1942年太和殿山面第七架顺梁沉降照片（2张）

匠人为了"确保"顺梁头从柱头位置的下沉，榫卯交接处下部的铁箍被打开了一个缺口，而且，顺梁另一端榫卯交接处的铁箍索性就被打断，根本起不上结构作用。而这个另一端，也存在6厘米的下沉。进而，对其他三缝顺梁榫卯进行了检查后发现，情况完全相同。这是有意而为的下沉，是一个关系到顺梁以上所有山面檩子标高的有意的向下调整！

"左活"，白话讲就是大木匠犯了错误。错在哪里了呢？如果详加计算，可知，由于山面第七架檩子下直接以枋承接，没有垫板，枋子高530毫米，合1.65尺，正身垫板高470毫米，合1.46尺，二者相差1.9寸。正身枋子过渡到推山部位，变成顺梁，于是山面第七架的枋子高于正身第七架垫板的差别就需要通过降低枋子高度来实现，而不能简单地将枋子架在顺梁上面。匠人正是在这个微小的地方计算失误而造成了山面檩子被"相对抬高"的问题。

会不会是正身檩子施工时被错误地降低了呢？

由于故宫测量之时只能够支搭局部脚手架，因此只有明间西缝后檐梁架的一套比较完整的测量结果。笔者只能等待三维激光扫描数据的公布，进而可以对各缝梁架均展开分析，最后进行统计计算。

通过现有数据，如果将正身第七架檩子提高1.9寸，便会出现第四步6.97

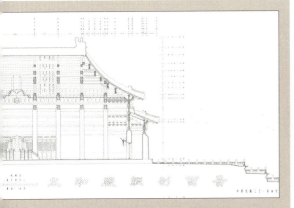

（图2-5-22）太和殿山面木结构沉降位置示意图一

举（二檩子间高度差/水平距离），第三步反而7.15举的不合理现象。考虑到明间西缝第四步举架约7.3举，其下约6.9举，而其上约8.9举，不是递进关系，会不会是原设计为第三四举架相等均为7举，而所测梁架局部变形导致误差的存在？笔者无法妄加推断。

不过"山面七架檩子比正身高1.9寸"的问题总是要解决的，解决方式大致有以下三种：要么抬高正身七架檩子的高度，需要更复杂的工程计算和工程量；要么把山面的枋子仍然搭在顺梁之上，而于梁上剔槽口搭接，并重新制作所有山面多数卯口，工程量也太大了；要么就如现状一样，小修小改，容忍所有七架檩以上的两山山面扒梁处于向两侧略微倾斜的姿态。

一般而言，这样的"左活"是追求完美的大木设计者难以容忍的。

我仿佛能感受道梁九师傅当时的心境。▲

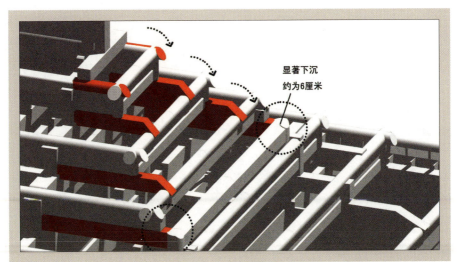

（图2-5-23）太和殿山面木结构沉降位置示意图二

陆 单檐大殿：英华殿

英华殿曾是明清两代宫中一处香火不断的佛教场所（图2-6-01）。《明宫史》记载："英华殿，旧曰隆禧殿，供安西番佛菩萨像。殿前有菩提树二株，婆娑可爱，结子可作念珠。又有古松翠柏，幽静犹山林焉。三十年秋，各殿复供安圣像如前。（图2-6-02）"明代每年万寿、元旦等节日期间，由番经场之内官在英华殿作佛事。清代以来，这里仍然是宫中一处宗教场所。《潘氏东华续录》记载"咸丰二年，上诣英华殿拈香"，可见除太后、皇后之外，皇帝也会来此礼佛。

不止一次听到同事讲英华殿建筑的"明代味道",讲到大殿开间、柱高比例的视觉感受,讲到大殿和左右耳房的搭配和结合;一直又不想空口咀嚼些形式上的"感觉",一直期盼有机会测量这座大殿,一直等到了故宫大修的2006年老同事邀约我参加了一些他们的现场工作。

长久的期待终于给了我惊喜的回报——但愿不是巧合,不会只被用来当"引玉"的砖头,因为在英华殿得到的数据规律居然是这么耐人寻味。

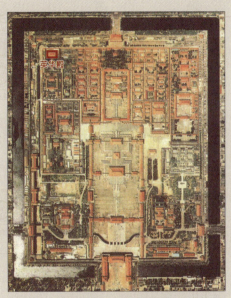

(图2-6-01)卫星照片:英华殿在紫禁城中的位置示意图

(图2-6-02)英华殿外景(2张)

1/4丈

当学生的时候最羡慕的是老先生们能够在一瞥之间，仿佛不经意地说上一句："看这房子多有明代的味道！"一直到今天，我再也不敢轻信自己对于古建筑时代特征的嗅觉。愚钝于捕捉建筑感受，于是我依赖于笨拙的方法。在没有得到详尽的实测数据之前，我是没有胆量下断言的。时间一长，倒是觉得没有本领体会到时代气息，反而给了自己品味数据规律的机会。原来时代气息之后还掩藏着工匠的那些设计想法，还有他们那些并不高深、却相当实用的算术几何方法。

先讲一组最基本的数据，就是平面尺寸。故宫的朋友告诉我，他们在手工实测过程中，采用铅垂校核，发现英华殿立柱不仅稍间存在侧脚，明间立柱也向建筑中心倾斜（图2-6-03）。如果赵工也在实测现场的话，他一定最关心柱头尺寸。他一定会要面阔、进深每一缝、每一间的测量数据。

由于进深方向各柱难以准确对应找到柱头和柱脚的中心进行测量，目前只能以面阔方向的前后檐列柱为主要测量和研究对象。我们至少可以用这些数据告慰赵工——尽管本书中并不适合罗列这样庞杂而专业的数据表。

英华殿柱脚实测尺寸表（单位：毫米）					
	西稍间	西次间	明　间	东次间	东稍间
面阔方向A轴实测	3955	5565	7180	5540	3885

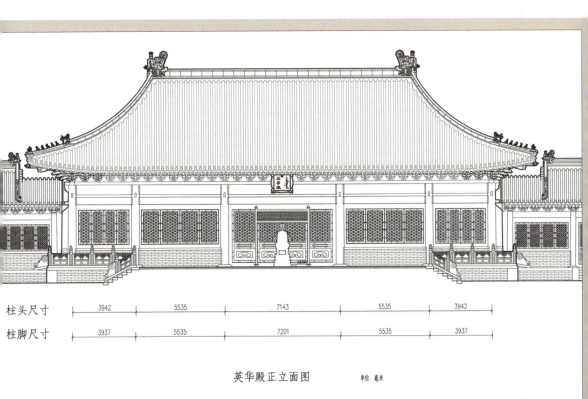

英华殿正立面图　单位：毫米

（图2-6-03）英华殿立面立柱侧脚示意图

英华殿柱头实测尺寸表（单位：毫米）					
	西稍间	西次间	明　间	东次间	东稍间
面阔方向A轴实测	3975	5525	7165	5530	3955
按1尺=316毫米计算	12.58尺	17.48尺	22.67尺	17.50尺	12.52尺
按1尺=316.5毫米计算	12.56尺	17.46尺	22.64尺	17.47尺	12.50尺
按1尺=317毫米计算	12.54尺	17.43尺	22.60尺	17.44尺	12.48尺
面阔方向D轴实测	3940	5545	7170	5525	3940
按1尺=316毫米计算	12.47尺	17.55尺	22.69尺	17.48尺	12.47尺
按1尺=316.5毫米计算	12.45尺	17.52尺	22.65尺	17.46尺	12.45尺
按1尺=317毫米计算	12.43尺	17.49尺	22.62尺	17.43尺	12.43尺
明间均值：7168毫米					
次间均值：5531毫米					
稍间均值：3953毫米					

可以大致推算出，

面阔方向，明间柱头间距约折合22.5尺；次间柱头间距约折合17.5尺；稍间柱头间距约折合12.5尺；通面阔82.5尺。

更加有力的数据还在后面——英华殿面阔、进深各间尺寸之间存在这样一个重要的关联——各间之上，采用基本相同的斗栱攒档摆布斗栱。兹将斗栱攒档数据整理如下表：

英华殿斗栱攒档实测数据统计表（单位：毫米）					
东 西 向					
西稍间 五个攒档	西次间 七个攒档	明间 九个攒档	东次间 七个攒档	东稍间 五个攒档	
786	794	808	810	803	
793	786	790	781	790	
792	795	791	795	791	
788	788	787	790	780	
793	790	792	800	789	
--	800	792	780	--	
--	未及	790	795	--	
--	--	790	--	--	
--	--	810	--	--	
南 北 向					
西山			东山		
南廊 三个攒档	明间 九个攒档	北廊 三个攒档	南廊 三个攒档	明间 九个攒档	北廊 三个攒档
775	800	其余未及	807	835 变形，舍去	未及
800	其余未及	其余未及	782	其余未及	未及
790	其余未及	其余未及	770	其余未及	未及
攒档均值：791.9毫米					

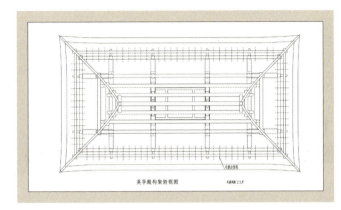

（图2-6-04）英华殿斗栱攒档分布图

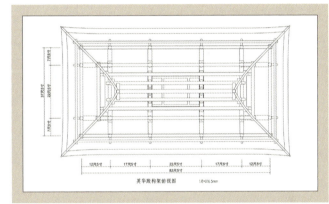

（图2-6-05）英华殿柱头平面丈尺设计图

既然攒档平均分布的规律比较明显（图2-6-04），那么参照平面用尺的规律，攒档大小应当是2.5尺，就是1/4丈，每尺的长度就是316.5毫米。

至此，阶段性的结论就是（图2-6-05）：

斗栱攒档均值791.9毫米，设折合营造尺2.5尺，结合柱头间距的计算复核，可以得到，1营造尺约合316.5毫米。斗栱攒档是平面柱网布置的基本单位。

面阔方向，明间分布九个攒档，柱头间距22.5尺；次间分布七个攒档，柱头间距17.5尺；稍间分布五个攒档，柱头间距12.5尺；通面阔82.5尺。

进深方向，明间分布九个攒档，柱头间距22.5尺；前后廊间分布三个攒档，柱头间距7.5尺；通进深37.5尺。▲

1/4尺

一个小提示：有谁能从上文"进深方向，明间分布九个攒档，柱头间距22.5尺；前后廊间分布三个攒档，柱头间距7.5尺；通进深37.5尺"一段中读出什么有趣的启发吗？

要想能得到些启发，我们得知道英华殿的屋架进深方向正中间用一根脊檩，前后坡对称使用上金檩、中金檩、下金檩、檐檩（又叫正心檩）和挑檐檩，从正心檩向内，檩子之间的距离分别叫做檐步、下金步、上金步和脊步（图2-6-06）。

于是，通进深37.5尺就会被脊檩先一分为二，再分别在前后坡继续被其他各檩进一步对称地划分。也就是说，脊檩把通进深分成了前坡18.75尺和后坡18.75尺，不可避免地出现了1/4尺的量度。

将故宫同事的实测成果拿来分析，数据是非常"理想"的（图2-6-07）。

英华殿屋架正身步架实测数据统计表（单位：毫米，尺）				
	檐 步	下金步	上金步	脊 步
实测结果	2360	1280	1180	1110
折合营造尺	7.457	4.04	3.728	3.507
步架用尺取整	7.5	4	3.75	3.5
檩子直径	挑檐檩280/9寸；	正心檩380/12寸；	金檩435/14寸；	脊檩505/16寸
檩子高度	挑檐檩270/8.5寸；	正心檩360/11.4寸；	金檩410/13寸；	脊檩475/15寸

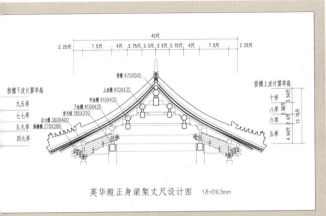
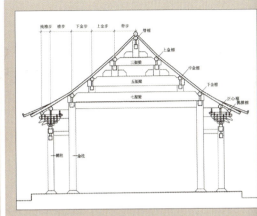

（图2-6-06）明清建筑屋架做法示意图　　（图2-6-07）英华殿正身梁架丈尺设计图

可以看出，英华殿步架设计的规律还算是清楚的：如上表所示，檐步是正好的7.5尺；下金步到脊步，呈1/4尺递减的排列。

1/4尺的度量还出现在檐柱通高上。

首先，不计算斗栱高度的檐柱净高只有前檐列柱测量可及，另有后檐列柱柱头相对高差也便于测得。兹将测量数据统计如下表：

英华殿檐柱高度数据实测表（单位：毫米）						
柱位轴线号	1-A柱	2-A柱	3-A柱	4-A柱	5-A柱	6-A柱
手工测柱高	4875	4865	4860	4855	4870	4880
全站仪测柱头标高	+26	+11	+7	0	+23	+21
柱位轴线号	1-D柱	2-D柱	3-D柱	4-D柱	5-D柱	6-D柱
手工测柱高	--	--	--	--	--	--
全站仪测柱头标高	+34	+19	+4	0	-6	-27

数据显示，后檐东北角显著沉降，面阔方向立柱可能存在以约略半寸递增生起。标准立柱高在4860毫米上下（图2-6-08）。折合15.35～15.4尺

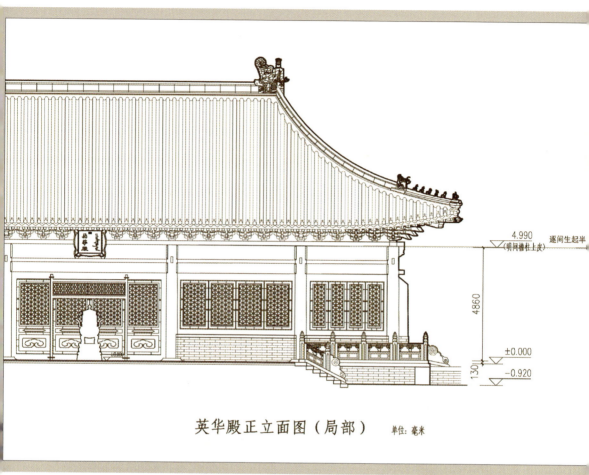

（图2-6-08）英华殿正立面生起示意图

之间，且难以直接得出匠人选择这个尺寸作为檐柱高的原因。

如果把上文推算的消除斗栱形变后的斗栱总高3.35至3.4尺【研究表明：下层檐斗栱斗口2.4寸，栱厚2.4寸，跳高5寸；第一跳出8寸，第二跳出7.5寸，第三跳出7寸，总出挑22.5寸；第一跳以下高度（坐斗腰+底+平板枋）略小于9寸，挑檐枋高度略大于5寸，斗栱总高合计约为33.5寸或34寸（参考挑檐枋高度数

据离散性较大，分布规律不明显。初步判断，挑檐檩、枋很可能在历史上经历了修缮扰动）。参见李越、刘畅、王丛著：《故宫英华殿大木结构实测数据解读》，见《中国紫禁城学会论文集》第五辑，北京，紫禁城出版社，待刊】，即1060至1076毫米计算进来，英华殿檐柱通高就在5920至5936毫米之间。英华殿柱头处通进深尺寸是37.5尺，合11869毫米，它的一半是5935毫米。

这个二分之一设计比例关系绝非巧合（图2-6-09），而定是有意为之。这个18.75尺的檐柱通高也是应用1/4尺为第二级度量标准的又一例证。▲

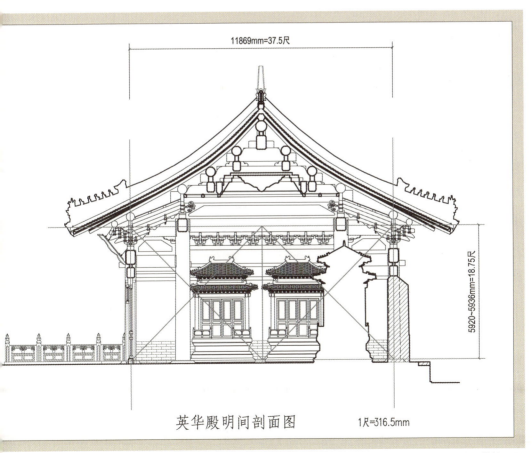

（图2-6-09）英华殿横剖面图

1/4寸

回想起当初琢磨英华殿时,看到1/4丈的基本平面度量标准,再看到1/4尺的第二级度量标准,一种想法——是否存在更细的1/4寸的标准——不时地在心中骚动。不过说到头来还是得从现实出发。真正豁然打开一扇发现之窗的还是英华殿山面步架的实测尺寸。

英华殿采用带推山的庑殿式屋架,正身步架(檩子之间的水平距离)与山面步架不同。从檐步往里,各步山面步架逐渐小于正身步架,于是形成屋脊的四条交界线的水平投影便不再是45度的斜线,而是一段段折线逐渐在续接,在空间上形成一条优美的曲线。山面步架的实测尺寸统计如下。

综合考虑施工误差与测量误差因素,归整计算山面总步架,判断原始设计尺寸应分别为(图2-6-10):檐步7.5尺;下金步3.5尺;上金步2.775尺;脊步2.225尺;总步架16尺。这组数据足以让我浮想联翩,让我兴奋地推测,当时的木匠也使用着类似文艺复兴时代意大利的建筑大师们所使用的叫做piede vincentino尺子,一尺分成十寸,再把每寸分成四份【Piede vincentino,文森特尺。参见 Andrea Palladio, The Four Books On Architecture, translated by Robert Tavernor and Richard Scholfield, the MIT Press, 1997.】。

英华殿屋架山面步架实测数据统计表（单位：毫米，尺）				
	檐步	下金步	上金步	脊步
实测结果	2360	1110	880	705
折合营造尺	7.457	3.51	2.78	2.227
步架用尺取整	7.5	3.5	2.75	2.25

其实我们国家古代也有类似的尺子。可以举两种东汉时期的尺子为例（图2-6-11）【丘光明、邱隆、杨平：《中国科学技术史·度量衡卷》，北京，科学技术出版社，2001年】：一种是几何纹铜尺，现存22支之多，尺面多无分寸刻度线，仅以图形分割寸格——更加重要的是，根据这些几何纹样还往往可以确定1/2寸长和1/4寸长；另一种是线纹骨尺，在其中一传世骨尺的尺脊，间隔的第一、三、五、七、九寸中八分其度，第二、四、六、八、十寸中仅划出半寸位置。

大胆猜测，当时营造英华殿的大木匠们手中拿的那把营造尺是这样的：1尺

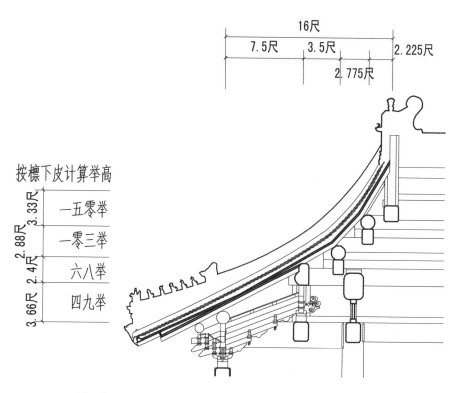

（图2-6-10）英华殿山面梁架丈尺设计图

316.5毫米长，分10寸，每1寸再分成4份。定柱网时用到半尺的刻度度量1/4丈，定步架的时候用到半寸的刻度度量1/4尺，而定山面步架和檐柱通高的时候直接使用1/4寸的刻度。真想知道是不是在某个收藏家的手中正在把玩这样一把古尺呢？

提到1尺316.5毫米长，就不能不提到以前文中以同样的营造尺度量整个紫禁城所得到的启发。如果说316.5毫米的尺子能把紫禁城用整数丈规划布置的规律反映出

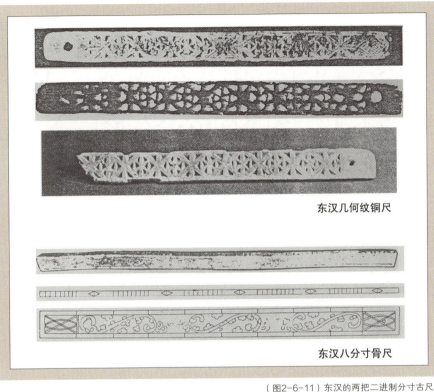

东汉几何纹铜尺

东汉八分寸骨尺

（图2-6-11）东汉的两把二进制分寸古尺

来，就说明永乐年很可能就是用这把尺子当标准进行的设计和施工。那么回过头来讲，英华殿是不是明初的建筑呢？

这并不是一个求方程组解的过程，倒像是在一个一个地解方程。当看到几个方程存在公共解的时候，心里涌动着兴奋。▲

柒 汉式楼阁：体仁阁和弘义阁

一如太和殿的命运多舛，弘义、体仁两阁【元代文武二楼作钟鼓楼之用，参见陶宗仪：《南村辍耕录》，卷二十一，宫阙制度："钟楼，又名文楼，在凤仪南。鼓楼，又名武楼，在麟瑞南。皆五间，高七十五尺"，252页，北京，中华书局，1959年。明清时期，北京紫禁城也建文武二楼，其命名几经更改：明嘉靖四十一年，分别改称文昭阁和武成阁；入清后，分别改称体仁阁和弘义阁，名称沿用至今。】也经历过多次焚毁与重建。嘉靖三十六年（1557年）四月雷雨季节，"奉天等殿灾。是日申刻雷雨大作，至戌刻火光聚起，初由奉天殿延烧华盖、谨身二殿，文武二楼，左顺、右顺、午门及午门外左右廊尽毁，至次日辰刻始息"【《明世宗实录》卷四四六】。其中文武楼即是两阁，面临着建成以来的第一次重建。5年后的嘉靖四十一年（1562年）九月，这些被毁殿宇次第建成，文楼改称"文昭阁"，武楼改称"武成阁"。35年后，万历二十五年（1597年）夏天的六月，"火起归极门，延至皇极等殿，文昭、武成二阁，周围廊房，一时俱尽"【《明神宗实录》卷三一一】。再30年后，

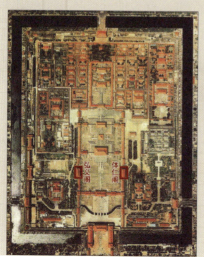

（图2-7-01）卫星照片：弘义阁、体仁阁在紫禁城中位置的示意图

（图2-7-02）弘义阁外景

"天启五年（1625年）二月起工至七年（1627年）八月初二日三殿工成……"【《明熹宗实录》卷八七】，紫禁城核心院落才恢复了应当有的面貌。清代以来才改名为今天沿用的"体仁阁"、"弘义阁"。乾隆四十八年（1783年）六月初三夜，雷雨大作，"体仁阁失火，初四日寅刻，始行救熄"。因地处大清门面，须尽快修建，并力求在九月皇帝回銮进行大典时修竣【台北故宫军机录副档044201，转引自叶冠国：《故宫体仁阁修建史料调查与工程做法研究》，故宫博物院八十华诞暨中国明清宫廷建筑国际学术研讨会收录论文，2005年10月】。经多方赶办，工程终于如期完成。顺着上述历史事件的主要脉络梳理下来，弘义阁尚带有典型的明代天启时期的特征，而体仁阁则是清乾隆时期仓促建成的工程实例（图2-7-01，图2-7-02，图2-7-03）。

（图2-7-03）体仁阁外景（2张）

张希圣

重温一下乾隆四十八年（1783年）六月体仁阁失火后重修事件的全过程【参见叶冠国：《故宫体仁阁修建史料调查与工程做法研究》，故宫博物院八十华诞暨中国明清宫廷建筑国际学术研讨会收录论文，2005年10月】：

六月初三夜发生火灾。

六月初四日，当时乾隆驻跸热河，留京办事六阿哥永瑢等大臣，上折说明当晚救火情事并自请议处，稍晚工部侍郎金简在奏折中提出力求在九月皇帝回銮进行大典时修竣的计划【台北故宫军机录副档044201，转引自叶冠国：《故宫体仁

(图2-7-04）2006年体仁阁修缮现场（2张）

阁修建史料调查与工程做法研究》】，并希望将领导层级提高到工部尚书福隆安【参见军机录副档044204，该档缺日期，但见六月初五上谕档，可知该折应为六月初四行文。体仁阁修建是一件三个月紧急工程势必有许多方面需要进行协调征用，福隆安位属工部尚书且为官多年，以其协作才能使工程顺利进行。在清史稿中记载福隆安修建完体仁阁后第二年便去世】。

六月初五日，皇帝答复体仁阁烧毁系雷火所致，与人为管理不当无关，不予议处，同意督办层级提高至尚书，及所拟采用的大木材料来源，并下令正进行备料的孔庙辟雍与为圆明园新采办楠木二十余件可先行动用，务期九月完工。此外，乾隆还让金简等人另就近询问木匠张希圣。

（图2-7-05）体仁阁隐蔽结构使用"拼凑料"的情况

六月初六日，福隆安与金简上奏，报告修建体仁阁情形，说明了弘义阁与体仁阁东西相对形式相同，应采用原样修建。

六月初七日，乾隆答复同意重建工程采用"毹门"做法以节省工料。

六月初八日，木匠张希圣抵京，偕同金简逐件木植配搭核对。体仁阁做法基本确定了下来，并写进了奏折。

六月初九，福隆安等回复皇帝，体仁阁旧式原系毹门做法，等等。

三个月后，体仁阁重建完成。

在这一系列的努力之下，工匠们虽然完成了乾隆皇帝的任务，但是却留下了一座匆忙建成的建筑。他们在重压之下的种种权宜做法，在2004年

（图2-7-06）体仁阁隐蔽结构楞木长度不足的情况

至2007年的故宫大修工程中暴露无遗（图2-7-04，图2-7-05，图2-7-06）。

在这一系列的应急安排中，我们清楚地读到了一位大木匠的名字——张希圣。在乾隆时代，这应当是一个显赫的名字。不然，皇帝不会在事发的第三天就正式地提到他。在乾隆四十八年（1783年），张希圣一定还在北京主持着其他的皇家工程。不然，皇帝不会说要"就近询问"于他。

在乾隆四十六年（1781年）皇帝写下了《知过论》，检讨大兴土木之过以后，大张旗鼓的园林工程确实略有降温。不知张希圣的名声是否起于早些年轰轰烈烈的"大营造运动"。只要我们留意一些清代营造档案中繁多的大木匠的名字就可以产生这样的认识，当时的营造行当得益于项目饱满，曾经培养出大批的杰出工匠。那一定是一个大匠云集、名作繁盛的时代。▲

张希圣的体仁阁设计

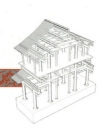

对于张希圣来说，设计体仁阁要比平地起高楼困难。难度大致有这么四点：

1. 明朝的大匠们盖好的体仁阁还没有完全烧毁，须详细测量残存的柱础、墙基才能算出体仁阁的基本尺度规律。

2. 体仁阁的对面是弘义阁，也是明朝遗构，体仁阁的立面形式、装饰造型，须得与弘义阁搭配得体，而谁晓得设计弘义阁大木结构的那位前辈到底是哪家的传授，算作哪门哪派呢？

3. 工程时间紧迫，只有区区三个月。从清理现场到大木加工，最后到油饰彩画，叫苦的肯定不只是施工的匠役们。

4. 物料尚不充裕，杂料拼帮在所难免，使用一些质量、尺寸略有瑕疵的材料也便是意料之中的事了。

从今天建筑设计的角度看，最能够引起关注的当是前两点。这关系到古代木匠确定大木结构尺度的问题，进而还关系到历代匠作传承、门派风格之间的关系。

先集中看一看体仁阁的基本规模。记录在纸面上，则有这样一段比较详尽的数据和描述（图2-7-07）：

……奴才等率员查照弘义阁面宽、进深、柱高、瞻门搁架式样，详细勘估得补建体仁阁一座，计九间，面阔二丈，六次间各面宽一丈五尺，

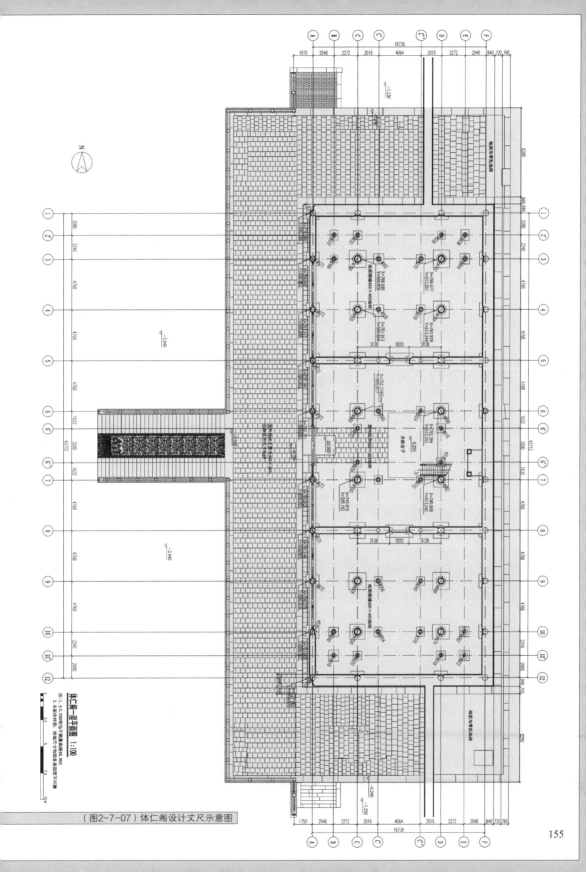

（图2-7-07）体仁阁设计丈尺示意图

两稍间各面宽一丈三尺五寸，通面宽十三丈七尺，两山各显三间，明间面宽两丈五尺，两稍间各面宽一丈三尺尺（实测数据证明，'尺'字当为'五'字之误）寸，通进深五丈二尺。再查此阁，上下两层，按面宽论共计九间；按凳门做法而论，进深则显三间，上下层共计五十四间。下檐柱高一丈八尺五寸，上檐柱高一丈一尺，通金柱高四丈三尺一寸，九架梁通长四丈四尺七寸。奴才等因此阁面宽进深柱高阔大，公同筹商在长大枋梁之下酌加顶桩柱木，取其撑架有力，以资坚固。下檐斗口单昂斗科，庑座斗口重翘斗科，上檐斗口重昂斗科，安庑座擎檐廊花板、雀替，九檩庑殿凳门做法……（出处）

自从乾隆九年破天荒地修改圭表，以营造尺长定天文尺，明代正统圭表上便刻下了1丈4尺的永久标准，每一尺长正好320毫米【该尺陈列于南京紫金山天文台，圭表表面共刻量天尺4条，量条明尺，两条乾隆朝的清尺。乾隆的做法废除了上千年间使用古制小尺为天文尺的制度。参见尹世同：《量天尺考》，载《文物》，1978（2）】，官方所用的营造尺也得到了更好的规范。

如果按照1尺=320毫米将史料与实测数据【在清华大学承接故宫体仁阁、弘义阁修缮设计之初，主持人王贵祥教授便不避繁杂、不计耗费地委托本校土木系老师留下了一套全站仪测量得出的上下层柱身距柱脚1米左右高度的平面坐标原始数据。根据笔者参与工作中的记忆，当时由于柱脚位置地仗破坏情况不一，难以确定相对稳定的测量位置，而柱头标靶难以全面安设，故采用了这种折中的办法。下层柱身尺寸大致反映柱脚平面，上层柱身尺寸大致反映下层柱头平面】进行对比，同时考虑到张希圣还必须要尊重体仁阁保留下来的柱础等因素，可以证明史料记载弘义阁的平面丈尺是真实可信的【刘畅：《体仁阁弘义阁大木结构解疑》，载《故宫学刊》，北京，紫禁城出版社，2006年】：

1. 弘义阁面阔方向明间，下层柱身均值6467毫米，上层柱身均值6255毫米，与20尺的吻合程度分别达到98.96%与97.7%，后者近乎19.5尺，张希圣大概测量的是下层柱脚尺寸，柱头尺寸太难量到了；

2. 弘义阁面阔方向次间，下层柱身均值4762毫米，上层柱身均值

4796毫米，与15尺的吻合程度分别达到99.2%与99.9%；

3. 弘义阁面阔方向稍间和进深方向稍间，下层柱身均值分别为4354毫米和4377毫米，合13.61尺和13.68尺，考虑侧脚因素，可以取值13.5尺；

4. 弘义阁进深方向明间，下层柱身均值8046毫米，上层柱身均值8033毫米，与25.2尺的吻合程度分别为99.8%与99.6%，绝对误差不足1寸。

平面之外，立面尺寸之中还藏着什么名堂呢？

回顾一下太和殿大木设计的一些规律：下层檐柱高按以通高为尺度控制基准；上层柱高只计算到柱身净高；梁架举步设计从顶层屋架的正心檩下皮起算。弘义、体仁阁中的大木尺寸设计是否延续这些算法呢？

参照清华大学的实测数据，我们可以进行以下计算：

1. 下檐柱通高=下檐柱高（18.5尺，清华大学实测5900毫米，折合18.44尺）+ 斗栱总高（含平板枋高，清华大学实测695毫米，折合2.17尺）≈20.65尺；

2. 上檐柱总净高至柱础=金柱高（43.1尺，清华大学实测13795毫米，折合43.11尺）- 斗栱梁下高度（含平板枋高，清华大学实测570毫米，折合1.78尺）≈ 41.3尺；

3. 上层檐通面阔（不计擎檐柱）≈12.4尺（清华大学实测39680毫米，折合12.4尺，逐间折合略有误差）。

于是可见一些精度较高的比例关系：其一，上檐柱总高为下檐柱通高之二倍（图2-7-08）；其二，上檐通面阔为上檐柱总高之三倍（图2-7-09）。这里的金柱高=上檐柱通高+斗栱梁下高度。

还应当讨论一下体仁阁的梁架举架做法。对于弘义阁、体仁阁大木结构形式的定义，工部奏折、乾隆上谕都提到了一个关键词——"毡门"做法，目的是要节省工料。体仁阁使用七架、九架梁的做法（图2-7-10）与

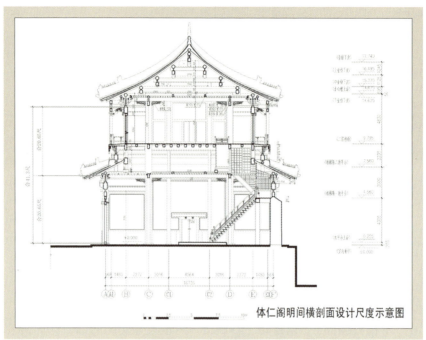

（图2-7-08）体仁阁剖面丈尺设计示意图

弘义阁在九架部位使用多段梁组合、在七架梁部位使用五架梁与单步梁组合的做法（图2-7-11）是大相径庭的，体仁阁的做法没有达到节省木料的目的。二者的唯一共同点是金柱位于九架部位的梁身之下，且金柱位置与金檩的位置并不对应。

《鲁班经》记载"秋千架，今人偷栋枋为之，吉人以如此造其中箚闲耍坐起处，则可依此格尽好"【[明]午荣、章严：《工师雕斲正式鲁班木经匠家镜》，清刻本，中国国家图书馆藏】。但是即使在咀嚼这段文字的同时对比两阁梁架，仍然无法了解"毬门"做法的真面目。

具体到梁架的尺度设计，令人蹙额的是，今天所掌握的两份测绘数据——清华大学2003—2004年间的测绘成果与基泰工程公司1941—1942年的成果具有明显的差别。以体仁阁山面步架为例，清华大学的数据依次为1.497米、1.520米、1.465米、1.450米；而基泰的数据则依次为1.50

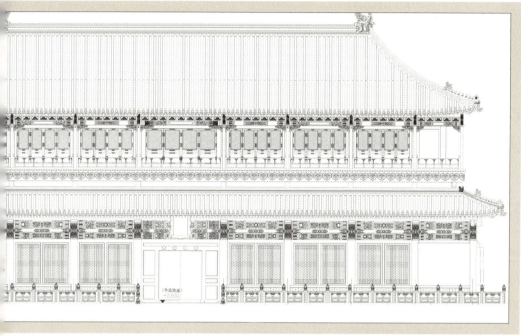

（图2-7-09）体仁阁立面丈尺设计示意图

（图2-7-10）体仁阁梁架做法示意图

（图2-7-11）弘义阁梁架做法示意图

米、1.49米、1.48米、1.45米。二者有微妙的、但能够左右计算结果的差异。如果说对于每一步举架步架的详细尺寸必须研究者亲临现场、反复测量，并仔细推敲有结构形变的哪些因素会影响测量数据，那么对于步架、举架的总尺寸的宏观分析还是基本能够反映大木匠权衡结构尺寸的大致规律的。▲

张希圣还不了解弘义阁

乾隆四十八年（1783年）大火后，当时工部尚书福隆安，覆奏现在修建体仁阁情形，档案包含折件与附图各一件图名为弘义阁毡门做法画样图。为一简单纵剖面木构架"图说"，类似工程做法附图，无任何"说贴"展开解释【台北故宫档案编号033036，转引自叶冠国：《故宫体仁阁修建史料调查与工程做法研究》】。

重温一下后来定案的体仁阁，对比此前丈量弘义阁所得尺寸，得到下表：

表2-7-01 乾隆四十八年弘义阁测量尺寸与体仁阁拟建尺寸对照表		
数据项	弘义阁测量尺寸	奏销档拟建体仁阁尺寸
通面宽	十三丈七尺	十三丈七尺
通进深	五丈二尺	五丈二尺
面阔九间-明间	二丈	二丈
六次间	一丈五尺	一丈五尺
二稍间	一丈三尺 （疑漏写五寸——作者按）	一丈三尺五寸
进深三间-明间	二丈五尺二寸	二丈五尺
二次间	一丈三尺五寸	一丈三尺五寸 （"尺"字疑为"五"字之误——作者按）
下檐柱	高一丈八尺五寸，径一尺八寸	高一丈八尺五寸
上檐柱	高一丈一尺，径一尺四寸	高一丈一尺
金柱	高四丈三尺一寸，径二尺二寸	高四丈三尺一寸
斗科	下檐斗口单昂 上檐斗口重昂	下檐斗口单昂重翘 上檐斗口重昂

做　法	安擎檐廊、九檩庑殿做法	九檩庑殿毯门做法搁架式样、安庑座、擎檐廊花板雀替
九 架 梁	未使用	四丈四尺七寸

不知道张希圣到底是一个粗心的人还是一个心思缜密的人。好在我们大致推算得到他手里的那把营造尺长320毫米。好在我们大致推断他测量了弘义阁的柱脚平面和柱子高度。这时的他已经可以胸有成竹地拿一套比例关系来控制体仁阁的整体立面。

上表中关于弘义阁的柱高实测数据，共有上下檐柱和金柱三项。

清华大学实测下檐柱高5855毫米，按照320毫米一尺计算，合18.3尺，不难理解张希圣会把它归整为18.5尺。但是，"上檐柱高一丈一尺"颇令人生疑。那是上檐柱在楼阁上层露明的长度。清华大学的实测数据为3460毫米（图2-7-12），粗略按照一尺320毫米折算合10.81尺。实际上，那根柱子一直穿过楼板，落脚在下层大桃尖梁上的大坐斗。一丈一尺的高度记载只有反推楼板高度的作用——请注意，更清晰、准确的楼板高度应当从支

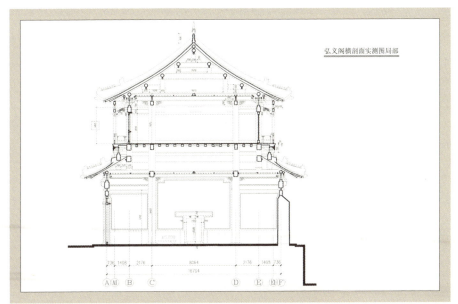

（图2-7-12）弘义阁剖面分析图一

撑平坐的立柱起算；一丈一尺的高度记载也无法为计算上檐柱用料提供有效的参考。

还有令人费解的是，比起平面尺寸，金柱立柱高度的实测数值与史料记载相比较存在明显出入。我们首先可以排除大木经年变形加剧的假设，因为测量尺寸为13570毫米，按照320毫米一尺计算，合42.41尺，与史料数据相差7寸。我们可以排除测量误差的可能，因为7寸的误差简直是太大了。唯一的解释是张希圣用自己熟知的规律在心中计算出了一个尺寸，并"替代"了他认为不"确实"的尺寸。

回到明朝工匠设计弘义阁时使用的营造尺长。我们需要逐步推算一下：

第一步，上层面阔明间柱身1米高处平均开间：6255毫米；下层面阔明间柱身1米高处平均开间：6467毫米。符合整尺/半尺开间设计一般做法的当为柱头平面。考虑到上下层立柱可能分别存在侧脚，测量位置在柱身中部，下层柱头尺寸应大于6255毫米，若整合2丈，那么用尺也大于313毫米。

上层面阔次间柱身平均开间：4796毫米；下层面阔次间柱身平均开间：4762毫米。这种"倒侧脚"的现象是不正常的，应进一步考虑到梁架的歪闪情况。如果按照次间随明间侧脚，并不再多设侧脚，可以尝试按照4762毫米推算营造尺长，折合1尺=317毫米。

上层面阔稍间柱身平均开间测量未及；下层面阔稍间柱身平均开间：4354毫米。用1尺=317毫米反推，折合13.74尺，其中应有侧脚的因素，下层面阔稍间尺度应与史料记载的13.5尺相同。

上层进深明间柱身平均开间：8033毫米；下层进深明间柱身平均开间：8046毫米。明间进深方向侧脚极不明显，或可认为没有。用1尺=317毫米反推，折合25.3～25.4尺。尚无法判断原始设计到底是25尺还是25.4尺。

上层进深次间柱身平均开间测量未及；下层进深次间柱身平均开间：4377毫米。与面阔稍间相同，用1尺=317毫米反推，折合13.81尺，可能有侧脚的因素，约计2.5寸，下层进深次间尺度应与史料记载的13.5尺相同。

上层面阔稍间柱身平均开间：2230毫米；上层进深稍间柱身平均开间：2205毫米。用1尺=317毫米反推，分别折合7.03尺和6.96尺。判断上层稍间开间7尺。

看来1尺=317毫米大致可信。弘义阁立柱侧脚布置大致可以如图2-7-13中的示意。明代晚期重建弘义阁时是否面临者类似的与古代用尺不一的问题呢？我们只有在调查紫禁城中为数众多的保存至今的明代建筑后才有发言权。

再考察弘义阁下檐柱，清华大学实测尺寸5855毫米，如果按照明尺1尺=317毫米计算，折合18.47尺，按照设计尺寸为18.5尺推算，吻合程度达99.84%，与前文平面尺寸的推导相吻合，说明明代营建弘义阁的用尺在317毫米左右。

那么，弘义阁的金柱高度设计是否存在与体仁阁相同的规律呢？

1. 弘义阁金柱，清华大学实测尺寸13570毫米，按照1尺=317毫米计算，折合42.81尺；弘义阁上檐柱总净高12979毫米，折合40.94尺；弘义阁下檐柱通高6577毫米，折合20.75尺。下檐柱通高的2倍超出40.94尺5寸多，数据差的绝对值过大，与体仁阁的"2倍"规律不符。

2. 换一个角度，如果认为扣除构件压缩变形因素弘义阁上檐柱总净高合41尺（吻合程度达99.85%），那么可以看出上檐柱总净高可能是匠人权衡大木尺度的一个基本整数数值。

3. 再有，一个难以直接测量的数据能够给予研究者联想的冲动——上层檐柱实高（实际用料高度），从柱头计算至柱脚与大坐斗（位于下层大桃尖梁上）上所垫木板处的实测高度5829毫米，与下檐柱净高的5855毫米只有不足一寸的差异（图2-7-14）。

对于以上三点，笔者倾向于这样的解释：弘义阁大木高度设计采用了简洁的计算方法，即上下檐柱净高都是18.5尺，其间以"斗栱+梁高"进行

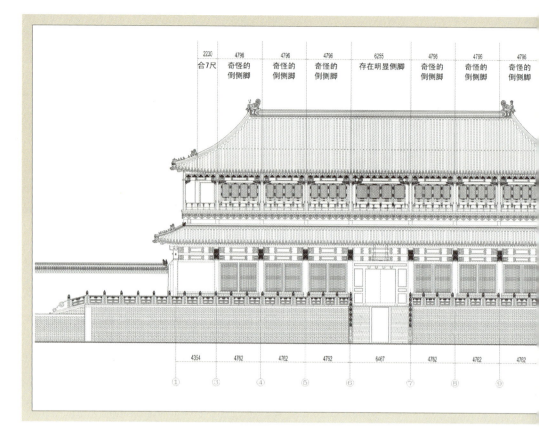

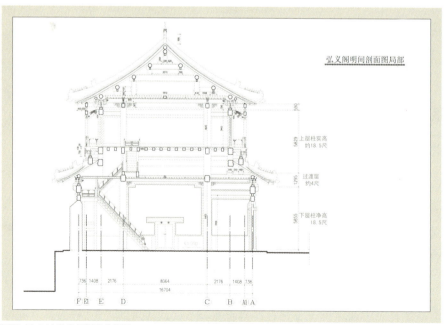

（图2-7-14）弘义阁剖面分析图二

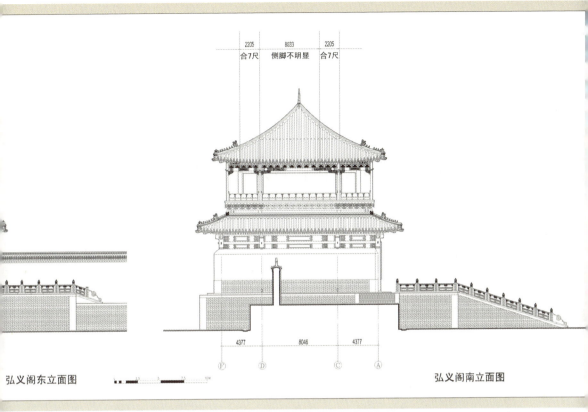

（图2-7-13）弘义阁立柱侧脚设计示意图

过渡，过渡层高度4尺，共凑足上檐柱总净高41尺。

而张希圣呢？也许这位胸有成竹的自信的大木匠根本没必要去理会到底他的明朝前辈是如何确定大木尺度关系的，因为他自己或者还有自己的师傅们早已认定本门派的做法已经足够。况且，在那个年代，张希圣也不具备精确测量老房子的手段。理解前人的设计，不过是今天学者们的奢侈，丝毫不能给乾隆朝的这位大匠带来任何额外的益处。他只需要背起手来，若有所思地在工地上木匠间逡巡，偶尔停下来果断地发号施令——因为他的名字是皇帝也知道的。▲

捌 藏式楼阁：雨花阁

信奉喇嘛教的清代皇室建设的密宗佛堂在大内禁城中几乎遍及后宫各院，但是数到能够冲破宫殿规矩的真正的藏式建筑，雨花阁当是仅有的一例。建于乾隆初期【雨花阁铜瓦屋面成于乾隆十四年，该阁工程在乾隆中期之前便应已经完竣。乾隆中期的三十二年，三和等奏添雨花阁抱厦，阁方成今貌。参见《清宫述闻》转引《内务府奏销档》、《奏折》，945页】的雨花阁，古人和今天的行家都能从建筑造型到装饰细节都看出浓厚的藏式风格；同时在功能上，它需要容纳事部（或曰德行部）、行部（或曰智行部）、瑜珈部、无上瑜珈部四层（图2-8-01）。【雨花阁各层设计目的明确，宗教上也各有分工。《钦定总管内务府现行则例·中正殿》载："雨花阁，每年四月初八日，派喇嘛五名，在无上层唪大布畏坛城经。二月初八日、八月初八日，各派喇嘛十名，在瑜珈层唪毗卢佛坛城经。三月初八日、六月初八日、九月十五日、十二月十五日，各派喇嘛十五名，在智行层唪释迦佛坛城经。每月初六日，在德行层放乌卜藏唪经】

当时，乾隆皇帝问章嘉活佛西藏佛学翘楚旧事，章嘉提到了大译师钦桑波创建的托林寺，寺中正殿上下四层，内设四续部众的立体坛城。"大皇帝说：'在朕的京城中也要建一座那样的佛殿。'于是由章嘉国师负责，在内城左右建起了一座四层金顶佛殿，内置四续部众的佛像，顶层殿内塑有密集像，第三层殿内塑有大日如来现证佛像，底层殿内作为各扎仓念诵三重三味耶的仪轨。"【土观·洛桑却吉尼玛：《章嘉国师若必多吉传》，马连龙译，101页，北京，民族出版社，1988年】学者们一般认为这里的"金顶佛殿"就是紫禁城中的雨花阁（图2-8-02）。

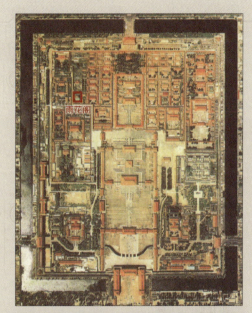

（图2-8-01）卫星照片：雨花阁在紫禁城中的位置示意图

（图2-8-02）雨花阁外景图

关于"藏式"

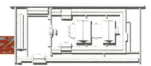

章嘉对乾隆皇帝提到的托林寺是建于公元10世纪的名寺,当时印度高僧阿底峡来藏复兴佛教,就是驻锡于此。追究托林寺建筑形式的根本要素,则是又仿照西藏另一古寺桑耶寺,而桑耶寺的母本是印度古寺阿旃延那布尼寺。一路上溯,最基本的形制是这样的:以中心的方殿象征世界中心须弥山,山顶上为帝释天,以中心大殿四层代表;四面山腰有四大天王,可各建一塔或小阁以为象征;周围有七香海、七金山,再外有铁围山围绕的咸海,咸海四周有四大部洲;同一日月所照的四天下为一小世界,一千小世界为一小千世界,一千小千世界而成中千世界,再则大千世界【宿白:《藏传佛教寺院考古》,北京,文物出版社,1996年】。用建筑的办法凝练这个平面伸展开来的世界未必是当时章嘉建雨花阁时候的主要想法;况且雨花阁地处禁城,空间有限,无法施展藏式建筑的拳脚。

清代宫廷还是着实施展过些"藏式拳脚"的。具有代表性的是北京城安定门外的双黄寺,以及承德外八庙。

双黄寺这片藏传佛教寺庙群地处京畿,起源于清初顺治年间,东黄寺是继原有的普静禅林更作而成【《钦定日下旧闻考》1786-1787页载,康熙《重修东黄寺碑记》中有"普静禅林在京城之北,法侣攸革,薰呗庄严,当顺治年间,有西域缁流以祝国佑民为请,爰奉俞旨,创建兹寺"等语,说明东黄寺的前身创建于顺治早期,汇宗梵宇之前】,意在管理"西域缁流";西黄寺在其东,唤作汇宗梵宇,是清顺治九年(1652年)为迎接五世达赖喇嘛进京而建【[清]于敏中 等编：《郊坰》，《钦定日下旧闻考》，北京，北京古籍出版社，1981年】，主体建筑俗称达赖楼；到后来的乾隆四十五年（1780年）九月初二日，六世班禅额尔德尼罗桑丹进驻西黄寺，居西黄寺达赖楼，十一日初二下午四时，六世班禅大师因天花于西黄寺圆寂，乾隆四十六年（1781年）正月十八日，由乾隆皇帝下令于西黄寺西偏正式动工修建清净化城塔及清净化城塔院，乾隆四十七年长至月（十一月，1782年12月），西黄寺清净化城塔及清净化城塔院正式落成。经过历史动荡，今天仅保留下来了清净化城一院（图2-8-03）。

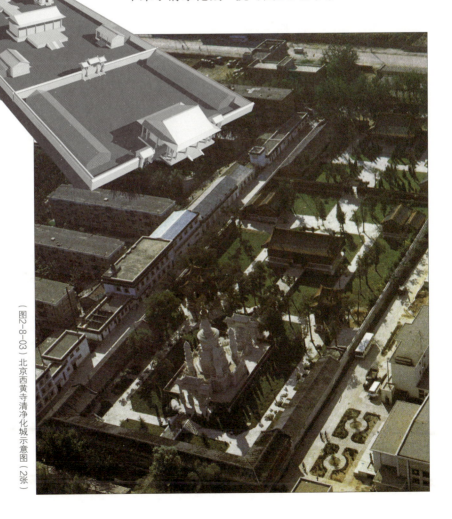

（图2-8-03）北京西黄寺清净化城示意图（2张）

普静禅林、汇宗梵宇、清净化城都不同程度上反映藏式建筑风格，而其中最具藏式特点的，非汇宗梵宇的"达赖楼"莫属。当时顺治九年（1652年）腊月十七日，五世达赖喇嘛日记中写道"在距转轮圣王大都治下语言各异、具有二利的禁城北京有两俱卢舍之遥的地方，皇帝用九万两白银作顺缘，专门建起成为'黄寺'的精舍作为我的行宫。它有如天神的林苑，围墙环绕着房舍，正中的内室和外室之间没有间隙，色彩上，用了大量金箔，光彩夺目。我于十七日抵达那里"【陈庆英、马林译注：《五世达赖喇嘛进京记》，载《中国藏学》49页，1992（4）】。不过，一切文字史料的描绘都不够形象，要把个中细节讲述清楚，还是要费一些周章的。我们需要求助于清代人麟庆所著的《鸿雪因缘图记》【[清]麟庆：《鸿雪因缘图记》，北京，北京古籍出版社，1984年】，书中直观反映了清代晚期清净化城塔建成半个多世纪后双黄寺地区的环境面貌。《鸿雪因缘图记》共三集，是清代中后期出身望族、颇有名气的大臣麟庆用图画的形式记述身世和经历的作品。书中绘图者包括汪春泉、陈朗斋和汪惕斋，麟庆在京郊游览时陈朗斋也常常随行，在第三集中由陈朗斋、汪惕斋主绘的京郊景物当具有很高的准确度和可信度。现存最早的《鸿雪因缘图记》是道光二十九年（1849年）扬州刻本。在此图记第三集中，有一则为《赐茔来象》，描绘了安定门外双黄寺的环境景观："赐茔在安定门外三里许，黄寺羊店之西……门左望宝塔梵宫，金碧辉映，则东西两黄寺。东寺系敕就普静禅林，于顺治初修复。西寺雍正元年敕建，赐汇宗梵宇额。迤西为班禅额尔德尼塔，赐名清净化城，乾隆间建。又西北资福院，为

（图2-8-04）《鸿雪因缘图记》插图《赐茔来象》中的双黄寺

外藩祝釐所，寺前桥四井三，一井尤甘"【《鸿雪因缘图记》，第三集，《赐莹来泉》】。图2-8-04所示，图中左边所绘硬山顶建筑屋脊上有鸱吻符合麟庆所讲的"京师茔门例不准用鸱吻，先茔独有，相传为世宗特赐，以存斋公授书，故今土人仍称兽头坟云"，门旁有井，当即麟庆文中所说的面向门外方向"门右有井，极清"的那一口。画面中麟庆家茔之右，即偏东处，是几乎并列而置的四座大门，门前还有四座桥梁。这由右至左的四座大门分别代表东黄寺、西黄寺汇宗梵宇、清净化城和资福院。门后树林茂盛，其间掩映有黄寺殿宇和清净化城塔院的大殿、配殿和塔座。咸丰十年（1860年），第二次鸦片战争爆发，英法联军于当年10月攻占北京，西黄寺被劫掠一空，并曾一度成为侵略者的军营，寺内主要建筑达赖楼惨遭破坏，变得面目全非。所幸法国巴黎郊区肯恩博物馆赠送首都博物馆的1900年世纪之交的老照片和北京市城市规划管理局地质地形勘测处于1963年5月绘制的《北京市朝阳区附近地形图》配合起来，能够大致反映达赖楼的样子。（图2-8-05）简单地讲，汇宗梵宇后部的主体建筑达赖楼是一座按照藏式回廊方式围合起来的、具有汉式大木结构骨架的合院楼。

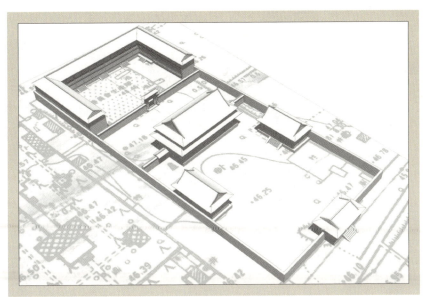

（图2-8-05）双黄寺达赖楼示意图

承德外八庙中的普陀宗乘和须弥福寿之庙的藏式特点尤其突出。

乾隆三十二年至三十六年（1767—1771年）间渐次完成了普陀宗乘之庙工程，其目的是庆祝乾隆三十五年皇帝的六十寿辰及次年皇太后的八十寿辰。整座庙宇仿照布达拉宫而造，大小建筑六十处，因山就势，由多组藏式回廊拼接围合，再利用地面院落、屋顶平台错落衔接，成为藏式布局手法、汉式建筑骨骼的大手笔（图2-8-06）。

乾隆四十五年（1780年）为迎接西藏六世班禅额尔德尼罗桑丹希的到来，乾隆皇帝建造了须弥福寿之庙。庙前有汉式五孔桥、山门、碑亭和琉璃牌楼，庙后部北端建琉璃万寿塔一座，而在中间核心位置建造的藏式大红台是全庙的主体建筑。大红台采用了三层藏式回廊，中心位置建造了三层高的妙高庄严殿。回廊以藏式特有的厚重围墙为外立面，却没有采用藏式窗；妙高庄严殿以铜为瓦，以金龙饰脊，气氛神秘而热烈（图2-8-07）。

（图2-8-06）承德普陀宗乘之庙外景（2张）

(图2-8-07)承德须弥福寿之庙（2张）

综上所述，清代官方建筑惯用的藏式建筑语汇主要有三：平面上，以藏式回廊加中央集会大厅或广场为基本格局；外观上，使用藏式墙面和门窗造型，或再辅以受汉风影响"金顶"；装饰细节上，点缀藏式装饰符号，如装饰线脚上所常用的莲华瓣——藏语称为"白玛"，由小立方体组成的"回回斗科"——藏语称为"曲扎"，再如异兽猛禽雕像，又如建筑梁枋彩画枋心中所书的六字真言。

至于紫禁城内的雨花阁，宫中并无营造回廊院的余地，它充其量

不过是一座核心殿阁，——虽无回廊拱卫，幸有宫墙萦绕，气氛颇觉合宜，院落也纵深展开，轴线贯通，直至北边的中正殿、淡远楼（图2-8-08）。

开始的时候，雨花阁仅是一座长方形平面的建筑，面阔三间，明间面阔一丈五尺，左右次间各面阔一丈三尺，进深三间，明间深二丈，前后次间各深一丈六尺，外带周围廊，廊深四尺五寸。到了乾隆三十二年（1767年）正月，内务府大臣三和等奏称："雨花阁前楼盖抱厦一座，计三间。上瓦黄边翡翠色琉璃脊瓦料。西边添建楼一座，计三间，上瓦黄边绿色琉璃脊瓦料。"这才形成了今天所见雨花阁前檐的样子。不过，仅从建筑平面上看，无论添加抱厦的前后，雨花阁都与一般的汉式建筑无异。当时"肉食者"擘画阁之广狭，无非考虑需要容纳的室内坛城、佛座陈设及唪经僧众的空间，并没有如在承德和黄寺一般，施展藏式回廊的布局，也没有全然照搬四面对称的坛城平面，只有屋顶的设计带有藏地"金顶"的效果。

本来，建筑便是如此，实现风格取向和象征目的的手法很多。设计始于地盘，但不是一定要在摆布地盘的阶段就做足所有的文章。

选择特殊地盘平面的角楼和选择普通地盘格局的雨花阁，外观效果大不相同——角楼依旧是典型的汉式建筑，而雨花阁卓然是一座藏风浓厚的楼阁。装饰，是最容易想到的因素，像衣装，像首饰，像脂粉；但不要忽视建筑骨骼的比例，也不要忽视一个更加难以描述的特征——建筑的表情。▲

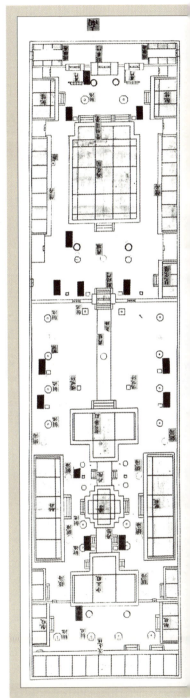

（图2-8-08）样式雷绘雨花阁至淡远楼图样

雨花阁的结构和装饰

至于藏传佛教殿宇雨花阁,大木设计方法并未跃出汉式建筑的一般模式。

循着探讨一般清代大木构架设计的习惯性思维,雨花阁的一个显著的装饰特点就是在顶层四角攒尖的屋面上采用了熠熠生辉的铜瓦,四条屋脊之上又各架铜制行龙一条,蒙藏风采立现;再一个特点是雨花阁底层前檐屋面顺势而下,形成抱厦,并不多做卷棚,与普通的汉式做法不同。

布达拉宫南立面图

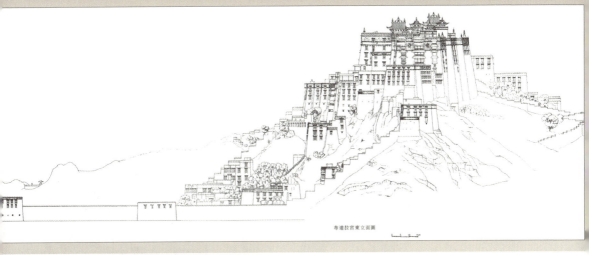

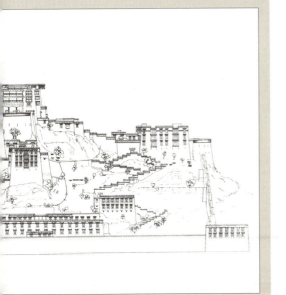

（图2-8-09）布达拉宫立面图，及西藏色拉寺金顶（3张）

第一个问题确有些趣味和玄机在里面——雨花阁顶层"四角攒尖"的平面并不是一个标准的正方形：东西方向明间面阔4840毫米，廊深1010毫米；南北方向明间进深4530毫米，廊深1010毫米。二者差一尺，肉眼上难以觉察，建造过程中却必须明明白白。雨花阁顶层大木结构的设计要么存在失误，要么当初就没有打算设计成攒尖顶。

本来，皇家建筑之中，像雨花阁顶层这样，在面阔长、进深短的屋面上再造一座大大缩小的屋顶的做法并不常用，反倒更像仓廒屋顶上的气窗。藏地寺院平顶房屋之上加盖金顶，多采用歇山顶（图2-8-09），造型轮廓与雨花阁有神似之处。不过，要把一座攒尖屋顶的方形"金顶"加

177

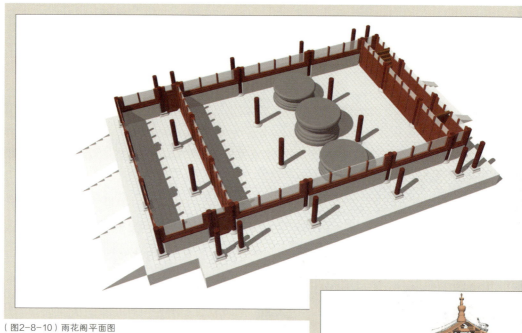

（图2-8-10）雨花阁平面图

（图2-8-11）雨花阁剖面图（2张）

在东西方向展开的瓦顶之上，还是需要一些大木结构尺寸的权衡设计的。

先来推算一下，根据故宫博物院70年代以前（无纪年）和1995年实测档案图的记录（图2-8-10，图2-8-11），雨花阁的平面各层面阔进深各间实测数据可整理入下表：

表2-8-d 雨花阁平面实测数据分析表（除注明外，单位：毫米）

测量位置		早期实测数据	1995年实测数据	折合丈尺	吻合程度说明
首层面阔	明　间	4860	4840	1丈5尺	1. 营造尺长约323毫米； 2. 底层廊间设侧角，约1寸； 3. 顶层廊间设侧角，约1寸； 4. 1995年实测数据更具规律性，廊间外，各间与推算丈尺吻合程度逾99.5%，绝对误差在0.65寸以下。
	次　间	4220	4220	1丈3尺	
	廊　间	1490	1480	4尺5寸?	
首层进深	明　间	6470	6480	2丈	
	次　间	5200	5170	1丈6尺	
	廊　间	1470	1480	4尺5寸?	
	前抱厦深	3260	3220	1丈	
顶层面阔	明　间	4880	——	1丈5尺	
	廊　间	990	——	3尺	
顶层进深	明　间	4530	——	1丈4尺	
	廊　间	1010	——	3尺	

可见，顶层殿身的面阔显然是设计好的，与底层面阔尺寸相等，为1丈5尺；而顶层殿身的进深如果要凑足攒尖顶需要的正方形平面，也得是1丈5尺。要凑进深的尺寸不是件容易的事情，需要结合进深柱网和步架尺寸。进深明间2丈，一直通到雨花阁露明的中层立柱，顶层立柱则要落脚在中层的梁架上。我们来计算一下支撑顶层楼身加周围廊的平坐立柱与两丈长的中层六架梁之间的尺寸关系：

1. 假定顶层金柱进深也定为1丈5尺。

2. 确定顶层廊深3尺，平坐下以五踩斗栱总出跳容易凑足1尺5寸（斗口2.5寸即可），平坐下檐柱进深间距1丈8尺。

3. 前后平坐檐柱与中层六架梁前后檩子之间尚分别留有1尺的间距。

4. 即使希望檩子与平坐檐柱之间的距离加大，最合理的方案也是从根本上调整进深明间的尺寸，如增加至2丈1尺，而不是保留顶层平面面阔和进深的差别，因错就错地调整角梁或由戗的角度。

5. 雨花阁顶层梁架并未使用垂莲柱，而是以三根沿面阔方向并置的梁来承托屋顶的合尖。笔者以为，这种现象反映的是更改设计的做法或改造的痕迹。

演算到这一步，我们大致可以形成一个认识：雨花阁的下层大木梁架能够满足顶层做成正规的攒尖屋顶，而现有的结构说明雨花阁原来的设计是采用歇山屋顶，至少在大木竖立完毕后，才改成了现有的攒尖样式。

于是引出话题的是雨花阁的铜瓦屋面，至少乾隆以为，这才是体现藏式风格的关键。如果简单地在歇山顶上覆盖铜瓦屋面不足以体现密宗"藏风"，那么就需要这四条腾空架在四脊上的行龙，需要攒尖顶的四条垂脊和中间的宝顶。或许乾隆皇帝深知，无论骨骼再如何"藏式"，密宗道场的面貌须得有行龙的风韵，须得有汉地建筑不敢有的夸张。

《内务府奏销档》记载："雨花阁无上层成造台级（鉊级）铜塔、铜龙及铸料瓦片、脊料，系乾隆十四年兴修……报销折开铜塔一座，高九尺四寸；铜龙四条，各长一丈三尺；锁子四条；勾滴迎面云龙二百七十六件，套兽四件，脊料二百七十二件，筒瓦九百六十四件，勾头一百四十件，滴水一百三十六件，板瓦二千六十六件，帽钉一百三十二个等项，共用……工料银四千二百三十一两七分七厘"【《清宫述闻》转引《内务府奏销档》、《奏折》，945页】。

笔者在调查中国国家图书馆藏样式房所遗材料的时候曾经读到过这样一段关于雨花阁铜装饰瓦件的"则例"【中国国家图书馆藏样式雷排架360包109号】。请允许笔者不厌其烦地将所有则例主要名目抄录如下，其中瓦件称谓基本等同一般琉璃砖（用于宝顶座、须弥座等）、瓦名称（图2-8-12，图2-8-13，

图2-8-14）。

雨花阁安设打造鉐鈒【音"Si Sa"】红铜行龙宝塔

并铸造铜脊瓦料销算过则例

铜瓦每件重五斤三两七钱　曲尺铜瓦每件重七斤七两二钱

勾头每件重六斤十四两八钱　滴水每件重六斤六两二钱

连二押带条每件重十斤七两八钱　三连专（砖）每件重十斤十三两二钱

撺搪头每件重三十一斤十两七钱

以上用过四六铜若干每斤加　耗铜一两三钱　刬刮铜末六两

（图2-8-12）雨花阁铜镏金宝顶

（图2-8-13）雨花阁铜镏金角龙

三共用过四六铜若干每斤加 黑炭五两 石煤二斤十二两

每十斤用化铜罐一个 每个用三次

铸造剉刮铜二共若干 每斤加 铸铜匠一分三厘三毛工 剉刮匠二分六厘六毛工

每剉刮匠五工用 剔凿匠一工

剉刮铜若干斤每斤加耗铜一两三钱 不加煤炭

九五回残铜末若干斤每斤加耗铜一两三钱 回末九五扣

（图2-8-14）雨花阁铜镏金瓦件（2张）

三共铜若干每斤加 黑炭五两 石煤二斤十二两 化同（铜）罐同上

板瓦每件重四斤八两一钱 斜板瓦每件重三斤十两九钱

正当沟并斜当沟每件重四斤九两八钱……

斜筒瓦每件重二斤五两一钱……

瓦帽丁每个重一斤一两二钱……

风铃每个重十两三钱……

当沟背后合焊鼻子拉扯用绿豆条铜丝若干斤每斤加……

栓挂当沟用黄米条铜丝若干斤每斤加……

合焊鼻子不论宽窄凑长尺丈每长一尺用……

勾头迎面鋜鈒行龙用过红铜若干斤每斤加……

套兽每件重六斤八钱用过红铜若干斤每斤加……

宝塔一座通高九尺四寸　内须弥座一分　下托泥一层计四块每块重四斤十一两　盖板一件计重二十斤五两三钱……

圭角每块重一斤十一两　束腰每块重一斤十三两二钱　上八达马每块重一斤一两三钱　上束腰每块重一斤二两七钱……

莲办（瓣）八达马每件重十三两四钱　梭花岔角每件重一两四钱　押条每件重七两八钱……

宝塔一分内

下伏（覆）莲座重三十五斤七两三钱　下伏（覆）莲托重三十六斤七两

塔囊重四十六斤五两六钱　束腰八达马重十二斤七两三钱

莲托代十三天重十六斤九两七钱　伞盖重十二斤十一两九钱

上伏（覆）莲托重九斤四两三钱　风带重十二斤十一两九钱

仰月六斤五两九钱　太阳火焰珠重九斤四两三钱

管子重九斤十三两五钱　曲须重一斤六两二钱

穿丁（钉）重一斤四两三钱……

索子……

黄铜螺蛳……

平盖丁（钉）……

垂脊行龙四条各长一丈三尺均径五寸……

行龙鋜鈒灌胶折见方尺每尺用胶一百斤……

雨花阁头停安设宝塔行龙并铜脊瓦料匾子镀金销算花卉见方寸一万四千四百七十八寸五分二厘 平面见方寸十四万二千一百六十九寸三分五厘 共折见方寸十五万六千六百四十七寸八分七厘

实用过 应按广储司镀金例

赤金四百六十三两每两按用……

打造熟黄铜……

铸造铜瓦每件重一斤以内……二斤以内……三斤以内……四斤以内……五斤以外……

这种貌似藏式铜皮屋面而构造、装饰细节远远过之的做法是清宫的独创，在货币大量用铜的清代，这种做法把乾隆不惜赀财地弘扬藏传佛教、笼络蒙藏人心的想法表达得显露无遗。

再来讲一讲雨花阁底层添盖的抱厦。故宫之中只有钦安殿盖有类似的抱厦，不过细节仍有不同。因循分析角楼屋面设计的手法，我们也尝试变换一下思路，看看如果雨花阁的抱厦采用其他立面处理手段会有什么样的效果。

笔者不得不赞叹古代匠师的造型能力和鉴赏能力，不仅仅因为他们寻找到了保留到今天的添加抱厦的方法，更是因为我们能够看出他们有和我们这些受过建筑学基本训练的人一样的形式观和风格观，他们也选择了打破汉地一贯风格的、颇有些藏式味道的处理手法。▲

玖 角 楼

这是一座风姿绰约的建筑，而且建在了紫禁城外的人们最容易看到的地方（图2-9-01）。

角楼的风姿是需要大木匠真正地费些心血的。传说鲁班祖师为了启发苦苦不得解答的大木匠，变身成了一位老人，老人手里拿了一架设计巧妙、制作精致的蝈蝈笼。其实盖房子和做笼子之间的联系实在少得可怜。说到底角楼复杂的结构只是简单结构的巧妙重复，蝈蝈笼倒是可以生出千百种新的造型。另外，房子不是编织的、不是绑扎的、不是粘合的，房子要能够承受自重和外来的荷载，要能够防水。即便是只讲造型上的因素，也有一个关键的不同——我们看蝈蝈笼子一般都是俯视，而我们看角楼则得抬起头来瞻仰。

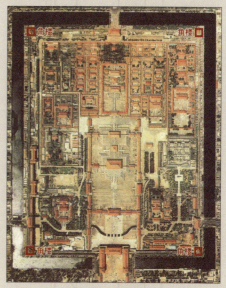

（图2-9-01）卫星照片：角楼在紫禁城中的位置示意图

紫禁城有四座角楼，算作亲兄弟；大高玄殿前的两座习礼亭（图2-9-02），也是三滴水，造型上只是在下两层檐的穿插上小有差异，算作角楼的堂兄弟。就是这一点点不同，在无声地提示我们后人，当时层檐叠累、如翚斯飞的建筑确实经过了古人的推敲，以致在不同的场合采取了不同的方案。

（图2-9-02）大高玄殿前的习礼亭

设计始于地盘：角十字

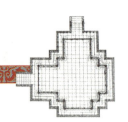

文艺复兴以前的西方古人和中国的古人一样，他们盖房子一如写作谋篇，所用众所周知的字词，只是"字"的大小和先后要根据功能需要来定。后来人们越来越多地"发明""形式"，文章不必用大家认识的字来写，甚至根本不必用字来写，讲求到了"当其无有室之用"的哲学层次，讲求到了这篇文章和周围一堆故纸之间的关系问题。讲求得多了固然是进步，而最基本的讲求总还是被更多的人注意，就是功能和形式，换言之，好不好用和好不好看。今天看古人的房子，笔者更加喜欢体会的是古人如何在好用与好看之间找到平衡，古人如何把字歪歪倒倒，便成就了好看的书法，就使自己能够满意，还令后来的人心生崇拜。

紫禁城角楼作为全然标志性的建筑，其设计一定在初定平面形式的时候便反复推敲，以便更好地尊崇礼制、附会信仰。

学建筑的人熟知的十字形平面的建筑类型有两种，一种叫做"希腊十字"，来源于带短柄的等臂十字形象，是拜占廷艺术中表现基督法力的符号，希腊等臂十字的平面主要为拜占廷和意大利文艺复兴时期的教堂所用；另一种叫做"拉丁十字"，以一条纵向的长线和一条横向的短线正交组成，交点在短线的中点和长线中点的上方，以拉丁十字为平面的教堂广泛存在于中世纪以来的欧洲北部。在西方文化中，以十字为平面的建筑无疑带有极其强烈的宗教象征意义（图2-9-03，图2-9-04）。

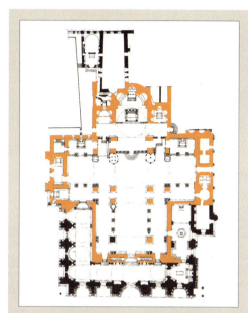

（图2-9-03）希腊十字平面的教堂（2张）

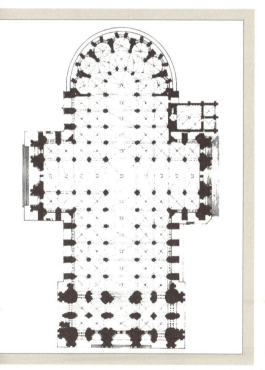

（图2-9-04）拉丁十字平面的教堂（2张）

距离希腊和拉丁十字迢迢万里的东方，从容大国的紫禁城，四座角楼的平面也与十字有关系。历史给了他们多次修缮的经历，有的表现在瓦作构件上，有的反映在大木细部做法上。而四座角楼平面规格、结构形式均保持一致，保存了永乐始建时的制度。紫禁城角楼的建筑平面是一个两段等长线段垂直相交在各自偏心的相对位置，而且将交叉而成的两个长边围合朝向紫禁城的中心，交点处的正方形略微放大（图2-9-05）。我们可以把这种具有独特标志性、围合感的十字形平面冠以"角十字"的称呼。

　　在城墙的四角盖房子，原本为了防卫。放下纷纭史书中的蛛丝马迹不谈，敦煌壁画中有鲜明的角楼形象。萧默先生在《敦煌建筑研究》【萧默：《敦煌建筑研究》，134—136页，北京，机械工业出版社，2002年】中写到：

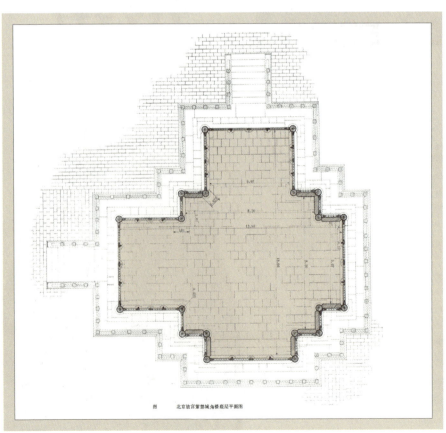

图　北京故宫紫禁城角楼底层平面图

（图2-9-05）紫禁城角楼的"角十字"平面

（图2-9-06）敦煌壁画中的角楼一

（图2-9-07）敦煌壁画中的角楼二

敦煌壁画里的城绝大多数都有角台，角台上几乎都有角楼。角台平面多是长方形。角楼做法与城楼做法一样，也是在有收分的角台台顶建平座（作者按：应为"坐"，下同）栏杆。平座下斗栱或有或无，平座上建角楼。角楼也多为长方形平面，面阔三间，进深两间（作者按：多为"三间"），单层，

（图2-9-08）敦煌壁画中的角楼三

覆庑殿或歇山顶。少数角台和角楼的平面是方形、六角形或圆形，未见如北京紫禁城角楼或北京城角楼那样的曲尺形平面（图2-9-06，图2-9-07，图2-9-08，图2-9-09）。

(图2-9-09)敦煌壁画中的角楼四

北京城的角楼保留到今天的还有一座【《明英宗实录》载正统"四年四月丙午，修造京师门楼、城壕、桥闸完……城四隅立角楼"。参见《东华图志》（上），139页，天津，天津古籍出版社，2005年】，是京城的东南角楼。这座角楼建于突出城墙外缘的方形台座上，采用两翼对称并带曲尺形后抱厦的曲尺平面，不是"角十字"的形式，具有显著的对外防御的设计意图。不过，在它的屋顶部分，还是流露出了"角十字"的浓重意味：屋顶并未简单地处理成转角的屋面，而是在转角处相交成十字，交叉处立宝顶，还在外侧坡屋顶上各设计了一个三角形的山花（图2-9-10）。

（图2-9-10）北京城东南角楼（2张）

(图2-9-10)(续)

时至明清,符合礼制的具体办法无非找到前朝的依据,或者找到更加古老的依据。《唐会要》中有这样一段记载,讲明堂要按照太庙的规格"四角造三重魏阙"。所谓三重魏阙,当是一母阙携二子阙,而沿城墙每面显一母阙和一子阙的样子。到了元朝,陶宗仪描述的大都宫城,"角楼四,据宫城之四隅,皆三趓楼,琉璃瓦饰檐脊"【[元]陶宗仪:《南村辍耕录》,250页,北京,中华书局,1997年】,大致还是母楼带子楼的式样。简言之,"角十字"的平面起源于转角的三阙,直接表达

的是转角三楼的意象,而十字交叉的平面设计则真正是具有创造性的独特手法。我们可以尝试一下省去角十字交叉处的短出头,使用模型的手段对比一下二者的优劣(图2-9-11)。

再清晰没有了,角楼的平面设计是角楼体型设计的基础,没有角十字,也不会有今天所见的翬飞高啄的角楼层檐。▲

(图2-9-11)角楼造型设计分析图

角楼山花的表情

角楼的结构全部的目的几乎都在于装饰，因而所有骨骼肌肉的调动都是为了配合角楼的那种雍容、端庄、威严、隆重的表情。

对于角楼大木结构展开研究，笔者缺乏一手素材，唯有使用1941年基泰工程公司的测绘图。在这套图纸的基础上，前辈学者曾经利用"网格法"进行分析，发现角楼斗栱攒档是一个平面丈尺设计的基本单元，合明代营造尺2.5尺，而平面各间的铺陈，都是按照2.5尺的倍数展开的，从小到大分别是5尺、12.5尺和17.5尺（图2-9-12）【傅熹年：《中国古代城市规划、建筑群布局及建筑设计方法研究》（上），135—137页，北京，中国建筑工业出版社，2001年】。至于角楼各层高度的控制，虽然研究者认为也受2.5尺倍数网格的控制

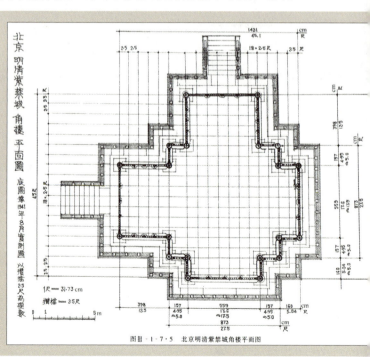

（图2-9-12）角楼平面丈尺分析图

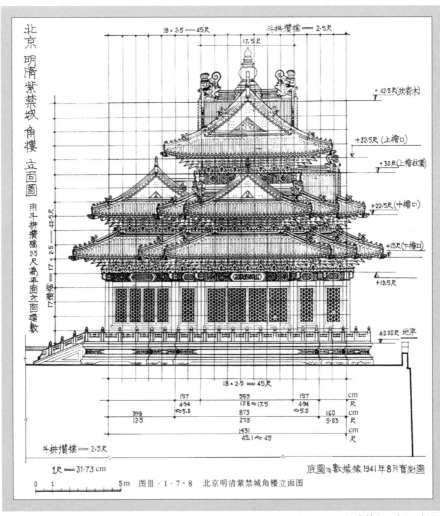

(图2-9-13)角楼立面丈尺分析图

(图2-9-13),但吻合精度还不理想。在此我们还没有条件深究匠人是否在高度设计上严格使用了2.5尺模数,抑或是像我们在太和殿、体仁阁、英华殿等建筑中发现的那样,简单地使用"檐柱通高"、"通进深"等基本尺度权衡建筑各关键部位的标高。不过,这并不影响我们琢磨角楼立面设计的匠心——说到底,这种匠心主要凝聚在如何组织各层屋檐屋顶上面。不妨从上到下——道之。

　　角楼最上层屋面，采用的是十字脊的形式，平面则是标准的正方形。从屋顶形式设计和排水的功能设计相结合的角度上讲，这是一个不简单的正方形。我们知道，歇山屋面又被称作"九脊殿"——正脊一条、垂脊四条、戗脊四条。那么十字交叉的两个歇山顶又有多少条脊呢？脊之间的相互关系又是什么样的呢？从基泰前辈们的测绘图中，我们能够读出古代设计者的匠心（图2-9-14）：歇山博脊以上的坡顶相互交接出四条天沟；八条垂脊的下端须在天沟处作拐角处理，让出天沟走向；而颇费心思的是天沟如何与四角上的戗脊交代呢？回到那四条天沟的做法。由于十字脊交接处须设宝顶一座，天沟起点也发端于此。宝顶体量硕大，天沟也须做得宽大。如果把天沟一分为二，中立脊一条，那么这条脊上端可以避免宽大天沟的丑陋，下端正好可以当作戗脊，确保了屋面做法的完整和统一。这种做法称作"金刚脊"，是特殊场合的特殊解决方案。

　　角楼的中层屋面最能够体现角楼组合体的体形穿插关系。其中最有

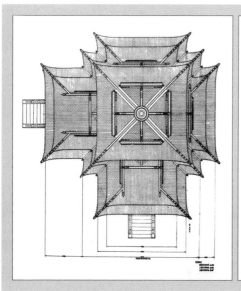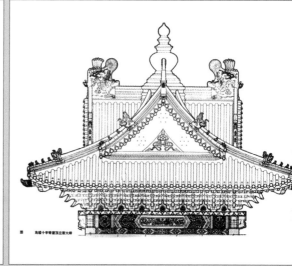

（图2-9-14）角楼实测图一（2张）

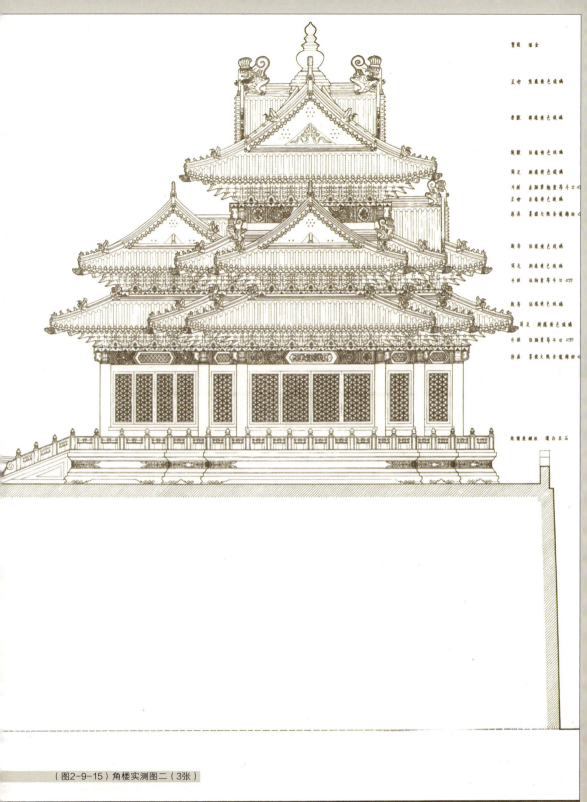

(图2-9-15)角楼实测图二(3张)

(图2-9-15)（续）

趣的地方在于，角楼的体形组合并不呼应平面设计所体现的"角十字"的关系（图2-9-15）：沿着短臂，是一座正脊势成穿过正楼的歇山抱厦，山花对着短臂的正立面；而沿着长臂，正脊则没有延续短臂正脊的方向，反而转向成为一座山花在两侧的普通形式的歇山抱厦；因抱厦面阔小于正楼开间，四面抱厦与正楼下层檐相交，留出四角，一周共十二个凸出的"翼角"，八个凹进的"窝角"。可以说，中层屋面是角楼立面"表情设计"的关键——富于变化的山花方向，并未古板地延续"角十字"的体型逻辑，反而有助于增强视觉上的跳跃感。

有了上层和中层的屋面设计，角楼的下层屋面做法便顺理成章地成为

了曲折勾勒角楼整体平面轮廓的一圈裙摆，延续上层的轮廓，一共十二"翼角"，八个"窝角"。

最后，我们来对比一下角楼建成结果和几种可能的造型设计之间的关系，体会一下是否古人的选择也符

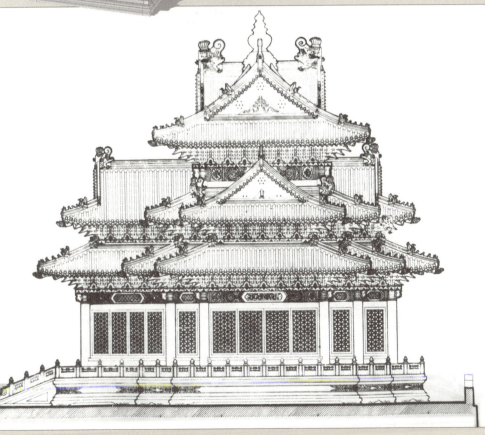

（图2-9-16）角楼造型分析图二（8张）

合我们的品位（图2-9-16）。这当然不是说其他的组合一定要不得，例如原来大高玄殿前的两座习礼亭使用的就是上图中的四面抱厦相同的屋顶组合，虽无紫禁城角楼轻盈变化的灵动表情，但呈现严格的秩序感，并非概不可取。▲

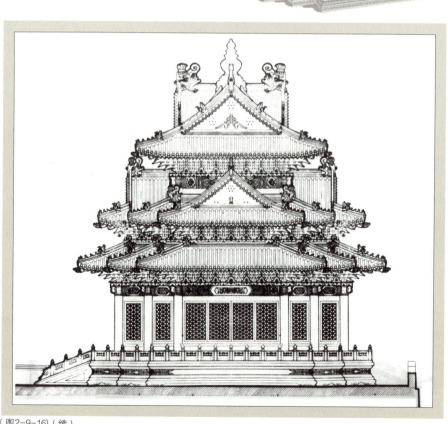

（图2-9-16)（续）

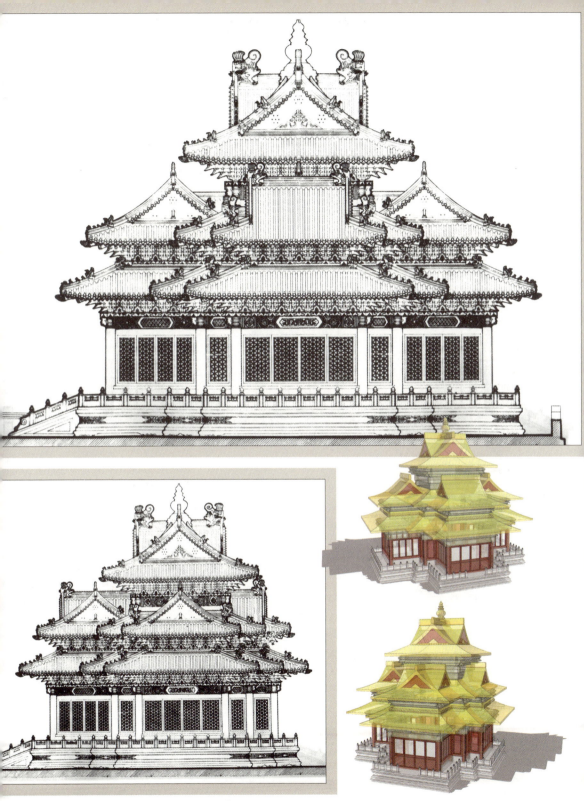

(图2-9-16)(续)

图说内廷

下篇

沈阳故宫大政殿里的宝座是故宫博物院"支持"的。在那个年代里，将紫禁城宁寿宫皇极殿中的宝座连带地平、屏风运往沈阳，再切去周围的角，用来适应大政殿的八角形平面，供游人瞻仰。这样的事确实可以说成"支持"——大清朝的皇家用品不也经常搬家吗，要么大内"支持"圆明园，要么圆明园"支持"热河行宫——只是说起今天的事来味道有些不对。而且木已成舟，我们也确实没有必要请沈阳的同志将宝座再"支持"回来，因为历史所讲述的这则故事已经烙在了宝座上，让更多的人咀嚼这则故事，也许会让未来少一些无知的慷慨。

其实，北京故宫中所谓"室内原状陈设展览"也是需要"支持"的：碧纱橱、花罩、家具已远不像过去安装摆设得齐全，窗台、炕、几案上的摆件件比起清代宫廷档案的记载也少得多。如果想探明清宫时期的室内格局、陈设规律、帝后偏好，那就必须首先做好历史研究，那就首先需要调查历史资料，那就应当首先开拓视野，将所有能够查寻到的历史信息放在一起罗列评比、去伪

存真，这是蜷缩在一隅的自命不凡者无法做到的。因此这里说的"支持"主要是学问上的支持，是欣赏和琢磨人家的宝贝，不是看上了非要放进自己的口袋。

故宫所需的支持首先在中国第一历史档案馆，原来的故宫明清档案部。多亏了多年来的共同研究，大事情搞得越来越清楚，小事情搞得越来越细致。对于"宫廷原状"，大事情像招牌，小事情像作料，没有作料，招牌就只能看，故宫的故事就只能空口说说。作料有了，不同的厨师就能调配出不同的菜来，不同的口味也就支撑起了不同的招牌。不过，小事情也分多少种。有的小到了极限，是学者们个人钻研的成果，比如说，我们大概了解了"突斯根"是什么样的桌子和宴会中怎么样"转宴"，我们不再猜测"桌刷"到底是抹布还是桌布，我们还费尽心思"复原"了往豆芽里塞肉馅的宫廷菜。还有的小事情需要团队协作，资料共享，比如说正在整理中的紫禁城各个宫殿的沿革大事，来自故宫和"一档"的退休老专家为此花费了大量心血。再有故宫古建筑的维修，得多少个部门一起配合，有的去现场测量，去顶棚以上积尘盈寸的大木梁架中勘察，有的去"一档"阅览室凝视着昏暗的缩微胶卷投影屏，把板凳坐穿，把眼睛熬酸。

故宫所需的支持还在国家图书馆。这里要说的不是"国图"的浩瀚藏书，而是善本珍藏。古旧图书浩繁芜杂，历史上多有率意者或禁锢思想者公然销毁文化，然复有历代藏书家慧眼识珍，慷慨拯救，悉心保护，以至有今日图书馆广纳博收，更有学者择其善者辟为专藏。在"国图"善本收藏的众多名目中，舆图之下有"样式雷"排架，是清代宫廷建筑设计人员"样式雷"世家绘制的设计图。当然，这个建筑界大名鼎鼎的世家在宫廷"样式房"供役的时候不仅绘制有图样，还制作有建筑模型，称作"烫样"。这些历史资料也不仅藏在"国图"，也藏在故宫博物院、中国第一历史档案馆等处，甚至国外也有零星收藏。但是无论其数量，还是涉及故宫历史的资料内容，那是非查阅"国图"资料不可的。说到这个话题，不能不讲一讲同一主题的不同收藏归属及其背后的问题。雷家服务宫廷一直到清覆之际，后因家业衰败、生活拮据，将烫样图样陆续出售，还有一些留存档案之中，或归随中国第一历史档案馆或随国民党的溃败携入台湾，造成今天散帙殊藏的局面。当时收购雷家资料者主要包括今天国家图书馆的前身国立北平图书馆、中法大学图书馆及一些古旧书店和私人爱好者。几经动荡，北平图书馆收藏中的烫样部分和中法大学图书馆的全部收藏最终移交故宫。考虑到几家收藏单位的珍视态度和研究决心，笔者推测今天的收藏分布将作为相对稳定的状态延续下去，难有大的移交或合并之举。收藏归属多了，研究者或许相应多了，但是如果资料隔绝保密的话，研究者占有资料的全面性就弱了。脆弱的文物天天拿出来给人家翻阅，说一说也感觉心疼，但心疼自己珍藏的同时也不要忘记收藏者的责任，你应当把资料整理好，用安全的手段展示给整个学术界。如果你只是把宝贝锁在柜子里，等着它烂掉——或许还把这个习惯遗传给子孙——那就真正是犯罪，效果上跟毁坏文物的人有啥不一样呢？言归正传，故宫与"国图"的协作由来已久，成果丰硕，但是相距理想的有序合作尚远矣。举例来说，"国图"样式雷收藏中对于有关故宫清代末年建筑改造的工程图样的释读和研究可以讲是故宫研究的基础工作之一，今天虽然"国图"是开放的，资料是服务于研究者的，但是官中识得庐山面目的人还少得可怜，研究工作至今还没有全面开展起来。

当然说到底，故宫所需的资源最原原本本的还埋藏在故宫，资料也罢，文物现状也罢，口碑传说也罢，还都没有全挖掘出来。朱家溍、傅连仲，我们必须记住这两位先生。尽管朱老在学术圈里已然名声显赫，但是他的学问和阅历是要远远超过他的名声的。他幼好文史，博览通达，儒风从容，雅趣信性，坦然珠玉，豁达文玩，尤其在故宫事业上贡献突出，延续至今的反映宫廷生活的原状展览无不留下朱老的心血。枯燥的史料如山，庞杂的文物无算，朱老不以为累反回味自长，复凭深厚的家学渊源，谈笑间整理出供亿万人凭吊的宫廷陈设，非斯人，禁城之内或仍可唤作博物馆，故宫之名则鲜堪称矣。傅老也可以形容成一座宝藏，宝藏不会自己跑到珠宝市上推销自己，而是需要别人挖掘、体会、欣赏。傅先生在故宫工作的经历就是一本书，一本故宫词典。几次故宫整理文物账目傅老都参与其中。哪座殿里的哪件文物是什么样的来历，后来搬到了哪里，哪件配饰是什么时候从哪个库房取来，为哪位领导的莅临而设，又是如何陈设摆布，他最是知道得一清二楚。勤于观察，严谨记录，笔耕不辍，这是傅先生工作和生活的写真。故宫原状陈列展览的昨天需要这二位先生代表的学者，而故宫原状陈列展览的明天则需要此二先生的研究成果、敬业精神与严谨学风。

不是想存心罗嗦，而是确实有必要再来说说那个陈设在沈阳故宫大政殿的宝座。没了宝座的皇极殿一直是空了殿堂，安装展柜，当作珍宝馆，一展就展了快半个世纪。不知那个离家的宝座是不是挂念老家，皇极殿倒是太希望恢复旧观了。时代的发展大抵就是这个样子，当故宫意识到故宫应当展示给世人的最可宝贵的东西是宫廷生活时候，仿佛刚刚明白皇帝的宝物放在玻璃柜里和放在当年前檐炕的炕琴上就是效果不一样，品味不一样，急忙四下寻找，忽然想起前檐炕在缺木材的年头拆掉了，而那张炕琴在前些年里算不得了不起的东西，也当作礼品赠送给了兄弟博物馆。于是乎老照片便成了至为宝贵的资料，还得欢天喜地庆幸兄弟博物馆终究珍视了我们的礼物，使得今天依然有复制的样本。值得关注的是，在尖刻的评论者指摘旧事的时候，今天的故宫人缄默了口，并且动手动脑仔细研究起那张安设在沈阳的宝座，搞清了结构方式、构造技巧、雕刻手法、表面处理。如此这般，历史的波折反而推动了今天的研究，至于那些被沉默地锁在屋中的宝座，反而是它们，只好暗自计算着尘土沉积和扫去的次数，对比起来，皇极殿的宝座又当算是幸运的一个了。

因此，不管故宫经历的波折有多大，故宫所需的支持在哪里，关键不仅是资料，还是研读资料、发现历史的人。

回想开始提笔的时候，总是激动的，感到了一种使命，如同二十年前手握毛笔小心翼翼地做古建筑渲染时，胸中激荡的振兴民族建筑风格的使命感一样。当时的使命感没能督促自己成为成熟的建筑师，今天的使命感也未必能够勉励自己做一名真正的学者。做学者似乎更需要一种持之以恒的精神，鲜克有终，但是对于每个普通人，发现新资料的喜悦和玩味资料过程中智力活动的愉悦都是相似的。且抛开沉重的使命不谈，记录些许思想的火花总是不错的——如果你将发掘出来的资料也明明白白地展示清楚，那么或者会有人说你颇有贡献了。

恰好在为清华大学科研课题"清代官廷样式雷图样研究""留守"国家图书馆调查资料的时候，重新翻阅起在故宫工作期间搜集的宫廷室内装修的照片，并特别留意起"国图"收藏中关于故宫历史上鼎新、改造的建筑设计图样。这些图样大多是关于故宫各殿改建、添建和内檐装修改造的工程，有一次工程中的不同建筑图样，也有同一座建筑在不同工程中的改造，往往详尽到构造尺寸细节。记得"国图"收藏的此类图样每个箱或包都有著录，粗略题写了图样的内容，如"养心殿"或"长春宫各处"之类，凡约13包，图样总数大致在四五百张。但是其中并非全部均系关乎故宫者，另外在其他数百包的收藏中也有图样并不属于包名所列，而确为故宫历史图样。在这种情况下，虽有心搞出个究竟却又明白自己对于现存资料的了解实在是在管窥，即使勉力为之，也难以有啥说服力。

不意之间机缘又至。故宫图书馆整理中法大学移交的和故宫自行收购的样式房图样，邀请笔者参与识别。此番工作虽然比较仓促、肤浅，亦因清华工作之故偶有缺席，但对于故宫收藏的大貌终于有所了解。更重要的是，眼界开阔一点之后，感到不同收藏之间的异同，明白保存到今天的资料大抵是清代晚期的工程档案，如果想研究清代盛时的建筑设计，所必需的样式雷及其以外的资料是汪洋大海。原来设想的那种厚积薄发，那种极大地占有资料后的鸿才硕彦，自己多半做不来，而井口大小的视野中又确实有些自己发

① 本篇中的研究各篇为与本人研究生赵雯雯、本科学生蒋张合作而成，插图绘制亦有赖二人之力。

现的小趣味①，写出来或许能够"支持"一下故宫的宫廷室内原状展览，"支持"一下其他有闲暇和闲钱的历史发烧友的好奇心。

故宫有个宫廷部，专门负责宫廷原状展览，兼有保管和保护任务，工作对象主要是"可移动"的各种文物。故宫还有个古建部，负责保护、研究所有的宫殿建筑和附属建筑，还有那些"不可移动"的设施。这种分工本没有什么可以指责的，但是实际运行起来就发生了一点问题：室内固定的装修本应归属古建部门管理，但是不论材料、工艺，还是古代制作者身份归属，室内装修都更接近家具门类，而非建筑门类，于是乎今天研究建筑的专家们对于内檐装修的研究便总有过于偏重空间问题的感觉，而原本是属于"原状陈列"中极其重要的内容——装修的风格和变化在宫廷部的工作中便不能充分体现出来。举个例子来说，如果某个殿宇中的内檐装修是清代末年改造的，而文物陈列和配饰方案又想突出乾隆皇帝生活使用时的特点，这就产生了矛盾，对于观瞻者来说，不加咀嚼地浏览原状陈设展，也就永远不会真正入门，永远不会真正体味出不同时代、不同风格之间的差异。表现多彩的宫殿空间，表现不同帝王的个性，细微处的研究确实是一个最好的窗口，或许也是一个故宫需要的支持。

如此，利用经眼的历史资料揭示一些宫中尚不为众知的变迁来为今天的原状陈设展览拾遗，便成为写这篇文字的唯一目的。历史的尘埃需要不时有人拂拭。"拂尘"工作固然辛苦，但如果进不得藏书楼，连这份工作也是没有的。特致对衣食父母的谢忱。

拾 从努尔哈赤老宅到坤宁宫

本来,紫禁城的室内设计与今天你我在自家新居装修或旧居改造的做法没有大不同,房子的主人各有自己的生活习惯,主人和雇来的设计师都有追赶时髦的惯性,所不一样的在于皇帝的"家装"还要体现皇帝的身份,还要成为天下之最,还要象征点什么,也不用太顾虑花多少钱。这里边要数主人的生活习惯最为微妙,最具性格,也最值得回味(图3-10-01)。

正是因为皇帝的"家装"和我们的家装一样平常、重复地发生,而且清朝的皇帝们继承了明朝留下来的紫禁城,一用又是快三百年,所以我们今天看到的故宫陈设、装饰、装修便主要是清代晚期的东西。明朝帝王的宫室格局和起居摆设便只能从文字史料、书著插图中寻找了。这样的说法还有一个默认的前提,就是清代满族帝王确实有自己独特的生活习惯,有自己浓郁的民族风格,这些习惯和风格还在与汉文化、西方文化的交流中潜移默化着。

一切需要从佛阿拉说起。

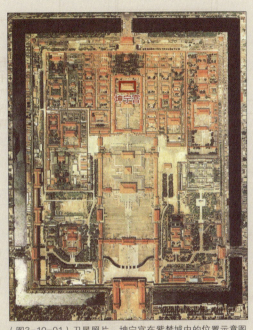

(图3-10-01)卫星照片:坤宁宫在紫禁城中的位置示意图

1587年

万历十五年（1587年）正月，努尔哈赤在今天的辽宁省新宾县呼兰哈达（灶突山，亦称烟囱山）下建造了他的第一城"佛阿拉"，城中自有他居住的"宫室"和他弟弟的住宅（图3-10-02）。这里也被称为"建州老营"。

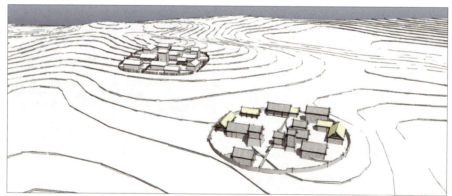

(图3-10-02) 佛阿拉旧老城中努尔哈赤和舒尔哈齐的住宅

那一年努尔哈赤28岁，他已经是褚英、代善、阿拜、汤古代四个儿子的父亲，并期待着继妃富察氏再生下一个男丁。东北正月的积雪和初春的寒风让我们很难确定史书中记载的营造时间指的是宣布开工还是真正的动工，不过这并不妨碍当年第五子莽古尔泰的诞生，以及次年四月努尔哈赤迎娶海西哈达部的阿敏格格（哈达纳拉氏），还有九月迎娶海西叶赫部的14岁的、后来成为皇太极的母亲的孟古姐姐（死后，崇德元年尊谥"孝慈武皇后"，康熙年改谥"孝慈高皇后"）。

四十年后接嗣努尔哈赤之位的皇太极是万历二十年（1592年）出生的，在他十六个兄弟之中排行第八。不知道皇太极是否能够经常见到父亲，因为在他的童年时代，父亲在外驰骋箭突、刀头吮血地忙碌着，在家也有不少庶母的侍奉。佛阿拉之外山林草原间的局势斗转星移地向有利的方向变化着，建州女真统一到了麾下，海西女真的哈达部也已归顺，传统狩猎编制"牛录"也被父亲天才地改造成了非常利于征战的军民合一的制度，成为八旗制度的基础；佛阿拉城内，老幼妇孺似乎远离了刀光，告别了奔波，皇太极也在母亲的身边天天长大。9岁那年，皇太极目睹了父亲迎娶大妃阿巴亥，10岁那年又是庶妃西林觉罗氏。可是伤痛随之到来，母亲在他11岁那年（1603年）亡故了，没有同母兄弟的皇太极只好一人体味人生的辛酸；熟悉的生活也在同一年改变，万历三十一年（1603年）这个多事之秋的又一件大事就是佛阿拉在使用了16年后，完成了历史使命，努尔哈赤把都城迁到了赫图阿拉。

赫图阿拉离佛阿拉仅一二十里地，迁都的原因一则是那里原为努尔哈赤始祖猛哥帖木儿所建之城，二则地势合宜，更便于改造得大一点，容纳日益壮大的势力。但是对于11岁的皇太极来说，对母亲的思念和旧日的佛阿拉紧紧地拴在了一起，而四千个羽翼下温馨的日子则与告别和搬家一道，留在了佛阿拉，留在了11岁男孩记忆的深处。

那些戎马倥偬的日子里营造生活的短暂间歇，大多早已随着马蹄的践踏或是时光的磨洗无影无踪。谁晓得皇太极头脑中佛阿拉的印象，居然因为一连串偶然的事件，能够让四百多年后的人们展开思绪，揣摩猜测佛阿拉的旧观呢？

事情的起因是人参。万历二十三年（1595年）努尔哈赤的子民越境采参，被朝鲜边将所杀。女真人准备报复，而朝鲜方则一面惩办边将，一面派遣使节申忠一赴建州修好。申忠一启程于年末的严冬，归国于翌年正月。这位使节兼特工带回朝鲜的是一式二幅描绘行程和见闻的《建州纪程图记》，一份进呈宣祖，一份自藏。数百年以来，进呈的图记早已不传，仅在朝鲜《宣祖实录》里记载了部分文稿。直到1938年，申家自藏的图记才在朝鲜被李荣仁发现（图3-10-03至图3-10-05）。

1939年，伪满建国大学的日本人稻叶岩吉参考申忠一行程路线和地形地貌，考察确定了佛阿拉汗城遗址，发表了《兴京二道河子旧老城》一书。当时向导"蔡青年"指认"汗王殿"遗址位于东西山谷之间的"平冈"（图3-10-06）。

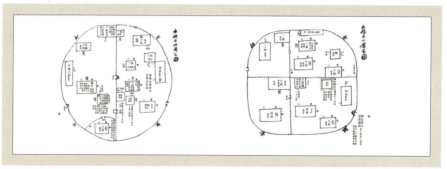

(图3-10-03)《建州纪程图记》之一　　(图3-10-04)《建州纪程图记》之二

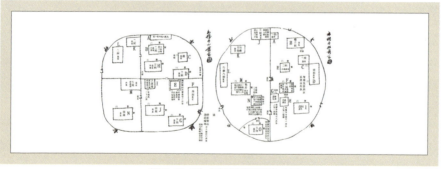

(图3-10-05)《建州纪程图记》之三

虽然"二战"期间"有目的"的学人的踏勘不足以服众，但是《建州纪程图记》还是真实的，新宾县沉默的大山也看惯了群蚁匆匆忙忙的征伐，看惯了为了生计或是为了虚幻信念的奔波。

于是，我们还是可以大致勾勒建州老营中酋长家的面貌（图3-10-07）。

我们还是可以大致勾勒努尔哈赤宅中"祭天"、待客的大厅的面貌（图3-10-08，图3-10-09）。▲

(图3-10-06) 佛阿拉旧老城中努尔哈赤的住宅之一

(图3-10-07) 佛阿拉旧老城中努尔哈赤的住宅之二

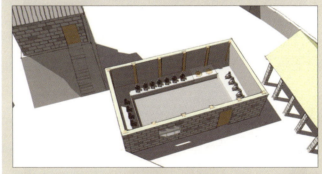

(图3-10-08) 佛阿拉旧老城中努尔哈赤住宅客厅室内空间示意图之一

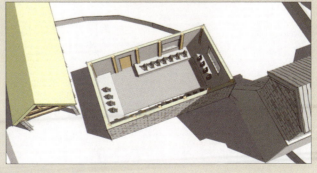

(图3-10-09) 佛阿拉旧老城中努尔哈赤住宅客厅室内空间示意图之二

1627年

万历四十四年（1616年）正月初一，努尔哈赤在八旗贝勒的联名建议下，接受了"天任命的抚育诸国的英明汗"的尊号，国号称"金"，定这一年为天命元年。当时24岁的皇太极已经跻身于四大贝勒之列。

努尔哈赤无法容忍长子褚英的狂妄和对父兄的诅咒而要了他的命，也无法容忍关于大妃和次子代善的流言以及代善的跋扈而废除了他的嗣汗地位。迁都沈阳后的第二年，即天命十一年（1626年），攻打辽阳的失败夺去了努尔哈赤自己的生命。命运和计谋一道，主导了这一切的发生，并把皇太极推上了王位。改元天聪的1627年，是兴建宫室的时候了。

盛京沈阳的宫殿虽然经过多次改扩建，但是仍然可以辨认出天聪年间修筑的宫殿由两大组建筑构成：大政殿（当时叫笃恭殿）、十王亭在东；"御政加内寝"【1938年，朝鲜李棠仁发现申忠一自藏的图记元件，次年伪满建国大学在《兴京二道河子旧老城》一书中发表，后朝鲜影印长卷发行，定名为《建州纪程图记》。〖朝鲜·李朝〗申忠一：《建州纪程图记》出处不同者可相互校核，载于：1. 朝鲜，《宣祖实录》；2. 稻叶岩吉：《兴京二道河子旧老城》，伪满建国大学，1939年（伪满康德六年）；3. 辽宁大学历史系编：《清初史料丛刊第十种：建州纪程图记校注》，1979年9月；3. 潘哲等编：《清入关前史料选辑》（第二辑），北京，中国人民大学出版社，1989年5月】部分在西，有大清门、崇政殿、龙凤二楼、清宁宫为首的台上五宫（图3-10-10）。这些建筑有四个特点非常值得注意：

1. 这种东朝仪、西内廷并置的布局不是传统的中原宫殿的常用方式，倒是和佛阿拉的院落布局一脉相承；

2．仍然延续佛阿拉的做法，与汉民族帝王宫殿（如北京故宫）不同，盛京皇宫后宫部分位居高台之上，而朝政部分水平标高则相对较低；

3．西半部高台之上后宫部分与高台之下并非简单使用门座，而是采用楼阁——飞龙（已毁）、翔凤二阁作为空间的过渡与划分，其中飞龙阁在台下偏西，翔凤阁在台上；

4．宫殿主要单体建筑内部空间格局采用中心对称式和口袋房式二种布置方式。中心对称式在室内中心位置安排宝座，当为吸收汉文化之产物；口袋房式布置则在室内周边设万字炕，沿袭满族传统民居形式。

对照一下佛阿拉的老营，盛京宫殿的独特并非无源之水。把这一切归因于皇太极在佛阿拉十一年的生活或许过于武断，可谁能说上图中的

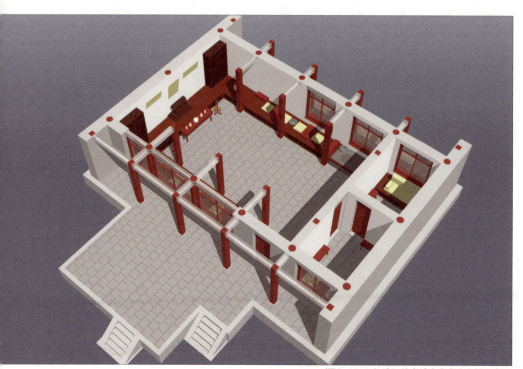

(图3-10-11) 沈阳故宫清宁宫室内空间示意图

对应只是巧合呢？难道这里的继承和改变不是顺理成章的吗？

　　平原城中的宫室定然不会如山寨茅舍般随遇而安，大汗的威仪不仅享用起来安逸，更有利于政出一门，军令昭彰。盛京宫殿中越来越多的居中设宝座的"集权式布局"也就不足为奇了。反过来倒是清宁宫中与佛阿拉客厅极其相似的口袋房、万字炕

(图3-10-10) 沈阳故宫鸟瞰

格局更显得独特（图3-10-11）。

　　膨胀的欲望和征服发达领地的新奇就像兴奋剂，亢奋的精神和疲惫的身体终于让皇太极在52岁上便无疾而终；本民族的凝聚力和传统习俗则如精神补药，使得新兴的政权与争权分崩擦肩而过。清宁宫中的萨满祭祀，平等围坐的叙谈不知可曾抚平过家族风驰电掣地发达而划在大家心中的伤痕。▲

1656年

紫禁城算是前垂天贶,可毕竟是用着人家的旧东西。一定要有自己的。北京故宫坤宁宫的位置和地位与清宁宫相类,于是,应当在这里延续佛阿拉的传统。

和其他内廷宫殿一起,坤宁宫的修建工程在顺治十三年(1656年)的夏天【支运亭等主编:《中国建筑艺术全集3:沈阳故宫》,36页,北京,中国建筑工业出版社,1996年】完工了。这里将成为皇后的正宫,是萨满跳神之所,也是皇后"行大赏罚之所",以及皇帝大婚的地方(图3-10-12)。仍然是这个顺治十三年,还不到19岁的顺治皇

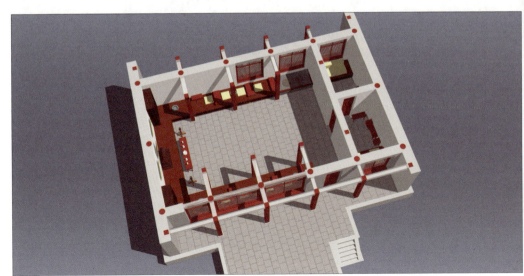

(图3-10-12) 北京故宫坤宁宫室内空间示意图

帝已经亲政了5年，并在这年秋天的八月，拟立强夺而来的董鄂氏为贤妃，准备书写一段生死恋情。

当时没有人关心，也大约是这一年前，紫禁城外北长街的一座普通房子里，顺治的第三子玄烨刚刚闯出了天花病的魔爪，朦朦中等待着命运的垂青，走向一代帝国之君的道路。

如同他的祖父皇太极一样，玄烨也是在11岁上失去了他的母亲——顺治皇帝的一名无封号的妃子——不过这已经是他登基后的第二年。成为康熙皇帝的玄烨注定会被人们世代牢记，但是他对于宫殿室内设计的审美，却只被他的子孙们保留在了坤宁宫（图3-10-13）。

在《庭训格言》这本记载康熙训导子孙语录的书中写着一段话：

训曰：朕从前曾往王大臣等花园游幸，观其盖造房屋率皆效法汉人，各样曲折隔断，谓之套房。彼时亦以为巧，曾于一两处效法为之，久居即不如意，厥后不为矣。尔等俱各自有花园，断不可作套房，但以宽广宏敞居之适意为宜。

有意思的是，上一段说教没有提到对奢靡之风的防微杜渐，只是谈及"久居即不如意"，应当更加偏重生活习惯上的考虑。不过，自从明代中期以来，居室装修陈设就早已成为时尚，成为一种奢侈消费。范濂在《云间据目抄》中写到：

细木家伙，如书桌禅椅之类，余少年曾不一见。民间止用银杏金漆方桌。自莫延韩与顾、宋两家公子用细木数

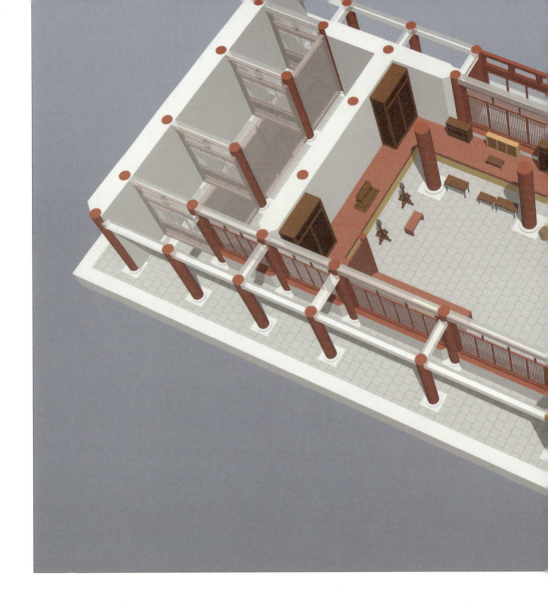

件，亦从吴门购之。隆万以来，虽奴隶快甲之家，皆用细器。而徽之小木匠争列肆于郡治中，即嫁装杂器，俱属之矣。纨绔豪奢又以梠木不足贵，凡床厨几桌皆用花梨、瘿木、乌木、相思木与黄杨木，极其贵巧，动费万钱，亦俗之一靡也。尤可怪者，如皂快偶得居止即整一小憩，以木板装铺，庭蓄盆鱼杂卉，内则细桌拂尘，号称书房，竟不知皂快所读何书也。

【范濂：《云间据目抄》，《笔记小说大观》第三辑，民国石印本】

但是，康熙却根本无法预料，明朝的风尚、套房的布置居然被他

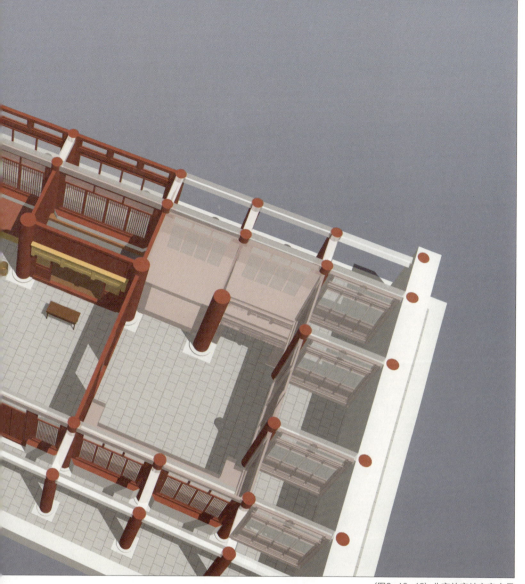

(图3-10-13) 北京故宫坤宁宫内景

的儿孙们做到了极致,不仅巧妙隔断,曲折通幽,而且制作隔断的材料也用上了紫檀、花梨、瘿木、乌木、相思木与黄杨木,更有甚者,"以金、银、宝石、真珠、珊瑚、翡翠、水晶、玛瑙、车渠、玳瑁、青金石、绿松石、螺填、象牙诸物,刻镂山水、楼阁、人物、花木、虫鸟于檀、梨、漆器之上"。【范濂:《云间据目抄》,《笔记小说大观》第三辑,民国石印本】乾隆皇帝在他的太上皇宫中仿坤宁宫而建宁寿宫的时候也毫不吝惜地用上了细木和镶嵌。紫禁城在后来的数百年中,只有坤宁宫的大厅,还在默默地保持着来自佛阿拉的朴素。▲

拾壹 养心殿

养心殿位于故宫内廷部分乾清宫西路六宫之东南,与斋宫位置对称而规模过之(图3-11-01)。今人多知三希堂、垂帘听政处在此,而养心殿东暖阁改造成为垂帘听政之前的室内布局和风格则了解者不多。

这里实际是三间宽敞的大房子，面阔的柱头丈尺设计大致为3.15丈、3.75丈和3.15丈，通面阔10丈。或许是宽敞得让古人担心额枋难以承受如此大的跨度，所以又将每一间划分成三小间，如此形成了个九间的立面。通常的九间立面的开间，靠两边的尺寸不会大于靠近中间的，但是养心殿的开间规律其实还是由每一大间独立安排的，与一般的规律不符。

独特的大房子自有独特的用途，独特的用途也带来独特的室内设计。

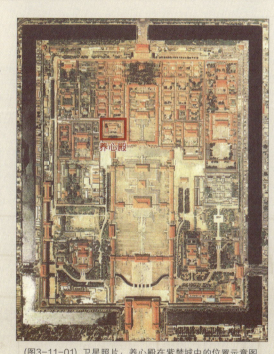

(图3-11-01) 卫星照片：养心殿在紫禁城中的位置示意图

膳房·寝宫·课堂·造办处

顺治帝先后以位育宫（今保和殿）【参见周苏琴：《清顺治、康熙两帝最初寝宫考辨》，载《故宫博物院院刊》，1995（3）】和乾清宫作寝宫，而最终逝世于养心殿【《清史稿》本纪五 世祖本纪二】，想必吻合了康熙时传教士白晋的说法，"皇上在皇宫内赐给我们一个房间。这个房间是父皇顺治帝的寝宫，现在是皇上的御膳处"【[法]白晋：《康熙皇帝》，赵晨译，33页，哈尔滨，黑龙江人民出版社，1981年】，养心殿前的连房就是明朝以来的御膳房，康熙题名"御膳"【[明]刘若愚著《明宫史》："过月华门之西，曰膳厨门，即遵义门……殿门内向北者，则司礼监掌印秉笔之直房也。其后层尚有大房一连，紧靠隆道阁后，祖制宫中膳房也。"另，《国朝宫史》卷一三，"养心殿之前为御膳房，匾曰：'膳房'圣祖仁皇帝御笔也。"】。传教士的意思确实就是说顺治皇帝常常居住在养心殿。

到了康熙帝即位后，这时养心殿的情况可以通过另一个西方传教士——法国神甫张诚【《张诚日记》载："张诚神父（P. Jean-François Gerbillon）1654年出生于法国凡尔登市，1670年入南锡地区耶稣会香槟省修道士传习所，1688年受法王路易十四派遣与一批法耶稣会士来到中国，被清朝康熙（玄烨）皇帝留在宫廷供职"。北京，商务印书馆，1973年】的有关著作管窥其详：养心殿接着作御膳处；最迟在康熙十七年（1678年）设置了负责内廷工艺制作的造办处【郭福祥：《康熙时期的养心殿》，载《故宫博物院院刊》，30—34页，2003（4）】；养心殿还是康熙皇帝日常学习的场所；康熙帝与南书房翰林、出访使臣、亲信侍卫等的日常的、非礼节性的会面常被安排在养心殿。

在确定已经在养心殿设有造办处的康熙十七年，玄烨是一个24岁的青年；到了外国传教士日记中记载康熙学习数学、几何等知识的1690年，这位皇帝也刚刚三十五六岁，还是他精力充沛的时候。其实在即位之初，西方传教士汤若望、南怀仁等便已经在宫廷中取得了一定的地位。加之在打击鳌拜的历法事件之中和之后，南怀仁展现给皇帝天文学和数学知识，以及在平息三藩之乱中制造火炮、培训炮手的积极协助，传教士在康熙的心目中是颇有业绩的。西学因此成为了康熙思想中重要的组成部分，或者可以说甚至还在某种程度上推动青少年时的康熙皇帝形成了强烈的求知欲和良好的学风，更具备了带有西方文化特色的勤于实践的精神。于是乎，我们今天既可以在史料中发现大量关于康熙关注军火、测绘知识，爱好数学、医学、天文、地理、语言、音乐的记载，更可以在故宫博物院的收藏中看到有很多出自康熙年间工匠之手的天文仪器、银制天平、漏斗和制备西药的器具，其数量远多于

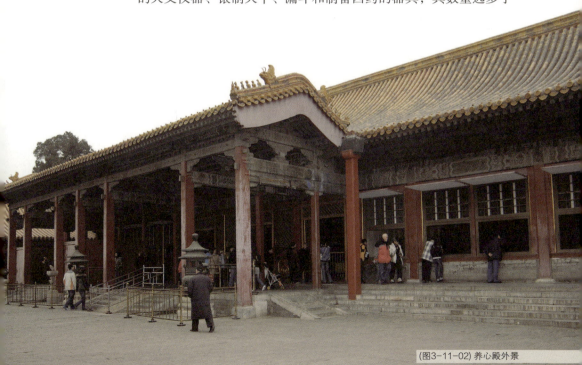

(图3-11-02) 养心殿外景

清代其他时期（图3-11-02）【刘潞、刘月芳：《清代宫中出现西方文化的原因探讨》，见清代宫史研究会 编：《清代宫史探微》，199–212页，北京，紫禁城出版社，1991年】。

这样一位精力充沛、孜孜好学、手脑并重的青年皇帝，在传统的帝王朝仪、寝兴等空间之外，确实需要自己的天地——至少是自己的课堂、实验室、工艺创作室。比起帝王的正式寝宫乾清宫来，养心殿具有诸多好处：不是宏敞威严的大殿，空间尺度适合日常起居；工字形的平面分合有度适合多功能的布置；其地与乾清宫、膳房、后宫均极近便。那么这样一个地方到底怎么充分利用呢？这里需要重复一段张诚在康熙二十九年（1690年）的日记中描述的养心殿，看看这里所说的空间是不是反映了康熙对建筑功能的要求：

大厅的两个耳房都是大间，约十三呎见方【"十三呎见方"尺度过于狭隘，疑为三十呎】。我们进入左手一间【当即养心殿东暖阁，参见郭福祥：《康熙时期的养心殿》】，看见里面满是画匠、雕刻匠、油漆匠。此处也有许多大柜，放着许多书籍。另一间耳房是皇帝临幸此地时晏息之处。虽然如此，这里却很朴素，既无彩绘金描，又无帷幔，墙上仅用白纸糊壁而已……这座宫殿的一部分屋宇是供工匠们使用的【这里说的屋宇当指养心殿院内的其他建筑】，专做纸扎玩器，其制作之精巧令人惊奇不已。【《张诚日记》，63页】

总体来说，养心殿西暖阁是用膳、上课、休息的地方，偶尔用作接见近臣，东暖阁是专事造作御用物品的工匠工作间。张诚日记中涉及的早些时候的养心殿造作，包括有画匠、雕刻匠、油漆匠、漆画匠、木匠、金匠、铜匠、裱糊匠等，地点可能占据养心殿正殿东暖阁及院内其他房屋，并且可以推测，其制作成果不仅包括玩器、日用品和装饰品，科学仪器、器皿也一定出自此处——对于皇帝而言、对于帝国而言这些东西应有更重要的意义

(图3-11-03) 康熙朝的科学仪器 (2张)

（图3-11-03）。康熙三十年（1691年）下有一道谕旨，其中有："东暖阁裱作移至南裱房，满洲弓箭亦留在内。其余别项匠作俱移出，在慈宁宫茶饭房做造办处。"【光绪：《钦定大清会典事例》卷一一七三】这说明东暖阁保留了满洲弓箭之类的军工造作，此间或者暗藏有康熙对于国家大计的关注；而这时候造办处的搬家，也从侧面表明了造办处工艺匠人的增加和工艺门类的发展。如果身临其境地想象一下当时养心殿的环境氛围，那一定是一种充满活力的景象，养心殿一定是康熙皇帝自己的一块天地，是在繁忙政务、后宫生活之外，用以满足他个人求知欲和创作欲的空间。

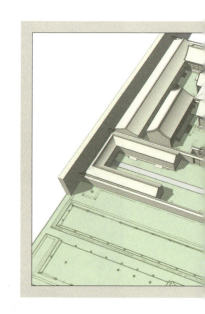

有研究曾经尝试证明当时养心殿前抱厦要比今

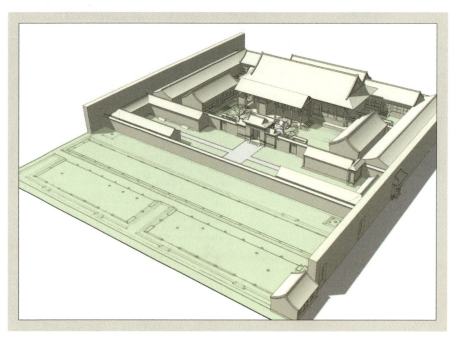

(图3-11-04) 养心殿建筑体型分析图（3张）

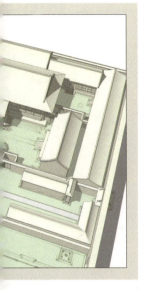
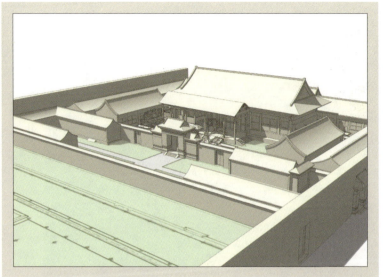

天的小，仅占据了明间前的位置【张荣：《从内务府档案看清代故宫养心殿的修缮活动》，[硕士学位论文，2003]，北京，清华大学建筑学院，2004年】。重温一下康熙二十九年（1690年）正月十六日张诚日记中的另一段：

我派人去请苏霖神甫和我们一同回到养心殿。它包括当中的正殿和两翼的配殿。正殿朝南，有一大厅和两大间耳房，一边一间。正厅前留有约十五呎宽的走廊【当为"抱厦"】，仅有粗大木柱承顶，木工精细，雕梁画栋，而无望板【似为翻译之误，当作"顶棚"】。

这段描述明确说明养心殿院中有正殿和左右配殿，正殿又是由明间和两侧的东西暖阁组成，并且在明间前面设有抱厦。再来详细计算一下尺度，被称作"走廊"的抱厦宽15呎，合4.572米。今天养心殿抱厦的柱间进深3.6米，如计算从养心殿正座台明计算

(图3-11-05) 养心殿构造细部

则为4.83米，与张诚的估计大抵吻合。张诚的记述与现状不同的是现在养心殿的抱厦是设于明三间和西暖阁之前，共六开间；而按照张诚的说法，在康熙二十九年，养心殿的抱厦是在明三间前，开间应该只有三间。傅连仲先生认为，"故养心门侧门均有曲尺影壁，另在殿外抱厦西部还设有板墙围挡，亦是后来又增加的以防止有人窃听窥视的设施"【傅连仲：《清代养心殿室内装修及使用情况》，载《故宫博物院院刊》，45页，1986（2）】。如果此说成立的话，康熙朝以前，养心殿并非正式的朝堂和寝宫，如此特别的设施应该没有必要，不对称的西暖阁抱厦更会是突兀无用的（图3-11-04）。

再仔细观察养心殿抱厦的柱网轴线与正座柱网之间的关系，还能够发现，明间部分的抱厦柱网布置规律与西暖阁的存在差异（图3-11-05）：抱厦明间也分为三小间，当心列柱与正殿小间列柱相应，构成统一的轴线关系，而两侧列柱则取与正殿立柱外皮相齐；至于西暖阁，所有抱厦立柱均与正殿相应。如果整个抱厦是同一个工程所建，是不会出现这种差异的；而如果明间抱厦是先行建设的，那么将外侧立柱设计成与正殿相对的立柱外皮持平倒是顺理成章的。

基本可以肯定地讲，养心殿的抱厦经过了后期的改造，可以大致推测，改造的时间当在养心殿成为正式的帝王寝宫和办公之后——至少是雍正之后的事情。▲

勤政空间养心殿

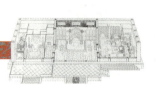

雍正帝即位以后，先以养心殿为倚庐，期满后，即以养心殿为寝兴常临之所，批章阅本，召对引见，宣谕筹谋，一如乾清宫。不仅是抱厦，在雍正朝养心殿的室内也进行了比较彻底的重新装修，随后也偶有诸如"养心殿西暖阁原陈设书格六架上玻璃拆去，其格子留在里边用"【傅连仲：《清代养心殿室内装修及使用情况》】一类的小修小改，但是养心殿的建筑功能已成定制，建筑空间也已基本具备了今日的室内空间框架。

这类往往悬挂"勤政"匾额的空间，首推紫禁城养心殿，确立之后后世便恭敬地继承使用，甚至"不敢别有构筑"【[清]嘉庆：《养心殿联句》注，见章乃炜：《清宫述闻》初续合编本，792页，北京，紫禁城出版社，1990年】。在清中期的太上皇宫、离宫御苑和行宫御苑中，还有两处重要的勤政空间采用同样的建筑形制，一是圆明园勤政亲贤景区之保合太和殿，一是乾隆帝倦勤养老的宁寿全宫中的养性殿。在具有象征意义的皇家大型宫殿园囿群组中存在三处同制的现象不应是偶然的，反映清中期帝王办公勤政空间等级最高的典范。

养心殿，殿本明旧址，"皇上宵旰寝兴之所也。凡办理庶政、召对、引见，一如乾清宫"【[清]鄂尔泰、张廷玉 等编纂：《国朝宫史》，卷一三，249页，北京，北京古籍出版社，1987年】。雍正守孝期满后，即定此为寝兴常临之殿，勤政于斯，始成定例，后世继之。该殿正殿的建筑形制比较特殊，面阔为分隔成九小间的三大间形式【此分间方式在清代楼阁建筑中也有使用。参见刘敦桢：《同治重修圆明园史料》，载《中国营造学社汇刊》，卷四，第三、四期】，殿前带偏西的分隔成六小间的二大间抱厦，殿后有穿堂连接用作寝宫的后殿，如图，是一张最为古旧的养心殿地盘画样，对比标明道光十九年（1839年）的画样，这样图所绘的内檐装修格局也至少反映了道光改动之前的状况。

养心殿的内檐装修格局应当带有最典型的示范意义。清中期的养心殿按三大间划分为明间、东暖阁和西暖阁【傅连仲：《清代养心殿室内装修及使用情况》，载《故宫博物院院刊》，1986（4）】：明间，礼节性空间，室内陈设主要有宝座、地平、屏风、桌张及靠后墙处贮有《十三经》、《二十三史》等书籍的书格，内檐装修则以宝座上方的藻井、明间两侧的朱漆板墙、墙上带有毗卢帽的双扇板门相互配合，与朝仪殿宇形制相同；东暖阁，理政及斋居场所，清中期时南北方向分前后室，前敞后抑，前室中有匾曰"明窗"，向西设宝座床，后室建有仙楼，有"寄所托"、"随安室"、"斋室"，后者即斋居时的寝宫，楼上供佛；西暖阁为理政场所，在清中期时亦按南北向分前后两部分，前部内有"勤政亲贤殿"、"三希堂"和走道，后部有仙楼、木塔，又隔为"无倦斋"和"长春书屋"，阁外还辟有小室曰"梅坞"，空间小巧丰富（图3-11-06）【傅连仲先生文中引用《日下旧闻考》、《国朝宫史》、《嘉庆联句诗注》等文献，本文不再注明】。

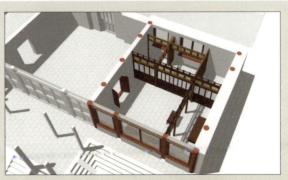

(图3-11-06) 养心殿室内空间示意图（2张）
【此图参照中国国家图书馆藏样式雷排架167包45号，包内编号为笔者整理】

保合太和殿，建于雍正初年【张恩荫先生根据胤禛《圆明园记》"亭台丘壑，悉仍旧观。惟建设轩墀，分列朝署，俾待直诸臣有视事之所。构亭于园之南，御以听政"认为"圆明园的整个前朝区，包括大宫门、二宫门、政府各部门的值房，以及皇帝上朝听政、处理政务的正大光明殿、勤政亲贤等皆为雍正初年扩建"。另，勤政殿见于雍正五年御制诗。参见张恩荫：《圆明园变迁史探微》，64、144页，北京，北京体育学院出版社，1993年】，位于勤政殿以东，是圆明园勤政亲贤景区的核心殿宇，"与宫内养心殿同，即古日朝遗制也"【刘敦桢：《同治重修圆明园史料》】。虽然乾隆说圆明园主要办公的地方在勤政殿【《高宗御制诗初集》，光绪二年刻本，卷二十二，《圆明园四十景诗 勤政亲贤》："正大光明之东为勤政殿，日于此批省奏章，召对臣工，亭午始退"】，而嘉庆则说"勤政殿东为保合太和，轩庭宏敞，行树幽深，长夏清晨，每于兹庭中披阅奏折，境界清凉，不觉炎暑。其东室额曰'养心'"【《养新室记》，见《仁宗御制诗文二集》，光绪二年刻本，卷四】，可见保合太和殿的建筑形制颇有渊源。《日下旧闻考》云"保合太和，正殿三楹"【［清］于敏中 等编：《日下旧闻考》卷八十，1331页】，而圆明园四十景图中则可依稀辨认该殿开间九间【法国国家图书馆照片版画部特藏Rés, B9, Gr, fol】。所幸清晚期样式房图样【中国国家图书馆样式雷排架2包012号】中清楚地描绘了该殿是在面阔三间每间中加副柱二根，进而划分成九间。此外，殿南明间带三小间抱厦，殿后也有穿堂连接其后罩楼（图3-11-07）。该殿立面形式也与养心殿极其相近，更与未添加西暖阁前抱厦的养心殿基本相同，二殿实属于同一种建筑形制。

保合太和殿的内檐装修格局，见于清代咸丰年间样式房对该殿的踏勘和改建设计。虽然文字档案亦有言及此殿者，然只言片语仅可以作为图样资料的佐证和说明。今天的工作只能是通过晚期的资料管窥清中期的面貌。样式房图样表明（图3-11-08），该殿内檐与养心殿非常相似：明间布置宝座、地平、屏风，左右设书格，两侧板墙上开门洞；东西暖阁再行划分，均设楼梯，东暖阁正北有仙楼、南为二层共享空间的格局，西暖阁则划分复杂，仙楼共享空间设于北侧。二殿更属于同一种内檐装修形制。

养性殿，位于宁寿宫后部中路之首，其所属宁寿全宫在乾隆四十二年

（1777年）前后竣工。乾隆帝自称，"予构筑养性殿于宁寿宫，以为倦勤后寝兴之所"【章乃炜：《清宫述闻》，转引自乾隆《墨云室记》，872页】，甚至敕旨"养心殿西佛堂【养心殿西佛堂即指西配殿，参见傅连仲：《清代养心殿室内装修及使用情况》，载《故宫博物院院刊》，1986（4）】现供之佛，将来朕移居宁寿宫之养性殿时，应移于养性殿之西配殿"【章乃炜：《清宫述闻》，872页，转引自《王氏东华续录》】。建筑平面形式依然是大三间小九间，殿前有抱厦，建筑立面形式也与养心殿基本一致。比较养心殿于紫禁城的位置而言，养性殿之于宁寿全宫的空间位置发生了转移，被安置到了建筑群落中轴线的位置上。

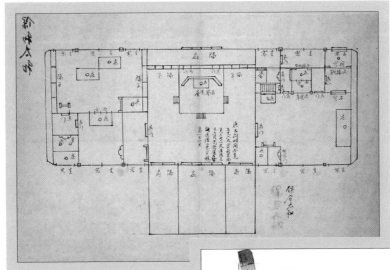

(图3-11-07) 样式雷绘圆明园保合太和殿地盘画样一

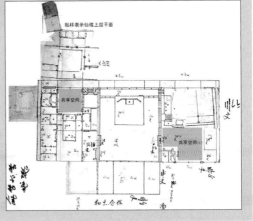

(图3-11-08) 样式雷绘圆明园保合太和殿地盘画样二

养性殿内檐装修现状格局基本延续乾隆间的布置"其靖温室宇，一如养心殿之式"（图3-11-09，图3-11-10）。有研究者认为养性殿"打破明次梢间面阔依次递减的常规……以便安排仙楼"【故宫博物院古建部 编：《紫禁城宫殿建筑装饰内檐装修图典》，16页，北京，紫禁城出版社，1995年】，似未注意殿宇形制的象征意义。考察养性殿内的仙楼空间细部格局，也是按照养心殿东西暖阁仙楼位置和总体做法进行布置的：东暖阁分南北二部分，北为仙楼的二层部分，南部临窗坐处，取"明窗本义"，略仿养心殿旧制【乾隆：《养性殿明窗诗注》，见章乃炜：《清宫述闻》，874页】；"西暖阁之北为仙楼……其西南室额曰长春书屋……养性殿西宇额曰香雪堂，堂两庑壁嵌置敬胜斋石刻"【[清] 于敏中 等编：《日下旧闻考》，242页】，其中殿西宇"香雪堂"当与"梅坞"对应。关于该殿内檐装修做法还有内务府档案的记载【章乃炜：《清宫述闻》，873页，乾隆四十年五月福隆安奏折，乾隆五十九年内务府奏销档】，可作为参考和补充。

如此"同源"的内檐格局，虽随年代的脚步而发生了装修单体做法的差异和形式的变化，产生了"异形"【如清末两宫垂帘听政时养心殿东暖阁的改造和光绪二十年前后养性殿的内檐装修改造。前者参见当今故宫养心殿原状陈列展览，后者参见方裕瑾：《光绪十八年至二十年宁寿宫内改建工程述略》，见《中国紫禁城学会论文集》第二辑，北京，紫禁城出版社，2002年8月】，但是建立在"同源"基础之上的"同构"占据了最主要的位置，体现出养心殿的格局不仅赢得了帝王的青睐，而且成为了最高等级的勤政空间的象征。▲

(图3-11-09) 养性殿外景

(图3-11-10) 养性殿内景

室内装修看主人

从道光朝到咸丰皇帝出逃热河之间的四十来年，养心殿的变化实际打上了这两个皇帝日常生活的印记。就在第一次鸦片战争局势堪忧的道光二十年（1840年）七、八月，紫禁城的建筑也隐患颇甚，不得不做一次全宫性的大规模勘察。勘察发现养心殿的状况不是很好，查出了下列问题【中国第一历史档案馆藏：《内务府全宗·修建工程》，道光元年至二十六年，共60件，0357号】：

养心殿前殿东边小院灯房一间渗漏三处……养心殿东暖阁后方窗连檐糟朽，明瓦破坏；前殿后马槽沟一道糟朽；后殿后檐西边马槽沟一道、水柱一根糟朽，西耳殿后檐中间马槽沟一道糟朽，东围房南间炉坑盖板糟朽，西耳殿炉坑四个盖板俱糟朽，炉坑罩一个糟朽，铁门八扇挡火三个俱糟朽，遵义门下枕油饰爆裂，更棚一座木植糟朽，内右门门扇油饰脱落，近光右门油饰爆裂，门闩一根糟朽，西值房一间门框糟朽，窗户四扇糟朽。

此次查修结果，残损以糟朽破坏为主。糟朽不像渗漏可能是突发性的事件，它需要长时间的变化才会发生变质，此次发现如此多糟朽，从另一面证明在此次勘查之前已有一段时间养心殿没有被维护过了。相对于建筑日常的修缮保养，道光朝期间对养心殿内檐所做的改造是从乾隆时期的室内格局向清末垂帘听政格局变化过程中重要而有趣的阶段，有待研究者全面深入地揭示。解决这个问题的最重要的资

料——"国图"所藏的样式雷图样中，有多幅是道光咸丰年间养心殿内檐装修图，有6幅明确标注绘制年代，分别是：

1．《养心殿东暖阁内檐装修地盘样》，墨批"道光十九年（1839年）八月初九日查得"，是为"改搭堂炕"改修"随安室"室内装修【中国国家图书馆样式雷排架167包045号】。

2．《养心殿东暖阁后檐响堂炕向北挂面立样》，墨批"道光十九年（1839年）八月初九日查得"【中国国家图书馆样式雷排架172包015号】。

3．《养心殿东楼阁前檐改搭响堂炕图样》，墨批"道光廿二年（1842年）二月十八呈堂回准"【中国国家图书馆样式雷排架165包022号】。

4．《养心殿东暖阁内檐装修改准》，墨批"道光三十年（1850年）三月初十日文堂面奉谕，糙底五张"【中国国家图书馆样式雷排架173包025号】。

5．《养心殿后殿地盘画样》，墨批"咸丰六年（1856年）十一月十八日查得"【中国国家图书馆样式雷排架173包002号】。

6．《养心殿养性斋延春阁搭响塘炕准底》，墨批"咸丰七年（1857年）十月十七日"【中国国家图书馆样式雷排架167包131号】。

结合对上述和其他图样的分析，以及现存的大量文字档案资料，基本可以理清养心殿内檐装修随时代变化的轨迹（图3-11-11，图3-11-12，图3-11-13）。▲

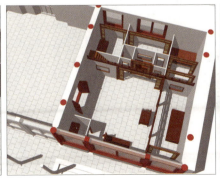

(图3-11-11) 养心殿室内空间变化示意图一（3张）

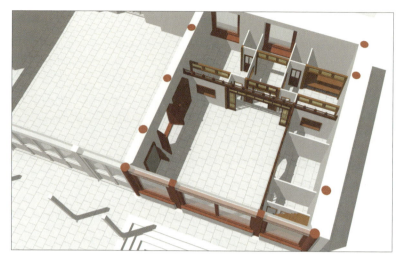

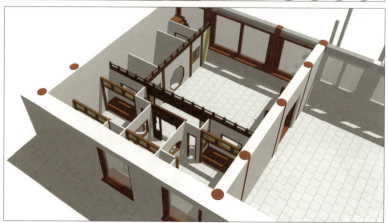

(图3-11-12) 养心殿室内空间变化示意图二（3张）

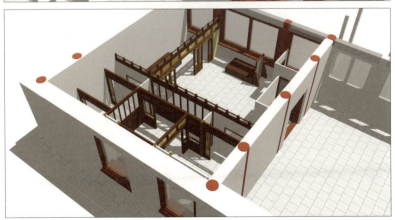

(图3-11-13) 养心殿室内空间变化示意图三（3张）

垂帘听政与亲政

咸丰十一年（1861年），文宗病逝热河行宫。慈安、慈禧两宫皇太后联合恭亲王在扶梓回銮的途中发动了著名的"辛酉政变"，开始了垂帘听政。自此，养心殿不再只拥有一名皇帝主人。皇太后也堂而皇之地步入了养心殿。

垂帘听政的场所在养心殿明殿和东暖阁内（图3-11-14，图3-11-15）。需要行礼，比较正式的引见，在明殿内。《垂帘章程》曾定："召见内外臣工，两宫皇太后、皇上同御养心殿。皇太后前垂帘，于议政王大臣、御前大臣内轮派一人将召见人员带领引见。京外官员引见，两宫皇太后、皇上同御养心殿明殿，议政王、御前大臣带领，御前、乾清门侍卫等照例排班站立，皇太后前垂帘，设案，进各官点名单一份。"而皇帝有指示需要君臣对话，一般在东暖阁，《翁文公日记》载，两皇后命翁同龢做同治的师傅时"召见于养心殿东暖阁，温谕再三，有尽心教导之语"。并且记载"同光朝东暖阁

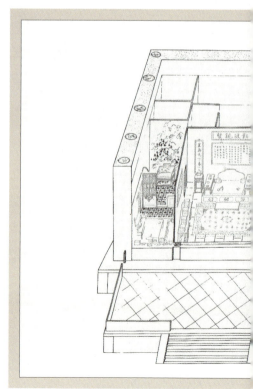

设垂帘。召见时，太后坐帘内，皇帝坐帘外"【傅连仲：《清代养心殿室内装修及使用情况》，载《故宫博物院院刊》，48页，1986（2）】。垂帘的样式"帘用纱屏八扇，黄色。同治帝在帘前御榻坐"。

养心殿是"工"字形建筑，前殿与后殿之间有"穿堂子"相连，后殿是雍正帝以后诸帝的寝室。室内装修诸帝都有改造。

后殿左右两边各有一耳房，明代时东耳房叫"隆禧馆"，西耳房叫"臻祥馆"，清初两耳房并未命名，直到咸丰二年（1852年）才命名，并挂御笔匾额。东耳房称"绥履殿"，西耳房称"平安室"，同治即位后，慈安、慈禧两皇太后分别于绥履殿、平安室起居以便听政。尔后，直到同治十年（1871年），慈安太后正式移居钟粹宫，慈禧太后则把长春宫当作自己的宫院。

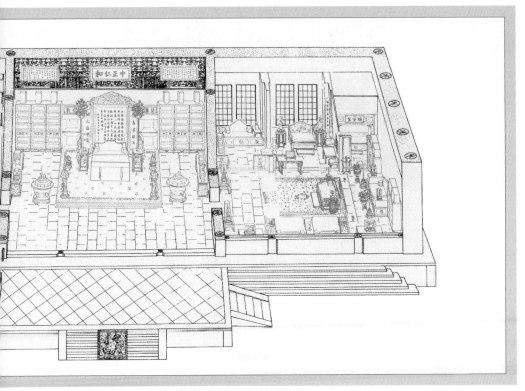

(图3-11-14) 养心殿明间内景

(图3-11-15) 养心殿东暖阁内景

　　太后移居那年垂帘听政暂时接近尾声【《清史稿》本纪二十二 穆宗本纪】,随之样式房遗图中出现了同治十年(1871年)改造养心殿后殿的工程图【《养心殿后殿准底》,墨批:"同治十年四月廿五日查廿八日交"。中国国家图书馆藏样式雷排架167包050号】。到了同治十二年(1873年)底,刚刚亲政的少年天子同治便生出了改造东西配殿的念头,设想将佛座移到养心殿西暖阁,拆除配殿的后檐墙,改做支摘窗。

　　在此之前,东西配殿一直作为佛堂使用,佛堂的正中佛龛之侧,供奉康熙帝后、雍正帝后的神牌。当时乾隆皇帝在归政的时候，本打算将佛堂移至宁寿宫养性殿安奉，后来因为没有住进宁寿宫，而留了下来，并定下了历代递祧的规则。改动这里确实需要些勇气，也许刚刚真正掌权的紫禁城小主人希望能够借此感受一下自己的权威性。而且改造东西配殿实际上还要影响到养心殿西暖阁的室内装修，是一项具有历史意义的工程。

两天后，小皇帝就接到了臣工的谏言：

奏总管内务府谨奏

为请旨事：本月二十四日，总管太监孟忠吉传旨：养心殿东西配殿将后檐墙拆去，改做支摘窗户，屋内添安装修，移请佛座于殿内西暖阁供奉等因，钦此。臣等当即带同司员匠役详细复勘，自应遵照办理。伏思养心殿东西佛堂历年久远，列圣相承，未尝轻易更动，若移请佛座于西暖阁，诚恐神之凭依既久，诸多不宜；且佛堂旧地改为起居之处，亦觉不甚安贴。况养心殿西暖阁乃向来听政之所，今议移入佛座，似不合规制。查今年方向西方太岁，东方岁破三煞，然两配殿开做明窗方向均值不宜。臣等再四思维，心所难安，若不据实陈明关系，实非浅鲜，惟有请旨。【中国第一历史档案馆藏：《内务府全宗·修建工程》，同治十二至十三年，0363号】

奏折并无署名，但从题头"总管内务府谨"来看，属于当时的内务府大臣所奏。同治十二年（1873年）当值的内务府大臣有以下六位：明善、春佑、崇纶、魁龄、诚明、桂清【《内务府大臣一览表》，见祁美琴：《清代内务府》，291页，北京，中国人民大学出版社，1998年】，奏折作者当在其中。

奏折对皇帝一时心血来潮的想法提出了反对，理由大概有四条：（1）东西佛堂里面使用的佛龛不应该轻易挪动；（2）将原来的佛堂作为起居场所也会不舒服；（3）西暖阁是帝王勤政、听政场所，改作佛堂，好像不符合规矩；（4）从风水上来看，今年在两配殿要开明窗的方位上不宜动工。

同治帝似乎对于内务府大臣的意见也颇重视，立即降旨，暂停了工程：

> 旨：传进精于风水人员，敬谨详酌，切实指陈，方足以昭慎重。为此，谨奏。请旨。等因，于同治十二年七月二十六日具奏。奉旨：原拆原改均不必动。钦此。【中国第一历史档案馆藏：《内务府全宗·修建工程》，同治十二至十三年，0363号】

不过，这几道旨意却是同治为应付大臣的反对意见，而做的表面文章，同时应付的可能还有来自两宫太后的压力。不过在几天后的八月初一日和初三日，同治帝又断然发布两道口谕，令"养心殿东西配殿轮修日期着八月初四日巳时开工"，"着照烫样修理，什件俱用镀金，着营造司承做"。【中国第一历史档案馆藏：《内务府全宗·修建工程》，同治十二至十三年，0363号】

可能是臣下感受到了同治帝的决心，这一次没有再上谏言。但是，同治帝又考虑做工程所需的资金问题。在这一年年初，他曾有过如下谕令："（十二年癸酉春正月）己酉，谕内务府核实撙节，于岁费六十万外，不得借支。"【《清史稿》本纪二十二 穆宗本纪】穆宗本想避免内廷靡费过度，但是却没想到这六十万是远远不够内廷使用，更不要提做什么改建工程了。在节约花费和树立权威之间，同治选择了后者，不再理会年初自己定的"不得借支"的规定。让内务府硬着头皮向户部支借银两。小皇帝认为当务之急是向太后和臣子们表明自己亲政的决心。于是在当年十月就有了如下口气委婉的奏折：

> 本年六月二十九日，奉旨修理养心殿及东西配殿等工，原估续估共约需银二十余万两上下。现值臣衙门广储司库款支绌，万难支应，若不设法筹计，必致待饷停工。臣等公同商酌，请旨饬下户部筹拨银二十万两，以济眉急。如部库一时不能如数，请先拨给银八万两，其余银两陆续筹拨，庶于要工不致贻误，而部库亦得缓为筹办。伏乞皇上恩准施行。谨奏。请旨。等因，于同治十二年十月初二日具奏。奉旨依议。钦此。同治十二年十

月。【中国第一历史档案馆藏：《内务府全宗·修建工程》，同治十二至十三年，0363号】

户部没有立即给予内务府拨款。在当时的1872年，太平天国起义已经被镇压，西方列强对于中国的进一步瓜分还没有开始，西学东渐的浪潮方兴未艾。这个时代的中国是被称之为"同治中兴"的鼎盛时期，虽然没有所谓"康乾盛世"那么辉煌，皇家的财政收入已经远非嘉道时期可比，但是区区八万两白银拖到了第二年的八月。

养心殿及东西配殿等工需银二十万两，因款项缺乏，于去岁十月经内务府奏请由户部筹拨，随经户部奏明，现行拨到银八万两，其余银十二万两统俟来年察看情形，再行陆续筹拨，等因，奏准。各右案其欠拨十二万两，迄今户部尚未拨到，所有现在遵旨修理。【中国第一历史档案馆藏：《内务府全宗·修建工程》，同治十三年，0364号】

剩余的十二万两不知道要拖到何时才能拨给，而可怜的同治帝最终也没有拿到这笔款项。十三年十月，同治病倒，十二月就去世了。【"十三年甲戌十月己亥，上不豫……十二月甲戌……上疾大渐，崩于养心殿，年十九。"《清史稿》本纪二十二 穆宗本纪】

穆宗没有子嗣，两宫皇太后立刻召集诸大臣，立同治年仅三岁的堂弟载湉为新君【《清史稿》本纪二十二，穆宗本纪："慈安皇太后、慈禧皇太后召惇亲王奕誴、恭亲王奕訢、醇亲王奕譞、孚郡王奕譓、惠郡王奕详、贝勒载治、载澂、公奕谟、御前大臣伯彦讷谟祜、奕劻、景寿、军机大臣宝鋆、沈桂芬、李鸿藻、内务府大臣英桂、崇纶、魁龄、荣禄、明善、贵宝、文锡、直弘德殿徐桐、翁同龢、王庆祺，南书房黄钰、潘祖荫、孙诒经、徐郙、张家骧入奉懿旨，以醇亲王之子承继文宗为嗣皇帝。"】，年号光绪。这是清代历史上唯一两个同辈的皇帝，客观上造成了慈安、慈禧两位仍然以皇太后的身份听政。

好像寂静的内廷空院中的喊叫，瞬间掩盖于时间的波涛。西暖阁没有变成佛堂，东西暖阁也没有打开明窗，东暖阁的帘幕再次徐徐下垂。▲

拾贰 从半亩园到倦勤斋

敬胜依前式，倦勤卜后居；
抚时斯异矣，题额故殊诸；
娱老非关政，沃心那废书；
廿年期此愿，未识可能如。

——乾隆

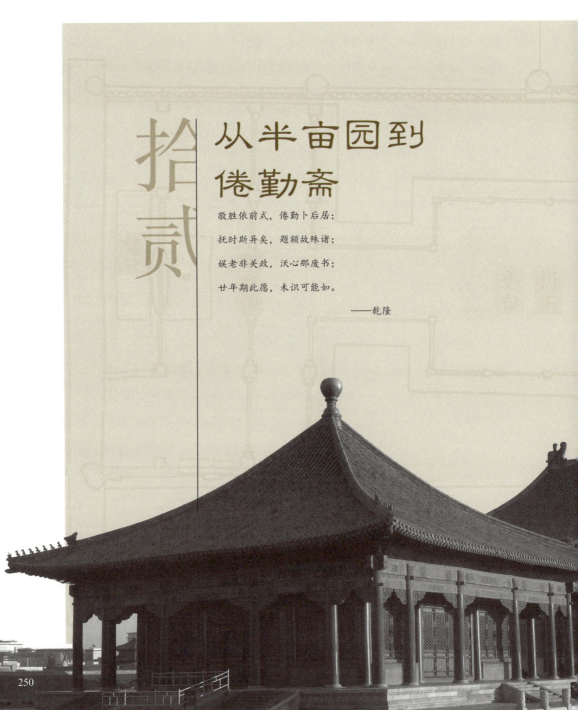

如果说皇帝们是天生的收藏者,乾隆皇帝更是一位涉猎广泛的收藏家。他甚至"收藏"经典的室内设计。他一旦喜欢上了某种室内格局或是装饰,便会一而再,甚至再而三的重复建设,并且纳入到自己对宫殿规划的大体系中来。

这样的例子实在是太多了。圆明园中的淳化轩和宫中的乐寿堂如此,故宫中养心殿和养性殿如此,故宫中的建福宫花园西部和宁寿宫花园西部也是如此。如果拿起放大镜来观察,一些室内设计的经典片段同样屡屡出现。皇家室内戏院具有突出的代表性,圆

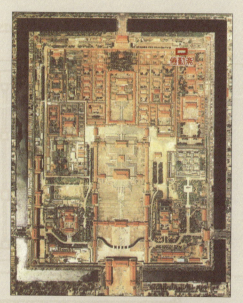

(图3-12-01)卫星照片:倦勤斋在紫禁城中的位置示意图

明园坦坦荡荡景区的半亩园、紫禁城中建福宫花园的敬胜斋和宁寿宫花园的倦勤斋(图3-12-01),以及本文并未谈及的盘山行宫静寄山庄引胜轩,其中就有这样的基因。

半亩园

雍正皇帝还是皇子的时候得到了父皇赏赐的西北郊的一片园林，同时赐名"圆明园"。百余年后铭刻下中华民族荣辱的圆明园在雍、乾时代享受了无上的威严，也掩映了内廷的享乐和安逸，所谓"在圆明园与宫中无异也，凡应办之事照常办理"【《大清世宗宪皇帝实录》，台北，华文书局，1968年】，而且"帝王豫游之地无以逾此"【乾隆：《圆明园后记》，见[清]于敏中：《日下旧闻考》，1323页】。

著名的圆明园四十景中有一个景点叫"坦坦荡荡"（图3-12-02），坦坦荡荡中有一座著名的金鱼池。坦坦荡荡不只有金鱼池，还有一座室内小戏院（图3-12-03，图3-12-04）。

无法证实戏院是否在雍正朝已经建好，或是如同"万字房"等其他很多景点一样，"半亩园"名字已经叫了起来，不过我们知道乾隆皇帝在他当政的第三年（1738年）才初次驻跸圆明园，后一年作为圆明园新做的十六面匾额之一，专门为戏院制作、悬挂了写着"半亩园"的匾额。我们还知道，效法半亩园的大内敬胜斋戏院（也被称作"德日新"）在乾隆五年（1740年）就开始擘画了。因此可以推断，半亩园戏院应当是雍正皇帝的杰作。

虽然不是乾隆的创意，但是乾隆显然很是热衷于来到坦坦荡荡喂金鱼。在他45岁那一年（乾隆二十一年，1755年）的夏天的四、五、六、七几个月中，居然有七十一天都去了金鱼池【乾隆二十一年《穿戴档》。见中国第一历史档案馆 编：

(图3-12-02) 圆明园四十景图之坦坦荡荡

《圆明园》(下)】。他或许同样热衷于在室内观看演出,从后来紫禁城中建造的敬胜斋和倦勤斋对半亩园的追仿,就可推想乾隆皇帝对这座戏院的钟爱。

半亩园戏院统共五间,坐落在坦坦荡荡主体建筑素心堂的东侧:素心堂五间带三间北抱厦,西侧还有澹怀堂五间。三座建筑连在一起,均采用卷棚顶,室内空间也串联贯通。

笔者总共看到过六张清代样式房绘制的半亩园图样,主要为某次现场踏勘的草图、底图,以及两次室内改造的图样。【中国国家图书馆藏,样式雷图文档案,排架24包7号、26包13号、41包2号、8号、48包5号、64包24号】

总体上看来,半亩园内最早的面貌大致是这样的(图3-12-05,图3-12-06):亭式的戏台布置在屋内东端;或许是五间的尺度过于深远,观看演出的御座从五间中西端的一间推到了西起第二间,建成了一座二层平台,上下各置宝座;西端布置了楼梯间和上下层的宝座床;戏院内设竹式药栏装修。

接下来的两次改造，今天已经无法得知确切的年代。不过改造的目的仍然隐约可见：头一次只是拆掉凸出的"包厢"，免去了一些过于曲折的角落，使室内空间更加豁亮（图3-12-07，图3-12-08）；再一次改造则动了大手术，整个把戏院颠倒了一下，戏台移到了西起第二间，观看演出的包厢则调到了东头（图3-12-09，图3-12-10）。这样的折腾反倒合乎皇帝的制度，向西观看演出本来是清代皇帝的一般做法，如同室外戏院中皇帝的宝座向来是面南背北的——除非是皇帝要登台自娱的地方【刘畅：《慎修思永》，83—91页，北京，清华大学出版社，2004年】。

是不是半亩园原来是皇帝"玩票"的场所？是不是后来不尽合理的大动干戈只是要符合皇帝看戏朝向的规制呢？▲

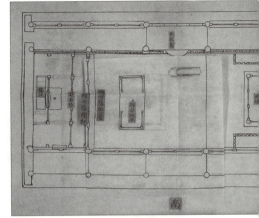

(图3-12-03) 样式雷绘半亩园地盘图样之一

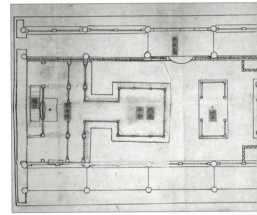

(图3-12-04) 样式雷绘半亩园地盘图样之二

(图3-12-05) 早期半亩园戏院室内空间示意图一

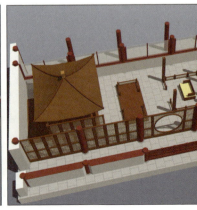

(图3-12-06) 早期半亩园戏院室内空间示意图二

(图3-12-07) 半亩园戏院室内空间改造示意图一

(图3-12-08) 半亩园戏院室内空间改造示意图二

(图3-12-09) 半亩园戏院室内空间改造示意图三

(图3-12-10) 半亩园戏院室内空间改造示意图四

敬胜斋

乾隆即位后的头一年（1736年），已经迫不及待地开始了把"故居"乾清宫西二所改造成重华宫的工程；第五年（1740年），改造的范围已经拓展到整个乾清宫以西的五所院子，开始筹划建福宫花园，嘱臣匠"烫胎"做模型。[梅雪：《清代重华宫沿革及翠云馆装修年代考》，载《故宫博物院院刊》，2001（4）；周苏琴：《建福宫及其花园始建年代考》，见《禁城营缮纪》，北京，紫禁城出版社，1992年。"烫胎"模型，古称"烫胎合牌房样"，或"烫样"，参见中国第一历史档案馆编《圆明园》（下），1244页]

(图3-12-11) 样式雷绘建福宫花园图样

现在保存在故宫博物院的清宫样式房的建筑模型收藏中已经没有建福宫花园，现在的花园也是近年在1923年火灾的遗址上重新建起来的，所幸今天还可以在故宫图书馆找到一张表现建福宫花园建筑群局部的图样（图3-12-11）【故宫博物院样式房图文档案2471号】。如果我们假设建福宫花园的这个局部与后来建造的宁寿宫花园的相应部分基本一致，如果我们假设清代宫廷画家丁观鹏画的《太簇始和图》（图3-12-12）中的建福宫花园基本真实，一个喜人的答案便会浮现出来：这样珍贵图样可能是工程前的一张设计图，而与工程结果不完全相同。

(图3-12-11-1) 样式雷绘建福宫花园图样局部一

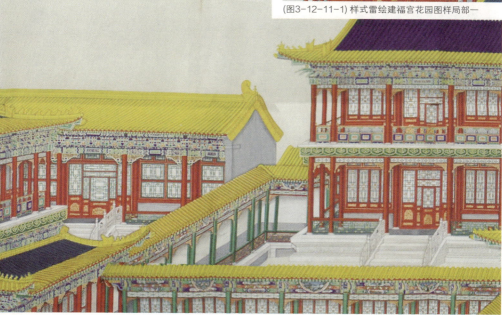

图样中楼阁后的一长连建筑就是敬胜斋。这不是"寻常"的敬胜斋。

斋的屋顶被前面的楼阁分成两段，左一段是卷棚顶，右一段却用了正脊（图3-12-11-1）；而《太簇始和图》中表现的是通长用正脊的敬胜斋（图3-12-12-1）。

斋的正面也被分成两段，均设前廊；而《太簇始和图》中表现为东半部用前廊，西半部不出廊，更符合在建筑西半部室内仿半亩园建德日新戏台的历史。

此外，还有一个显著的不同：图样中的静怡轩为两卷殿（图3-12-11-2），史料记载和《太簇始和图》

(图3-12-12-1) 丁观鹏绘《太簇始和图》局部一

(图3-12-12-2) 丁观鹏绘《太簇始和图》局部二

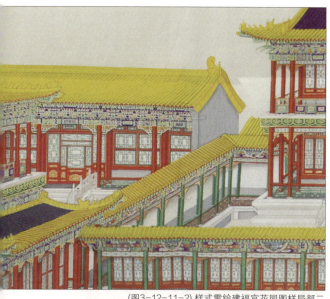

(图3-12-11-2)样式雷绘建福宫花园图样局部二

中表现的则都是三卷殿(图3-12-12-2)。

是否当初在绘制图样的时候,还没有在敬胜斋西半部建室内戏台的打算呢?

根据以往学者的研究,建福宫花园的前身乾清宫西四五所本来的西墙比现在偏东近11米,与南边的大墙持平,而那时的空间只够安置敬胜斋的东半部。当然,乾隆把大墙向西移动还要牵扯到改造西边的英华殿偏院,不会只为敬胜斋而做如此大动作。反过来从结果倒推,既然乾隆选择了如此不一般的改动,那么其中反映出来的便是他对于花园整体设计的充分肯定,以及他敢于冲破原有围墙制约的坚定决心。

(图3-12-12)丁观鹏绘《太簇始和图》

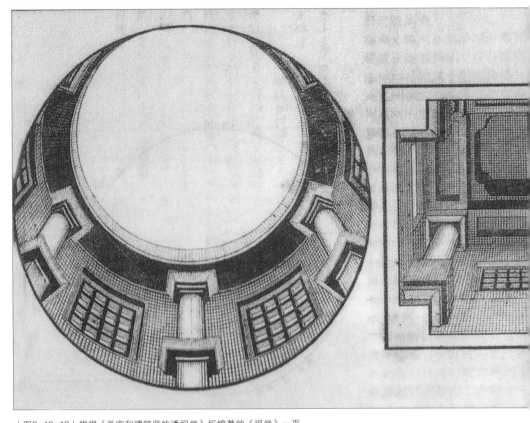

（图3-12-13）根据《画家和建筑师的透视学》所编著的《视学》一页

或许如档案中所普遍反映的，乾隆真的事无巨细地参与到建福宫历次更改、推敲设计方案，也让他留心体会父辈丰厚的建筑和室内设计遗产，或许是乾隆七年（1742年）的夏天真的让皇帝期盼竹篱藤萝下的清凉，六月初二日他终于下定决心，"建福宫敬胜斋西四间内，照半亩园糊绢，著郎士宁画藤萝"。【聂崇正：《故宫倦勤斋天顶画、全景画探究》，转引自清内务府造办处各作成做活计清档，《区域与网络——近一千年来中国美术史研究国际学术研讨会论文集》，台北，台湾大学艺术史研究所，2001年】

档案中这句简短的谕旨，足以让人浮想联翩。

此幅乃蒿成前二式之全图也。若接是法续进顶，仰而视之，方圆合宜，柱石凌空，意枢掩映，俨若层楼。萧然在上，其空际处如觊碧落而见星辰矣。游事至此方诚泰西之法精研细案神乎其枝何可以游艺目之耶

　　第一个联想当然是它明确地把敬胜斋和半亩园连在了一起。它们不仅是两座戏院，还是两座用藤萝架装饰的戏院，不同的是看戏宝座的朝向正好相反，还有半亩园五间而敬胜斋四间。是建福宫花园的用地实在难以向西拓展？或者半亩园的五间规模有些不适？还是四间紧凑合宜？

　　第二个联想则是从"糊绢"到"画藤萝"的次序。尽管不少则档案讲起过意大利传教士郎士宁曾经先在绢上画好壁画，尔后裱糊在墙上，但是读到这一则档案的人却无法抹去头脑中下面的场景——1742年的夏秋，满布脚手架的敬胜斋中，一位身着中式长袍的54岁的西洋老人，正在凭借自己的绘画技法，谋求着生活，谋求着在宫廷中传播自己信仰的机会。他所使用的颜料和笔都是地道的中国制造，而他仰首执翰的姿势，俨然波佐，俨然米开朗琪罗。就这样，他长久地立在杉木捆扎的脚手架上，在他脚下的一边，静静地打开着的，还有他故国的大师安大烈·波佐所著的《画家和建筑师的透视学》（图3-12-13）。▲

倦勤斋

为了祈祷长寿长治，乾隆在紫禁城里修了太上皇宫——宁寿宫。宁寿宫中要有花园，就是人们常说起的乾隆花园。花园中最后一座房子就是倦勤斋。

倦勤斋仿效敬胜斋，则几乎等同于复制（图3-12-14，图3-12-15）。戏院中方亭戏台、竹式药栏、藤萝天顶画、通景壁画一干设置当是敬胜斋的翻版。

这里还是真实保留下来的乾隆遗物，是今天唯一一处藉以推想敬胜斋、半亩园以及盘山行宫静寄山庄引胜轩往日盛景的地方。

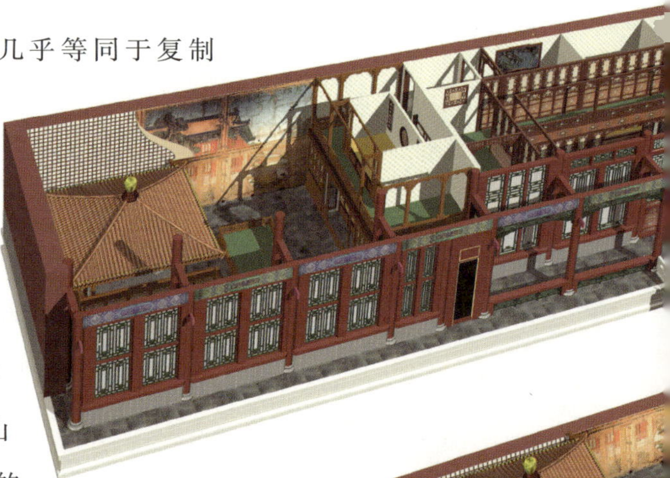

(图3-12-14) 倦勤斋室内空间示意图一

从这个意义上说，倦勤斋戏院留给我们仔细品味的尤其是它的细部设计、材料做法和工艺水平。

戏院中采用了追仿园林室外环境的设计（图3-12-16）：戏台是四角攒尖方亭子，木制宝顶、木制屋顶瓦陇、椽飞、梁架柱木、楣子、匾联俱全，外表油饰彩画采用仿竹形式；前舞台或为戏法等设

【摩奔：《中国古代剧场史》，139页，转引齐如山《倦勤斋小戏台志》，载《国剧画报》，1932年4月8日】，采用平台形式，装修细部纹饰按照主舞台上装饰设计；南面设药栏，中开月亮门，用楠柏木仿竹做法；东侧看戏宝座前落地罩、栏杆、裙墙、槛窗、槅扇等装修也全用仿竹做法和油饰。

  这种仿斑竹做法，不同于倦勤斋东五间内部的硬木加竹丝镶嵌加嵌玉的做法（图3-12-17），体现乾隆皇帝对竹子的喜爱和对江南乡野环境的向往。真正的竹制装修并不适合北方气候，倦勤斋的竹丝镶嵌板在南方加工完运输到京后就曾发生过崩裂的现象。考察清宫《圆明园内工硬木装修现行则例》【见清华大学建筑学院藏《圆明园内工现行则例》一十八卷之第三卷《圆明园内工硬木装修则例后附斗科分法》】，卷中便出现过"攒竹例"（加工竹子做法）、"静明园竹垆山房竹式装修采雕竹节"、"竹式装修例"（包括"杉木采做攒竹式雕竹节"等做法）的记录，既可以看出乾隆对竹子的喜爱，也看出使用木材仿竹的无奈。

  另外，斋内戏院空间还运用室内装修设计与壁画、天顶画的内容相配合的手法，以达到视觉幻觉的效果（图3-12-18）。突出表现在：戏院空间北侧墙壁的处理极具匠心，为一彩色通景绢地大画，采用一点透视的表现方法，画面内容是一处宫殿建筑景致，其中点缀花草、树石、仙鹤、喜鹊，更有一道斑竹式药栏与室内南侧药栏相对称，并在南侧真药栏上月亮门的对应位置亦开圆光门，远处景观亦呼应斋外环境及相毗邻的符望阁，努力营造透过视幻觉气氛；而室内空

(图3-12-15) 倦勤斋室内空间示意图二

间营造的又一重点天顶画，最富神奇妙趣，整个顶棚满画一座斑竹搭设的藤萝架，叶茂花繁，略透蓝天，每簇花的描绘又按照一点透视的原理，以宝座前方一簇为中心发散绘制，配合北壁和西壁的透视通景

画。

　　在乾隆花园的最后一座房子里，乾隆似乎希望表达的是"无尽"的意念。北墙上通景画中的园林建筑不是现实花园的简单镜像，西墙上的远山消除了园林的界线。倦勤斋是另一种概念上的开始，让主人可以从这里起程，走上幻境之旅。▲

(图3-12-16) 倦勤斋内景之一

(图3-12-17) 倦勤斋内景之二

(图3-12-18) 倦勤斋内景之三

拾叁 漱芳斋

今天故宫博物院的贵宾接待室是原来乾隆的"贵宾接待室"——"漱芳斋"（图3-13-01）。这里本是乾清宫西边东起第一所院，连同西邻的重华宫、重华宫厨房共同形成一组建筑。在邻院重华宫里办家宴、茶宴或接见某使的当儿，有茶膳厨房的伺候，在更加宽敞的漱芳斋戏院空间里赐宴或赏戏，定是惬意而怡情的事了。

今天从御花园进入漱芳斋的方式并不是乾隆当初的方式。既然是重华宫的东配院，乾隆就会从重华宫进入漱芳斋。国家图书馆藏的样式雷图也说明了这点：作为入口的漱芳斋东配殿外的抱厦原本并不存在。

如果有耐心耙梳国家图书馆收藏的样式雷图，头昏眼涩之际，沉着得泛着黄色的样式雷图会神秘地笑着，无声地告诉你，今天的漱芳斋工字殿内那些经常被人们夸耀的装修隔断，也不是乾隆皇帝当时的样子——而且并不是泥古——当时的设计要更好、更有趣味。

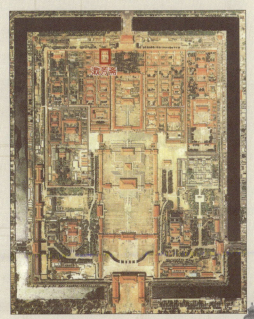

(图3-13-01)卫星照片：漱芳斋在紫禁城中的位置示意图

今非昔比

今天漱芳斋的接待多是宾朋聚集在室内开会，或是天朗景和的时候在院子中的廊下看演出（图3-13-02）。

乾隆时候也使用院落中的戏台，而室内的活动以用膳为主，如乾隆四十年正月，也就是崇庆皇太后死前的一年，"上奉皇太后幸金昭玉粹侍早膳，重华宫侍晚膳"【《清实录》之册《清高宗纯皇帝实录》卷，北京，中华书局，1986年】。这里所说的"金昭玉粹"，指的是漱芳斋后殿。《养吉斋丛录》中说："宫之东为漱芳斋，东室曰高云情，东次室曰静憩轩，斋后为金昭玉粹，东室曰随安室"【[清]吴振棫:《养吉斋丛录》】。但是这段文字所描述的室内格局与漱芳斋现在的样子大相径庭，既不见室内戏台的踪迹，"高云情"的位置也发生了变化。

揭秘故宫博物院的招牌接待室，可以用三维透视的方法表现它室内空间的分隔情况（图3-13-03，图3-13-04），每一槽花罩都曾经是故宫出版物中屡屡矜夸的作品。最具代表性的当属斋内明间的三槽花罩。

进入斋中正对的一槽花罩，是一种抽象图案的天然罩（图3-13-05）。枝叶翻卷，花头悬垂，并不仿写

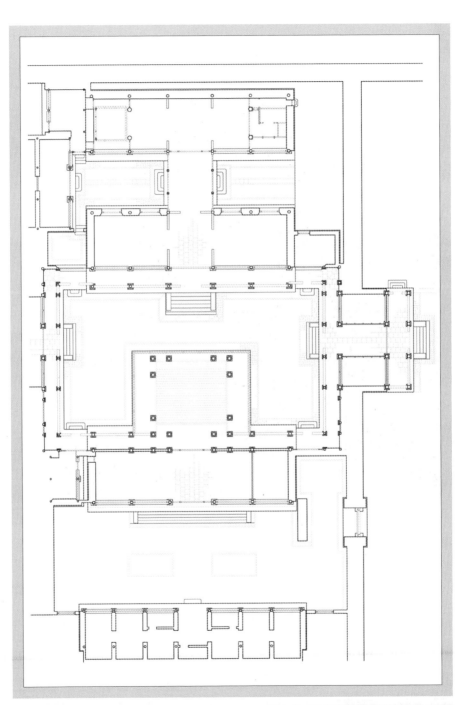

(图3-13-02) 漱芳斋院落平面图与外景（3张）

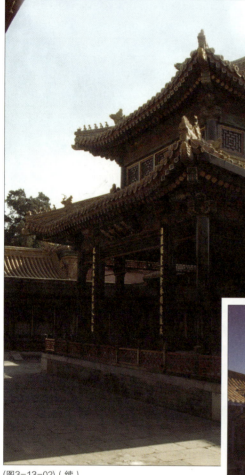

(图3-13-03)漱芳斋现状室内空间示意图一

(图3-13-02)(续)

那些藤萝、葡萄、葫芦、竹林、松树等等，别有端庄的感觉。

　　明间西缝的那槽天然罩，风格也是如此，只是设计、制作得更加精细。花罩中间的曲边门和两侧的曲边玻璃窗，为整体立面构图定下了自由生动的基调；此外花罩还采用了一层鱼鳞状底纹作为依托，底纹之上的花头和枝叶就

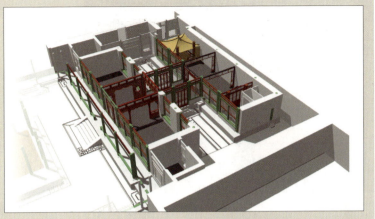

(图3-13-04)漱芳斋现状室内空间示意图二

更显得疏密有致了（图3-13-06）。

　　明间东缝的栏杆罩基本是在规矩中寻求自由曲线花饰的突破，算是栏杆罩中的雕刻繁复者（图3-13-07）。

　　此三者，算是众所周知的漱芳斋的"招牌"，频繁在一切介绍漱芳斋的图册中露面。但是清中晚期的样式雷图可以证实（图3-13-08，图3-13-09），直到清末光绪年改造之前，还根本没有她们登场亮相的份。她们的前身是三槽几腿罩，三槽几腿罩的前身是三槽碧纱橱，碧纱橱围合成一处端放御座的空间。

　　招牌不再是那么"正宗"的招牌，漱芳斋反倒更显得神秘。现在还没有人能拿出白纸黑字的清宫档案来证明上面提到的样式雷图到底画于什么时候。至少图面上画的漱芳斋还带南抱厦，还没有今天见到的围着院子一圈的平台廊子。抱厦更宽敞些，更适合晴好的日子里近距离地看戏。而对于这种惬意，今天故宫的院长和院长的贵宾们已经无法感受到了。▲

(图3-13-05) 漱芳斋前殿明间正中天然罩（2张）

(图3-13-06) 漱芳斋前殿明间西缝天然罩（2张）

(图3-13-07) 漱芳斋前殿明间东缝天然罩（2张）

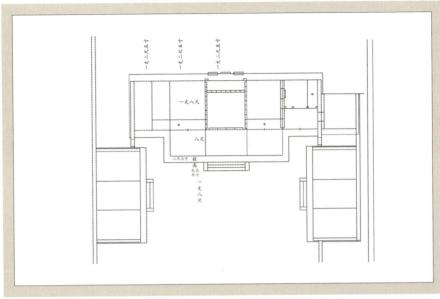

(图3-13-08) 样式雷绘漱芳斋前殿地盘画样一

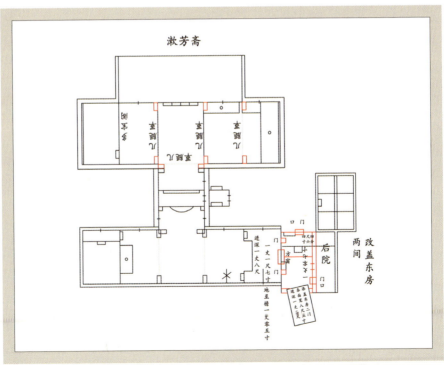

(图3-13-09) 样式雷绘漱芳斋前殿地盘画样二

那些小隔间

再来看一看《国朝宫史》和《国朝宫史续编》中的记载，二者大致前后承继，无显著变化，后者更有嘉庆皇帝的御笔匾联，介绍得也更为详尽。我们不妨将其中对联、匾额也摘录下来，或许能从中揣摩室内空间的功能属性：

斋中高宗纯皇帝御笔匾曰"正谊明道"。中设宝座。屏风上恭悬高宗纯皇帝"正谊明道诗"，联曰："言动协规箴，惟敬所作；都俞垂典诰，主善为师"。南楹皇上御书联曰："天作宫廷传燕翼，敬承堂构集鸿禧"。东次高宗纯皇帝御笔联曰："柏子祥烟鼎喷馥，椒花吉语胜霏香"。又东次室门上，皇上御书联曰："明目达聪，嘉言罔攸伏；夙兴夜寐，继序思不忘"。东室匾二，一曰"庄敬日强"，一曰"高云情"。联二，一曰"清燕凝神，天和闲处养；从容守正，元化静中涵"，一曰"花香鸟语群生乐，月济风清造物心"。东次室门上联曰："由旧典时式，其永无衍；思庶政惟和，不敢自逸"。门内匾曰："静憩轩"。又东墙联曰："不生波处心恒定，大寂天光相总融"。西室联曰："写诚敬之心，礼章乐亮；会恬熙之象，日丽风和"。西次室联曰："清风明月食无尽，近景遐观揽莫遗"。后，殿北墙悬大宝箴一篇，殿后穿堂。匾曰："稽古右文"，联曰："恭己奉三无，澄心待万几"。

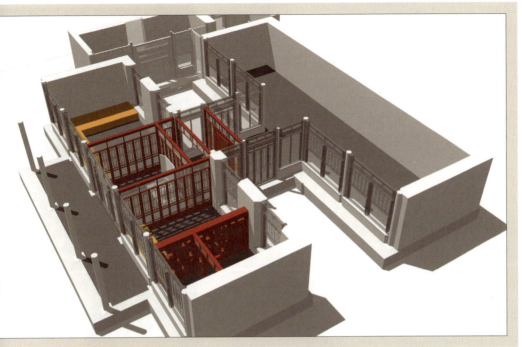

(图3-13-10) 早期漱芳斋前殿室内空间示意图一

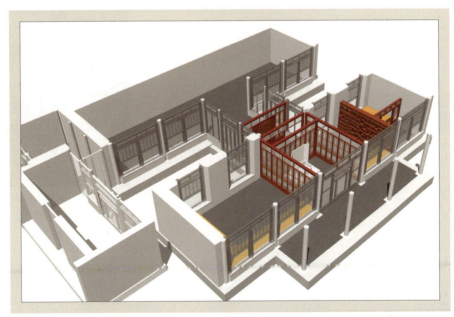

(图3-13-11) 早期漱芳斋前殿室内空间示意图二

堂后东向（《国朝宫史》为"堂后西向"）匾曰："金昭玉粹"，联曰："瑞景琼楼开锦绣，欢声珠阁奏云韶"。东室匾曰："随安室"。皆高宗纯皇帝御笔。【[清]庆桂 等编：《国朝宫史续编》，458页，北京，北京古籍出版社，1994年】

放下后殿中的戏院不谈，先把以上文字对照样式雷图，能够看出乾嘉时期漱芳斋内部前殿的小空间主要有以下几处（图3-13-10，图3-13-11）：

（1）明间"正谊明道"；

（2）东次间为东室，设前檐炕，供人坐上看戏，有"庄敬日强"和"高云情"二匾——"高云情"尚不在现在的地方；

（3）东次室在东次间东缝多宝格再东的小间，叫做"静憩轩"；

（4）西边二间为西室和西次室，合成一大间，沿南窗和西墙设万字炕，是满族建筑的做法。

这里边"静憩轩"是最引人入胜的。静憩轩与她西边的邻居高云情之间并没有隔墙，而是隔着一槽多宝格。就是现在漱芳斋内贴东墙摆放的那一槽（图3-13-12）。

提一个问题考一考眼力：此多宝格有何卓异之处呢？

答案在多宝格上偏左的暗门。

这里是静憩轩的入口，或许也正是唤作静憩轩的原因。▲

(图3-13-12) 漱芳斋前殿东间多宝格

小戏台的本来面目

再读一遍后殿的匾联:"瑞景琼楼开锦绣,欢声珠阁奏云韶",不是戏曲表演的写照吗?似乎终于可以说这里戏台可能是原装的。此外,现在的"高云情"当时叫"随安室",一匾之易而已。仿佛今天的漱芳斋后殿与史料中的"金昭玉粹"很好地吻合上了。

事实不是这样的。

样式雷画的漱芳斋图纸大致不会早过嘉庆【关于样式雷图样的绘制年代的总体统计,请参见刘畅:《清代宫廷内檐装修设计问题研究》,[博士学位论文2002],189—194页,北京,清华大学建筑学院】。因此这张明确写着"金昭玉粹"字样的图样(图3-13-13)还不能确切地说

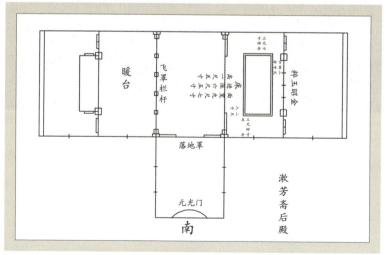

(图3-13-13) 样式雷绘漱芳斋穿堂及后殿地盘画样【中国国家图书馆藏,样式雷排架】

就是反映了乾隆侍奉母亲看戏的场景。

尽管如此，这张图样却毫无疑问地说明，今天斋内的亭式小戏台绝对不是乾隆当时看到的。这里室内戏院西次间的"戏台"依然是在斋内后殿的西次间，不过只是一个用栏杆隔开的表演空间。西进间是后台。演员上下场的门并未直接向前，而是各转了一个角度。明间是开敞的，不设家具。东次间就是帝后看戏的包厢，摆设了一张宝座床（图3-13-14，图3-13-15）。东进间就是随安室了，大致是为帝后看戏间休息、方便所用。如果像后来这样挂上"高云情"的匾额，反倒感觉有那么些不对劲。咋没啥人怀疑过呢？

说到头来，这里原来本没有亭。随着清末帝后想象力的匮乏和空间品位的流俗，这里于是才有了亭。▲

（图3-13-14）漱芳斋穿堂及后殿室内空间示意图一

（图3-13-15）漱芳斋穿堂及后殿室内空间示意图二

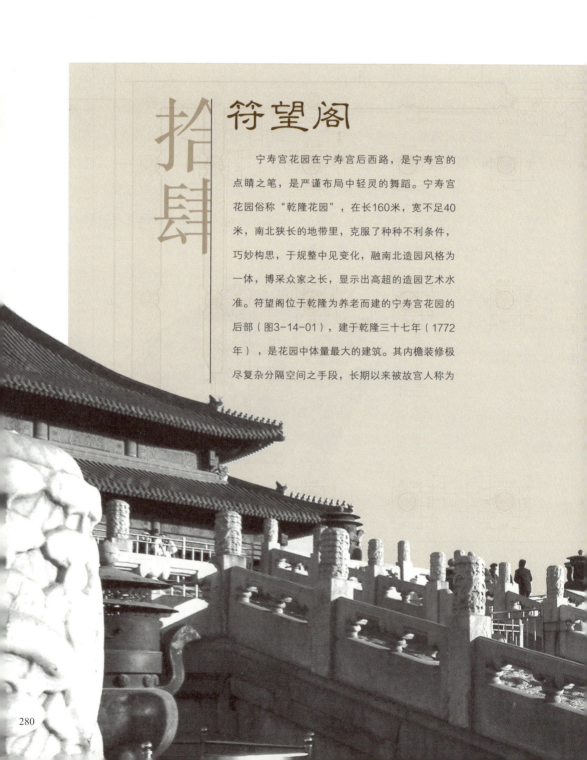

拾肆 符望阁

　　宁寿宫花园在宁寿宫后西路，是宁寿宫的点睛之笔，是严谨布局中轻灵的舞蹈。宁寿宫花园俗称"乾隆花园"，在长160米，宽不足40米，南北狭长的地带里，克服了种种不利条件，巧妙构思，于规整中见变化，融南北造园风格为一体，博采众家之长，显示出高超的造园艺术水准。符望阁位于乾隆为养老而建的宁寿宫花园的后部（图3-14-01），建于乾隆三十七年（1772年），是花园中体量最大的建筑。其内檐装修极尽复杂分隔空间之手段，长期以来被故宫人称为

"迷楼"。就是故宫人行走在楼中也难免恍然不知所之。

因为建福宫花园中的延春阁在1924年的一把大火中化为灰烬,仿照延春阁而建的符望阁即便仅是前者严格的复本,也无可替代地成为今天讨论宫中采用"集中式"平面楼阁时的唯一实证。

说它室内空间复杂丰富,究其实质还少不了附会"古制"的意味;说它室内罩槅的设计手法和工艺水平绝伦,其实是源于乾隆所钟爱的江南风格,依赖江南工匠的高超技艺。

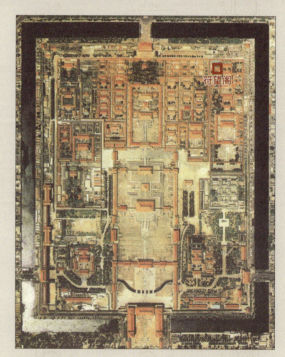

(图3-14-01)卫星照片:符望阁在紫禁城中的位置示意图

明堂的名堂

符望阁内部三层，下层向北还有局部做成带仙楼的两层空间（图3-14-02）；楼阁四面各面阔五间带周围廊。

阁内首层内檐装修反映出典型的"中心发散式"格局（图3-14-03）：

（1）南向明间内跨为一须弥座，其上设宝座，最隆重，东西次稍间略作装修隔断，都只为突出明间宝座的核心地位；

（2）北向明三间连通，明间内跨设一仙楼，下层内设宝座床，是四个方向中空间设计最为丰富的；

（3）东西两个方向外侧的空间或连通或分隔，布置得相对灵活，西向的空间尚且不以明间为中心对称布置，但是东西两向的明间内均设宝座床；

（4）东西向宝座两翼有信道连接两侧空间，并引导至楼梯间。

这样一来，面对四个方向内檐装修布置手法，仿佛将四座一字型殿宇背对背组织在一起，面向室

（图3-14-02）符望阁下层北仙楼内景

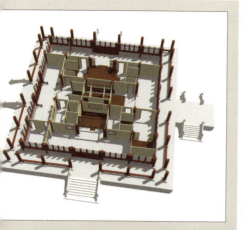

（图3-14-03）符望阁下层室内空间示意图（2张）

（图3-14-04）符望阁过渡层室内空间示意图

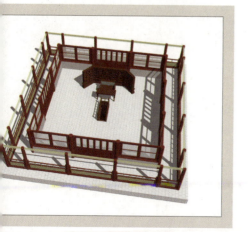

（图3-14-05）符望阁上层室内空间示意图

外的院落。在晴好的日子里，只要开启四面的槅扇门，便可以将室内外空间结合使用。

阁内中层是一结构过渡层，可作存储空间使用（图3-14-04）。

阁内顶层是一开敞的大空间。当中设宝座、书案、地平、屏风一套，前有楼梯井，周围门户皆可开启。这里是皇帝独享四顾之畅、俯瞰之娱的地方（图3-14-05，图3-14-06）。

曾经有学者称符望阁独特的集中式的空间格局是遵照"明堂"制度而建。所谓"明堂"，在春秋战国之前，是天子召见诸侯颁布政令，并兼顾祭祀祖先的场所；后成为最为重要的礼制建筑。

明堂到底是什么样的？这是一个儒家权威也争讼无定的问题。不过明堂的大体样子还是可以推断的：明堂是一座多层建筑；建筑形式则是十字对称的，集中布置了五室，分列于

（图3-14-06）从符望阁鸟瞰乾隆花园（2张）

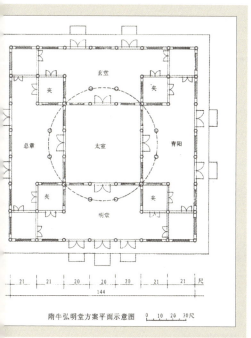

（图3-14-07）中国古代明堂平面示意图

四方和中央；明堂的空间分布和数字含义可以表达四向、四庙、四堂、四学、五方、五帝、五神、五德、五材、五色、五音、五味、五臭、五虫、五脏、五谷、五肉，以及十二月、十二律、十二居等名目【参照〔汉〕郑玄注、孔颖达疏：《礼记正义》之《礼记·月令》，见〔清〕阮元校刻《十三经注疏》，南京，江苏广陵古籍刻印社，1995年】。明堂之所以得名为"明"，主要在于它四方通达，上下连通，明朗开敞，同时比喻明政教、明尊卑、明方位、明时序，带有伦理意义和时空内涵。

对照明堂的大致格局，还是可以把符望阁的主要空间对号入座的（图3-14-07）。

不过，符望阁除了建筑体型略有此意之外，所处的园林环境、变化多端的室内布局，都与整肃的礼制存在差距，与其说它是明堂，毋宁说它实质上是园林中点景的楼阁建筑，而多少搞了一点明堂的名堂。▲

李质颖

乾隆三十八九年的几则简短的奏折揭示了两淮盐政李质颖对宁寿宫内檐装修工程的贡献。其中一则写到【《宫中档乾隆朝奏折》，第三十五辑，台北，故宫博物院印行，第179页】：

[两淮盐政]李质颖奏请陛见并交卸盐政印务事　乾隆三十八年十月六日

李质颖　恭请陛见

奏

奴才李质颖谨奏，为仰恳圣恩事。窃奴才前蒙皇上豢养望成擢用盐政。前岁在京仰遇，格外荣恩，垂慈教育，至厚至周，刻骨铭心，难酬万一。自叩辞回任今已二年，感激日深，孺恋倍切。伏查六七等月接奉内务府大臣寄信，奉旨交办景福宫、符望阁、萃赏楼、延趣楼、倦勤斋等五处装修。奴才已将镶嵌式样雕镂花纹，悉筹酌分别预备集料，加工选定，晓事商人，遵照发来尺寸详慎监造。今已办有六七成，约计明岁三四月可以告竣。至监务一切应办事件，奴才俱以办理全完。现在正值闲暇之时，仰恳天恩俯准，奴才于十月二十八日将盐政印信照例暂交运使廷抡护理。奴才即束装起身，趋赴阙廷,瞻仰天颜,跪聆圣训。奴才犬马恋主之忱,得以少伸,感沐高厚恩遇于无次矣。为此恭折奏恳伏乞皇上恩允谨奏。

乾隆三十八年十月十八日,奉硃批不必来,钦此。

另一则写到:

乾隆三十九年四月 初四 日

奴才李质颖谨奏,为奏闻事。窃奴才于上年六七等月,接奉内务府大臣英廉等寄信,奉旨交办景福宫、符望阁、萃赏楼、延趣楼、倦勤斋等五处装修,并烫样五座、画样一百二张等。因到扬,奴才随即遴派熟谙妥商,选购料物,挑雇工匠,择吉开工,上紧成造。奴才不时亲身查视,详慎督办,今已告成。奴才逐件细看包裹,装船于四月初四日,开行专差家人小心运送进京,除备文并造具清册呈送工程处逐件点收听候奏请安装外,敬将装修五分镶嵌式样雕镂花纹绘图贴说先行恭呈御览,谨缮折具奏伏乞皇上圣鉴谨奏。

这两则奏折很容易让人联想到《红楼梦》的作者曹雪芹家族的故事。康熙四十三、四年（1704—1705年）间，曹雪芹的爷爷曹寅任江宁织造，他与苏州制造李煦一道，为康熙南巡进献家具文玩等物，准备船只行宫。至康熙五十年（1711年），更主持办理了修造畅春园西花园房屋、挖河等项工程。【苏州织造李煦同样在此间扮演重要的角色。参见故宫博物院明清档案部：《关于江宁织造曹家档案史料》，中华书局，1975年3月】李质颖执掌的是两淮盐政，不是织造【两淮盐政，负责淮河东南、西南流域的盐务；织造，则分江宁、苏州、扬州三处，并兼驻江南地方特务机构的功能】，但为报答皇家"豢养望成"，所作的贡献颇有类似——他按照宫中设计好的图样承办了宁寿宫中景福宫、符望阁、萃赏楼、延趣楼、倦勤斋五处装修，其中景福宫以外的四处在宁寿宫花园。随后又承办了阅是楼东梢间方窗等项造作。【《宫中档乾隆朝奏折》，台北故宫博物院印行，第三十四辑，752页】如此，我们可以解释为什么宁寿宫花园中符望阁、萃赏楼、延趣楼、倦勤斋四座建筑具有尤其精美的内檐装修——虽然我们也有理由相信三友轩中的装修也出于江南，只不过有关历史档案已经烟消云散罢了——这些地方的室内装修具有罕见的玉片、瓷片、驼骨、玻璃画、竹黄、竹丝装饰，并使用了南方擅长的漆器工艺。后来嘉庆帝在圆明园营建的"竹园"、"接秀山房"等处内檐装修做法与此相类，惟雕刻更加繁复，被诩为"周制"："嘉庆十九年，圆明园构竹园一所。两淮盐政承办紫檀装修二百余件，有榴开百子、万代长春、芝仙祝寿花样。二十二年，园中接修山房落成，两淮盐政承办紫檀窗槅二百余扇、多宝架三座高九尺二寸、地罩（疑为"落地罩"）三座高一丈二尺。有万寿长春、九秋同庆、福增桂子、寿献兰孙花样。俱用周制。周制者，明末扬州周姓创此法，故名。其法以金、银、宝石、珍珠、珊瑚、翡翠、水晶、玛瑙、车渠、玳瑁、青金石、绿松石、螺填、象牙诸物，刻镂山水、楼阁、人物、花木、虫鸟于檀、梨、漆器之上。凡陈设器具皆可为之"。【[清]吴振棫：《养吉斋丛录》，卷十八，一九一页。引文中句读已经笔者重新整理】▲

江南工艺

至于符望阁，则是乾隆时代江南工艺的代表，集中反映了木雕工艺、双面绣、竹丝镶嵌工艺、錾铜工艺、珐琅工艺、漆雕工艺、软硬螺钿工艺、玉雕工艺等清代工艺的顶尖水平。

木雕工艺一般选用楠木、紫檀、樟木、柏木、银杏、沉香、红木、龙眼等质地细密坚韧、不易变形的树种，宁寿宫花园内檐装修的木雕工艺是把木雕技法恰如其分地运用到群板和绦环板心、屉心楞条的制作上。可以说，上乘的木雕技法是宁寿宫花园室内罩槅制作的基础。

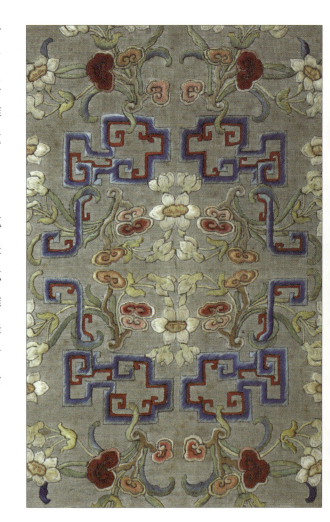

（图3-14-08）乾隆花园室内装修上的双面绣（2张）

　　双面绣，出现在宁寿宫花园的符望阁、倦勤斋、延趣楼等建筑中，作为槅扇夹纱，透射光线，绣品绰约，妙趣无穷。这里的双面绣采用了在一块底料上同时绣出正反色彩一样的图案的绣法，它与单面绣不同，不是只求正面的工致，而是同时设计反面的针脚线路，要求正反两面一样整齐匀密（图3-14-08）。

　　竹丝镶嵌，指用细如针锥的竹丝染色、排列，拼成图案（图3-14-09）。

　　珐琅工艺，又称"佛郎""法蓝""珐琅"，是用石英、长石、硝石和碳酸钠等加上铅和锡的氧化物制成的釉面类物质。中国古代习惯将附着在陶或瓷胎表面上的称"釉";附着在建筑瓦件上的称"琉璃";而附着在金属表面上的则称为"珐琅"。金属胎珐琅器则依据在制作过程中具体加工工艺的不同,可分为掐丝珐琅器、錾胎珐琅器、画珐琅器和透明珐琅器等几个品种。内檐装修上常用的是画珐琅(图3-14-10)。

　　漆雕工艺,也叫剔红,其技艺始于唐代,是一种在堆起的平面漆胎上剔刻花纹的技法。漆雕以其独特的工艺,精致华美而不失庄重感的造型而受到清宫青睐,运用于内檐装修之上,成为点睛之笔(图3-14-11)。

　　软硬螺钿工艺,是精选河蚌、夜光螺等优质的贝壳作为原料,经过磨制后,作成图案,拼贴、镶嵌于漆坯上,再经过髹漆、抛光制作

(图3-14-09)符望阁室内装修上的竹丝镶嵌

（图3-14-10）符望阁室内装修上的珐琅镶嵌（3张）

而成。螺钿镶嵌分为软螺钿和硬螺钿镶嵌两种。软螺钿镶嵌又称点螺。是将贝壳、夜光螺等原料精心制成薄如蝉翼的螺片点在漆坯上制作而成。硬螺钿镶嵌的制作方法相同，只是作为原料的贝壳磨得较厚些。还有一种做法，是在螺钿的薄片底面衬上不同的颜色，透过薄薄的贝壳能显现出各种色彩，称为衬色钿嵌。令人难以想象的是，如此精美的装饰工艺会作为挂檐板、贴落板的背景，衬托百宝雕刻、剔红等装饰主题，不取螺钿的多变和浮华，其工艺配置的构思真可谓气魄非凡、独具慧眼（图3-14-12）。

玉雕工艺，使用在内檐装修上的主要技法

（图3-14-11）符望阁室内装修上的剔红

（图3-14-12）符望阁室内装修上的点螺

是线刻，即以单线条刻成花纹图案；和薄意，即有画意的极浅的薄浮雕。并不刻意地镂刻圆做，甚至不追求过多的凸凹。只是在局部的博古装饰上巧做、俏色，全然不炫耀技法（图3-14-13）。

当然，宁寿宫花园里的其他建筑中也有一些并未使用在符望阁中的工艺美术门类，具有突出特点的是前文中提到过的倦勤斋中的竹黄雕刻工艺。竹黄即竹管之内皮，浅黄色，色泽光润，类似象牙，又有"文竹"、"贴黄"、"翻黄"等称谓。以竹的内皮雕刻贴熨，既避免了剔地浮雕的浪费材料，又可以在不同装饰质地的

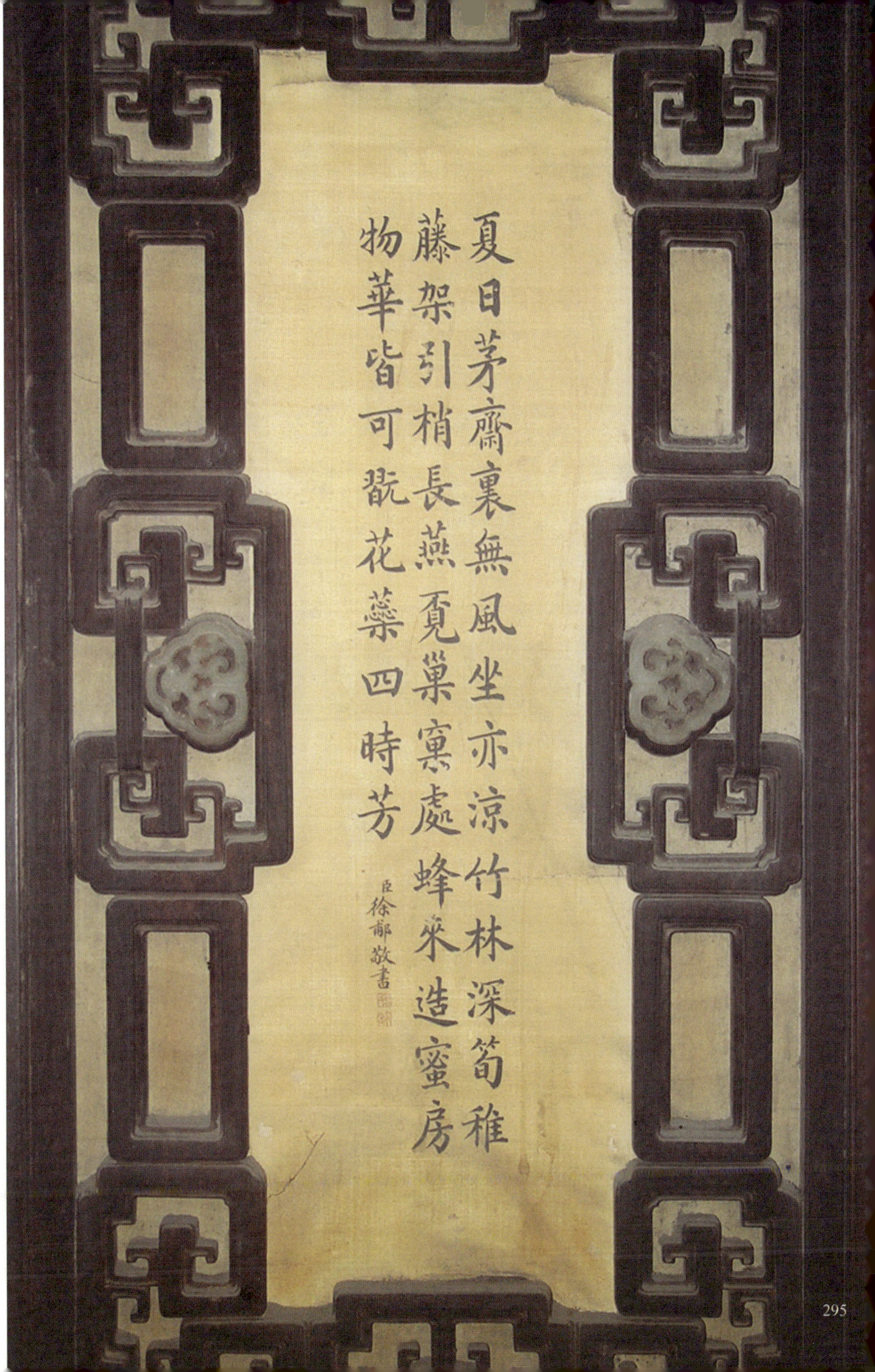

夏日茅齋裏無風坐亦涼竹林深筍稚
藤架引梢長燕覓巢窠處蜂來造蜜房
物華皆可翫花藥四時芳

臣徐郁敬書

(图3-14-13 符望阁室内装修上的玉雕与书法)

底子上实现浮雕的制作，具有独特的艺术效果。在倦勤斋中，竹黄雕刻的代表作是分别位于明殿仙楼上下紫檀群墙上的二幅百鹿图和二幅百鸟图。以百鹿图为例，运用了四种技法：

第一，普通的薄片竹黄雕刻，主要施用于远山、树木等主题，是最基础的竹黄表现方式（图3-14-14）；

第二，黄杨木雕刻，主要施用于起伏明显的近景树木等主题，以补足薄竹黄在厚度和立体感上的不足（图3-14-15）；

（图3-14-14）倦勤斋百鹿图上的竹黄雕

（图3-14-15）倦勤斋百鹿图上的黄杨木雕

（图3-14-16）倦勤斋百鹿图上的竹丝雕

（图3-14-17）倦勤斋百鹿图上的厚竹雕

第三，竹丝技法，主要施用于各种线型装饰（图3-14-16）；

第四，厚竹黄雕刻，表现鹿丰满的身体和致密的毛发。厚竹黄采用竹子横切面为装饰表面，质感富有自然趣味，不必多费一刀，即可表达出百鹿真实的皮毛（图3-14-17）。▲

毓庆宫

溥仪在《我的前半生》【溥仪:《我的前半生》,北京,群众出版社,2007年】中写道:

毓庆宫的院子很小,房子也不大,是一座工字形的宫殿,紧紧地夹在两排又矮又小的配房之间。里面隔成许多小房间,只有西边较大的两敞间用做书房,其余的都空着(图3-15-01)。

两间书房,和宫里其他的屋子比起来,布置得较简单:南窗下是一张长条几,上面陈设着帽筒、花瓶之类的东西;靠西墙是一溜炕。起初念书就是在炕上,炕桌就是书桌,后来移到地上,八仙桌代替了炕桌。靠北板壁摆着两张桌子,是放书籍文具的地方;靠东板壁是一溜椅子、茶几。东西两壁上挂着醇贤亲王亲笔给光绪写的诫勉诗条屏。比较醒目的是北板壁上有个大钟,盘面的直径约有二米,指针比我的胳臂还长,钟的机件在板壁后面,上发条的时候,要到壁后摇动一个像汽车摇把似的东西。这个奇怪的庞然大物是哪里来的,为什么要安装在这里,我都不记得了,甚至它走动起来是什么声音,报时的时候有多大响声,我也没有印象了。

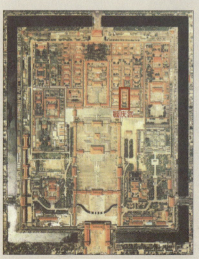

(图3-15-01)卫星照片:毓庆宫在紫禁城中的位置示意图

从当今说起

今天的故宫人把毓庆宫叫做迷宫。毓庆宫正宫的工字殿室内分隔灵活巧妙，大小空间变幻莫测，室内设计极富特色，配得上迷宫的称呼。我在故宫工作的1990年代，毓庆宫还是博物院织绣文物的库房。近来再入毓庆宫的时候，宫廷原状仍在整理之中。

（图3-15-02）毓庆宫一区前后各殿现状室内空间分析图

（图3-15-03）毓庆宫工字殿前殿现状室内空间分析图一

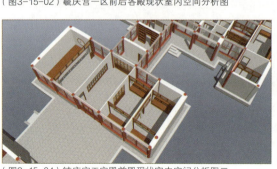

（图3-15-04）毓庆宫工字殿前殿现状室内空间分析图二

（图3-15-05）毓庆宫工字殿前殿现状室内空间分析图三

（图3-15-06）毓庆宫工字殿现状室内空间分析图

（图3-15-07）毓庆宫工字殿穿堂现状室内空间分析图一

徜徉顾盼之间，溥仪的记述历历在目（图3-15-02，图3-15-03，图3-15-04，图3-15-05）；而溥仪所讲的都空置着的"里面隔成许多小房间"，正是唤起人们无限好奇与遐想的迷宫，是现在故宫工作人员都难得一见的曲折奥室。

奥室之奥，首先在于"工"字平面造成的复杂空间关系（图3-15-06）。前殿是毓庆宫，基本沿着平面柱网周县布置室内装修隔断，东半部两间逐层深入，西半部相对开敞为一大空间，沿着西山墙设顺山炕；中间的联

(图3-15-08)毓庆宫工字殿穿堂内景

(图3-15-09)毓庆宫工字殿后殿继德堂现状室内空间分析图一

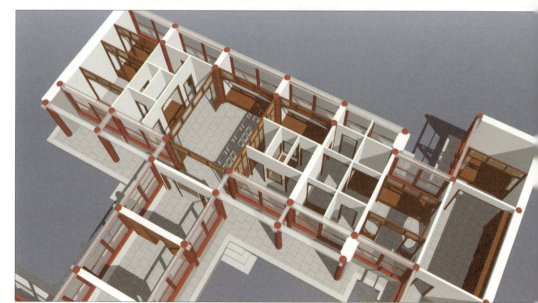

(图3-15-10)毓庆宫工字殿后殿继德堂现状室内空间分析图二

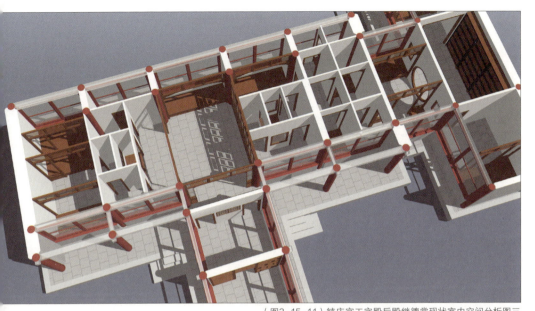

（图3-15-11）毓庆宫工字殿后殿继德堂现状室内空间分析图三

系惯称穿堂；后殿叫做继德堂。

奥室之奥，还在于工字殿与前后殿的贯通联络（图3-15-07，图3-15-08）。

奥室之奥，尤其在于后殿的密集隔断，以至于密集到了三步一凹、五步一室的地步。后殿之东进一步与东庑房联络了起来，巧加隔断，被叫做味余书屋（图3-15-09，图3-15-10，图3-15-11）。

现状室内使用的内檐装修数量众多，完全摆脱了柱轴线的限制，由板壁、碧纱橱、群墙槛窗、几腿罩、栏杆罩、落地罩等围合出从完全封闭到完全通透的各种不同的小空间，这也正是毓庆宫的"迷宫"所在。▲

迷宫不是一次建成的

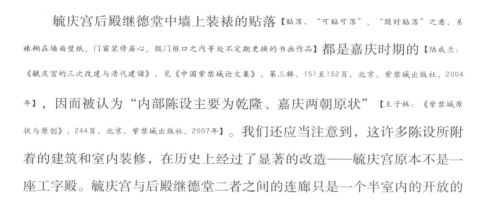

毓庆宫后殿继德堂中墙上装裱的贴落【贴落,"可贴可落"、"随时贴落"之意,系裱糊在墙面壁纸、门窗装修屉心、假门框口之内等处不定期更换的书画作品】都是嘉庆时期的【陆成兰:《毓庆宫的三次改建与清代建储》,见《中国紫禁城论文集》,第三辑,151至152页,北京,紫禁城出版社,2004年】,因而被认为"内部陈设主要为乾隆、嘉庆两朝原状"【王子林:《紫禁城原状与原创》,244页,北京,紫禁城出版社,2007年】。我们还应当注意到,这许多陈设所附着的建筑和室内装修,在历史上经过了显著的改造——毓庆宫原本不是一座工字殿。毓庆宫与后殿继德堂二者之间的连廊只是一个半室内的开放的"平台廊子"。

一下子,今天所见的奥室少了工字殿的连腰——把迷宫一分为二,再去掉中间的联络,迷宫便少了很多奥妙,或许只能称为"迷宫原型"了。不过历史就是这样,层层叠叠,积累成醇久的味道;萃取出每道滋味,却又这般平淡。或许这才是历史的奥妙,真正的历史的奥妙就在于它居然如此地层叠,就在于它为何这般地积累。

发现"迷宫原型"的线索来源于我在中国国家图书馆查阅样式雷遗档的时候曾经见过的九张毓庆宫图样【这些图样包括:中国国家图书馆藏样式雷排架165包24号,167包56号墨批"毓庆宫二次改呈览交下照画样尺寸准底",167包69号墨批"毓庆宫东进间西缝进深隔断门口一槽",167包73号,167包86号墨批"毓庆宫明殿前檐添做冰纹鱼腮风门",167包93号墨批"八年十一月十二日进内查得毓庆宫东进间西缝添安横披窗",167包97号为毓庆宫室内添安装修立样,167包120号墨批"毓庆宫糙底",167

包168号】。这些图样反映一次规模相当大的改造工程，其中只有167包93号注有"八年十一月十二日进内查得毓庆宫东进间西缝添安横披窗"，所以无法就此判断到底是什么时候做的这些室内改造。

在这一批九张图样中，有165包24号、176包004号和173包39号三张图纸可以比较清晰地反映出当时设计的内檐装修情况，与现存状况存在较大差异。

165包24号图纸和176包004号图纸既有墨线又有红线，且标注有"添安××""××见新"墨字，似为样式房的设计草图。173包039号图纸只用墨线绘制，内容包括了上两张图纸中大部分"添安"的内檐装修，推测其为上两张设计草图的定稿图。

根据三张图样的反映（图3-15-12），前殿的变化最小，变化主要在明间和东次间（图3-15-13）；穿堂当时根本不存在；当时设计的后殿装修则非常中规中矩，装修一律沿着柱网轴线布置，全无现存小隔间的无穷奥妙（图3-15-14）。

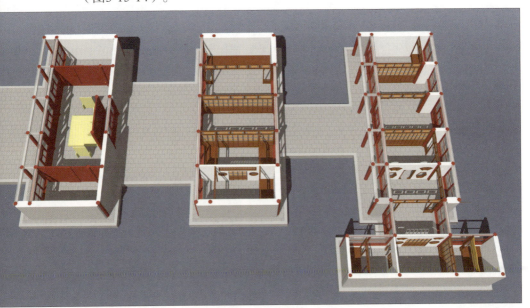

（图3-15-12）毓庆宫历史图样反映的毓庆宫工字殿室内空间对比分析图（2张）

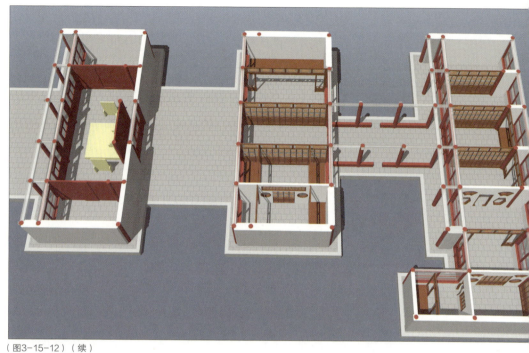

(图3-15-12)(续)

(图3-15-13)毓庆宫历史图样反映的毓庆宫前殿室内空间对比分析图(4张)

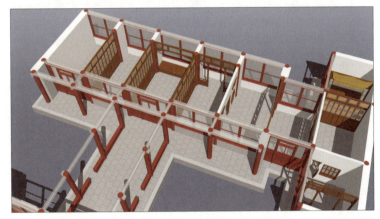

（图3-15-14）毓庆宫历史图样反映的毓庆宫后殿室内空间对比分析图（6张）

　　继续向前追溯，嘉庆六年（1801年）有"添建继德堂后穿堂一座"【《钦定大清会典事例》第六六二卷《工部》】的记载。是嘉庆在某次没有实现的设计中想把毓庆宫修成"王字殿"？还是史料记载有误，实际讲的是"添建继德堂前穿堂一座"？想必答案就躲藏在清宫档案某个角落里。

　　再前推数年，乾隆尚在世的时候，嘉庆皇上还住在毓庆宫。嘉庆再如何恭敬孝顺，也不会不充分考虑帝宅与王府宫殿的等级差异。这么说来毓庆宫院中核心的三座大殿——惇本殿、毓庆宫、继德堂就"理应"仿照后三宫，至少也不低于普通皇子居住的南三所的规格。

　　南三所各所前殿三间，是各所建筑中地位最尊崇的礼仪场所；各所中殿，五间之中，明间后部设大灶，西二间设万字炕，东二间设二奥室，是满

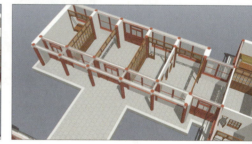

（图3-15-14）（续）

族祭祀、会客用的厅堂；各所后殿五间，是生活起居的空间（图3-15-15）。

这样看来，惇本殿对应南三所前殿，且五开间，规模过之；毓庆宫五间，东边两个次间至今设顺山炕，隐约看得出南三所中殿万字炕的痕迹；继德堂五间对应南三所后殿五间。

可见，样式雷图中所画的平台廊子应当是在乾隆末年确定毓庆宫规制的时候不应当出现的，只有在嘉庆不再居住于此的时候才会有这种"逸乐化"的做法。换句话说，这种"迷宫原型"的布置至少不会早于颙琰亲政之后改毓庆宫为"几暇临幸之处"的嘉庆六年（1801年）。▲

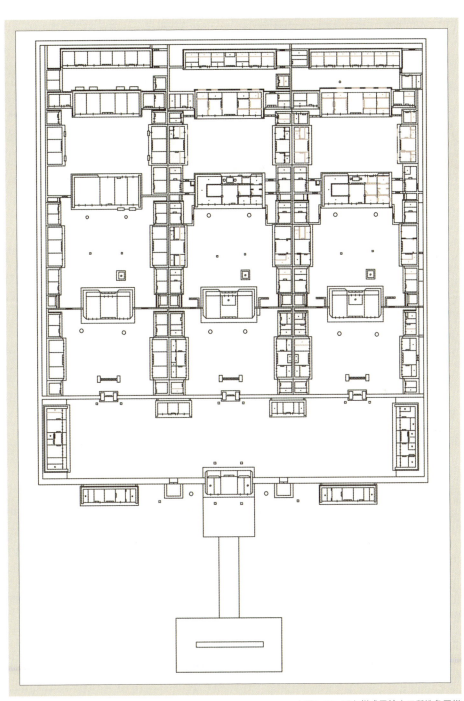

（图3-15-15）样式雷绘南三所地盘画样

原本不是迷宫

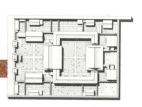

康熙十四年（1675年），康熙皇帝按照汉族做法，立两岁的嫡子允礽为皇太子。

康熙十八年（1679年），改明神霄殿为太子宫，名唤毓庆宫。

康熙四十八年（1709年），皇太子允礽被废除后，毓庆宫降为一般皇子的居所。

在催康熙皇帝老去的皇储之争后，雍正终于登上了至高无上的御座。雍正在位期间再没有公布皇太子的名字（1723—1735年），毓庆宫降为一般皇子住所。【参见毓庆宫内现存嘉庆六年《御书毓庆宫述事》："毓庆宫，雍正年间，皇考及和亲王亦曾居此。乾隆间，予兄弟及侄辈自六岁入学，多居于此宫，至成婚时，始赐邸第，此数十年之定则也。"见路成兰：《毓庆宫的三次改建与清代建储》，《中国紫禁城论文集 第三辑》，北京，紫禁城出版社，2004年】

乾隆八年（1743年）乾隆皇帝大概有了立两岁的永琪为太子的冲动，大修毓庆宫。修建后的毓庆宫仍被用作皇子读书居住之所，嘉庆皇帝在年少时就曾赐居在此。也正是有了这一年的大修，我们才得以从《内务府奏销档》中读到乾隆初年毓庆宫的面貌："毓庆宫工程依奏准式样建造大殿五间、后殿五间、照殿五间、前东西配殿六间，琉璃门两座，转角露顶围房三十四间，宫门前值房十四间，后院净房一间……其殿宇房座俱照宫殿式样油饰彩画裱糊。"【中国第一历史档案馆藏：《内务府奏销档》，胶片69】

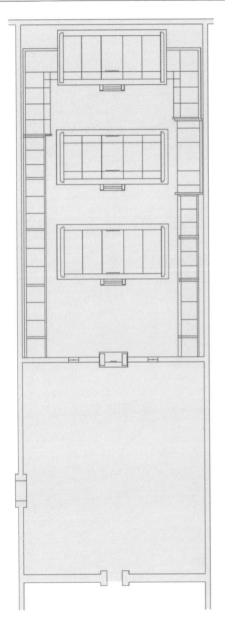
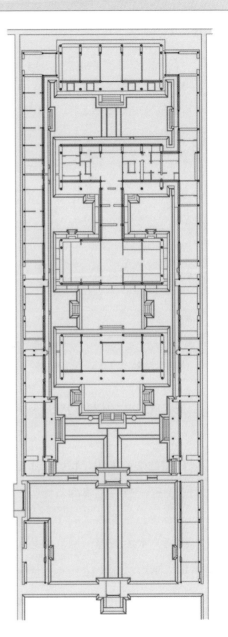

乾隆六十年前平面示意　　　　乾隆六十年后平面示意

（图3-15-16）乾隆六十年前后毓庆宫总平面布局对比分析图

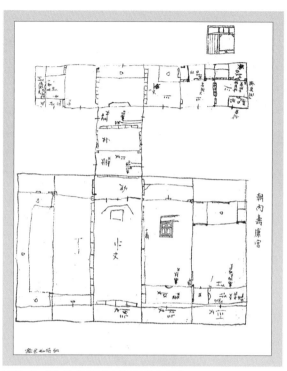

（图3-15-17）样式雷绘寿康宫后殿地盘画样

把乾隆八年的记载与毓庆宫的现状对比下来，竟然在中轴线上少了一座建筑（图3-15-16）。

好在乾隆六十年（1795年）的档案揭示了又一次大修工程。当时乾隆准备履行"若蒙眷佑，俾得在位六十年，即当传位嗣子"的诺言，把皇位传给儿子颙琰。工程内容主要是将原来的惇本殿、祥旭门南移，腾出空间来添加一座殿宇，就是毓庆宫的前殿，以便让儿皇帝住在前后三殿的院里，以便自己可以继续占据乾清宫一院和养心殿一院。档案记载着：

添盖大殿一座，计五间。其惇本殿并配殿露

顶、祥旭门俱往前挪盖，添盖围房六间，后照殿前，添盖东西游廊，照殿东山添盖抱厦一间。……继德堂东山添盖抱厦一间；改盖东顺山殿三间；后殿两边添盖游廊两座，每座三间；配殿南耳房二座，每座一间；祥旭门前院改盖值房二座，每座计三间……

与乾隆八年的记载相较，再对比更早的史料描述，我们终于可以把毓庆宫各建筑对号入座了。经过这样的改造，宫殿的规格再度提高，可以作为乾隆开始训政后嗣皇帝嘉庆即位的过渡居所。

嘉庆帝即位后，就是按照父亲的设计居住在毓庆宫，至嘉庆四年（1799年）乾隆帝病逝后才搬离此宫。嘉庆皇帝开始亲政的时候，他并没有忘记自己的"潜龙邸"毓庆宫，他下令诸皇子不再居住毓庆宫，而将其作为自己的"几暇临幸之处"，并于嘉庆六年（1801年）对自己的"潜龙邸"进行了添建和改造。

最早应当是在乾隆正式执政的最后一年改造毓庆宫的时候，才有了"工"字殿的上下两横，毓庆宫才具备了成为"迷宫原型"的条件。在此之前，大殿惇本殿后边只有一座孤零零的后殿，后殿和它后面的照殿也没有像现在的寿康宫那样连接成工字（图3-15-17）。▲

拾陆 寿安宫

寿安宫位于紫禁城西北隅，英华殿以南（图3-16-01至图3-16-06）。明代原称咸熙宫，嘉靖十四年（1535年）更名咸安宫【[清]于敏中 等编：《日下旧闻考》卷三十四，532页，北京，北京古籍出版社，2001年】。清初咸安宫闲置无用，康熙曾两次禁废太子于此。雍正六年（1728年），正式设立咸安宫官学【刘月芳：《咸安宫与咸安宫官学》，《禁城营缮记》，331-337页，北京，紫禁城出版社，1992年】。直至乾隆十六年（1751年）乾隆皇帝便为了给他住在慈宁宫的母亲祝寿，将咸安宫官学迁到了西华门内的咸安宫现址（今咸安门内为宝蕴楼），而将其旧址改为寿安宫。

牢记长辈的诞辰原本是一件天经地义的事情，操办母亲的五十、六十、七十、八十寿辰也一定是应当尽心竭力，更何况是乾隆皇帝。乾隆皇帝的生母，雍正皇帝的熹贵妃，后按照世宗皇帝的遗命尊为太后，身后谥号孝圣宪皇后。这是一位长寿的皇太后（1692-1777年），在世近85年。

与乾隆不同，嘉庆皇帝生母早已离世，而隐忍的性格使他处处遵照父亲的意图。直到乾隆去世，嘉庆才把自己对于戏剧、对于营造宫室的真实的想法宣谕出来。

再有一对必须提到的人物是后来分别被称作"西佛爷"和"东佛爷"的慈禧和慈安。虽然她们没有与寿安宫发生直接的联系，但是"没有联系"的原因却正是她们苦心谋划的结果，反衬出没落王朝托孤大臣的枉费心机。

（图3-16-01）卫星照片：寿安宫在紫禁城中的位置示意图

（图3-16-02）寿安宫现状平面布局示意图一

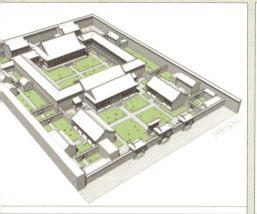

（图3-16-03）寿安宫现状平面布局示意图二　　　　（图3-16-04）寿安宫现状平面布局示意图三

（图3-16-05）寿安宫前殿外景（3张）　　　　（图3-16-06）寿安宫后殿外景

乾隆母亲的四十年清福

寿安宫戏台建成于乾隆二十六年（1761年）。其实早在乾隆十六年（1751年）祝寿宫院起建时，寿安宫里便建起了一座临时戏楼，并且在使用前进行了调整改造，其目的无非是为了适应更大规模、更复杂场景的演出（图3-16-07，图3-16-08，图3-16-09，图3-16-10）【《寿安宫等处销算黄册》，转引自萧领弟：《寿安宫及其戏台的变迁》，载《紫禁城》，1995（4）】：

修理寿安宫前殿（春禧殿）一座，计五间；后殿一座，计五间；宫门一座，三间；前后配殿四座，计十六间；转角房四座，计二十四间；两卷房二座，计六间；净房两间，转角游廊十四间，西正房三间，厢房三间，倒座房三间；值房六座，计十八间；板房六间；琉璃门三座，影壁一座，板墙五槽。成做南面大墙七丈四尺八寸，东北两面大墙，长高三尺七寸，添砌院墙九十丈五尺八寸，门口二十四做，铺墁海墁甬路散水……

寿安宫搭做三层大戏台一座，内下层台后廊拆安仙镂三间，前台开地井七座，中层台开天井七座，上层台开天井五座。三面俱安琵琶栏杆，并承做逐日更换四脊攒间练顶骨子四十块，松棚顶骨子四十块，……并挖升仙盘地井，搭做天棚……

太后的寿辰在十一月，这里"承做逐日更换四脊攒间练顶骨子四十块，松棚顶骨子四十块"，"搭做天棚"等语不是指搭建宫中夏日的凉棚，而是说明这座戏台确实还不是一座永久性建筑，屋顶上以天棚苫盖，用的材料还是"攒间练顶骨子"和"松棚顶骨子"。另外，乾隆十六年的《内务府奏销档》中还记载："十月二十八日，奴才海望、三和、德保、四格谨奏为奏请银两事。奴才遵旨，寿安宫搭做大戏台一座，成造各样云梯、踏垛、云幔、扎做五彩，并西华门至永寿门，以及寿康宫、慈宁宫等处宫殿、门座悬挂硬彩子等项，叶经派员承办，但办理此项活计，预难估计……请向广储司暂领银一万两"，从预支工程款和工作内容上看，"搭做大戏台一座"并非正式营造戏台的工程。

回想当初乾隆六年（1741年）十一月癸未，太后五十岁的时候，"皇太后自畅春园还。上出西华门，近问皇太后安，奉皇太后幸丰泽园，进早膳，还寿康宫"【《清实录》十六册，《清高宗纯皇帝实录》，北京，中华书局，1986年】乾隆时的

（图3-16-07）乾隆十六年寿安宫平面布局示意图一

丰泽园，不仅是一个蚕屋桑畴的地方，院落群中"临水北向有台，额曰歌舞升平。联曰：水中楼阁浮青岛；天上笙歌绕碧城"【［清］于敏中 等编：《日下旧闻考》卷二十三，320页，北京，北京古籍出版社，2001年】，显然这里有一个演戏的场所。正值太后生日，乾隆帝相奉特意至此，其用心也明矣。乾隆十六年又到了她六十大寿的年头，乾隆皇帝肯定思忖着如何让母亲过一个更加吉祥奢华的寿辰。上述档案记载的恰是这一年的事，他要让花甲的母亲在宫中便能不劳筋骨地看上戏。所以在乾隆的命令下，当时既修缮了院落和建筑，又添盖了用作戏楼的临时天棚。平平安安的九年之

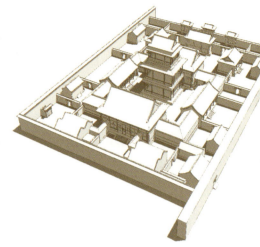

（图3-16-09）乾隆十六年寿安宫平面布局示意图三

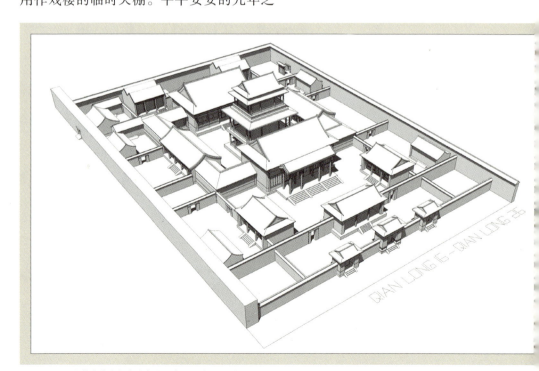

（图3-16-08）乾隆十六年寿安宫平面布局示意图二

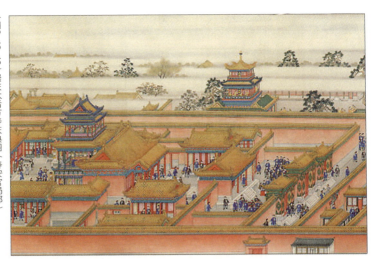

(图3-16-10)崇庆太后万寿庆典图（寿安宫局部）

后，皇太后七旬寿辰的前一年，乾隆二十五年（1760年）的《内务府奏销档》记载了将天棚戏台进一步建成建筑物的具体情况【转引自萧领弟：《寿安宫及其戏台的变迁》，载《紫禁城》，1995（4）】：

乾隆二十五年八月十一日奏折：寿安宫添建三层戏楼一座，四面各显三间；扮戏楼一座计五间；东西转角房二座，计三十二间；东配殿后值房一座，计三间；配殿两座，计四间……

临时的天棚总是不便，也不正规，另外七十岁的太后身体还很硬朗，于是这时的戏台终于固定了下来。到了乾隆三十一年（1766年）八月，《内务府奏销档》记载"寿安宫三层檐戏台修理，估需银四百四十六两七钱八分七厘，向广储司领用"，这只是戏台建成后六年的小葺。

随后在乾隆三十六年（1771年），正如乾隆皇帝自己讲的"六旬帝子八旬母，史策谁曾见此情"，太后的庆寿活动应当更加隆重。实际上，宫外活动更加丰富了，赏赐和赈济多了，而宫中只是"上奉皇太后于寿安宫事早晚膳，赐宗室王公、内廷大臣及诸外藩回部伯克等宴"【[清]庆桂 等编：《国朝宫史续编》】。这样的做法或许出于不再想过于劳动八十岁的太后的考虑。当然，早晚膳间的戏剧表演当是不可或缺的。寿安宫戏台自不会闲置。▲

嘉庆等了很久的改造

嘉庆四年（1799年）七月永琅等的奏折中有明确的记载【引自章乃炜：《清宫述闻》，938页】："……寿安宫戏台宜于拆去……至拆卸扮戏楼五间，木植砖瓦等项，改建后卷殿应用。其拆下三重檐戏台物料，请交同乐园工程处自行取用……"

作为太上皇的乾隆皇帝，于嘉庆四年正月在养心殿寿终正寝了，享年89岁。在太上皇的梓宫还在宫中的时候，嘉庆皇帝已经下决心革除积弊，厉行勤俭，整顿风气了。有几则嘉庆四年二月至七月间的事件尤其值得注意：

一是嘉庆皇帝表达了自己对戏剧的态度。四年四月，乾隆去世约略百日前后，"谕内阁：向来京城九门以内，从无开设戏园之事，嗣因查禁不力，夤缘开设，以致城内戏馆日渐增多，八旗子弟征逐歌场，消耗囊橐，习俗日流于浮荡，生计日见其拮据……况城内一经开设戏园，则各地段该管员役即可籍端讹索，为舞弊肥囊之计……现当遏密之时，除城外戏园将来仍准照旧开设外，其城内戏园，著一概永远禁止，不准复行开设……俾原开馆人等趁时各营生业，听其自便，亦不必官为抑勒……"【《清实录》二八册，《清仁宗睿皇帝实录》卷四二，五〇五页，北京，中华书局，1986年】。趁乾隆丧期这段"遏密"时间，查禁城内的戏院，嘉庆皇帝选择了一个合适的时机，同时表达了他对戏曲演出的极其明确的态度。到了五月，嘉庆皇帝在审阅一项判处郑源璹斩监候的案卷中又特别谕示："朕阅郑源璹供词内称署中有能唱戏之人，喜庆谳客，与外间戏班一同演唱等语。民间扮演戏剧原以藉谋生计；地方官偶遇年节雇觅外间戏班演唱，原所不禁。若署内自养戏班则习俗攸关，奢靡妄费，并恐启旷废公事之渐……嗣后各省督抚司道署内俱不许自养戏班，以肃官箴而维风化……"【《清实录》二八册，《清仁宗睿皇帝实录》卷四五，五四七页】。嘉庆对戏剧表演的限制更进一步走出了京城。依理推断，对于自己宫中的戏院设施，皇帝本人也应有所表率为好。

二是嘉庆还曾相当明确地表达过对于土木工程的看法。嘉庆五月间，"谕内阁：据琳宁奏称，盛京夏园行宫现已糟朽请捐廉修理等语，夏园地方向来并无行宫，乾隆四十七年皇考诣盛京谒陵，彼时侍郎德福始于该处添建行宫一所，皇考赏银一千两以为修建之费……今夏园一处添建行宫，复因年久加之修葺，则将来踵事增华，凡跸路经临之处，势必概增行殿，开奢靡之渐，忘勤俭之遗，劳民伤财，于风俗殊有关系，朕甚不取。所有夏园行宫，既经糟朽，著即撤卸，其木料砖瓦等项，即留为盛京宫殿修理工程之用……"【《清实录》二八册，《清仁宗睿皇帝实录》卷四五，五四九页】。再有一案，嘉庆四年六月，永来请于圆明园明善堂开浚河道，缊布等请修南苑寺庙，均被嘉庆以"不急之务"驳回，并申斥"伊等此奏，特为官役人等图沾余润耳"。

上述几则记载能够反映嘉庆皇帝的好恶，尤其这则乾隆去世半年后的奏折愈发明确地说明，嘉庆皇帝决意不再像他父亲一样将偌大个寿安宫仅仅当做为太后庆寿的地方，而增加实用性，赋予它多一些的居住功能（图3-16-11～图3-16-13）。嘉庆的生母已经在乾隆四十年（1775年）病故了。到嘉庆亲政后，在世的皇太妃中尚有三人比较重要：婉贵太妃，"嘉庆间尊为婉贵太妃，寿康宫位居首。薨，年九十二"【《清史稿》卷二百十四；又见于《嘉庆六年谕旨》："婉太妃母……现在寿康宫位次居首"】；颖贵太妃，"亦居寿康宫。薨年七十"【《清史稿》卷二百十四】；晋太妃，"逮道光时犹存，宣宗尊为皇祖晋太妃"【《清史稿》卷二百十四】。我们无法得知当时嘉庆皇帝是否面临太妃们居住空间的压力才有此策；更可能的是他根本就想结束铺张地为皇太妃们演戏庆寿的做法，因为在乾隆的第一个皇后早

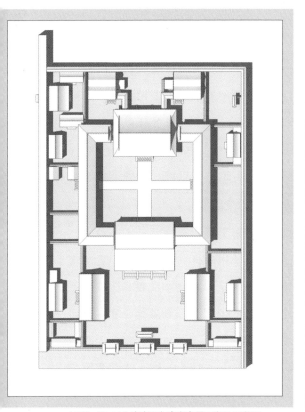
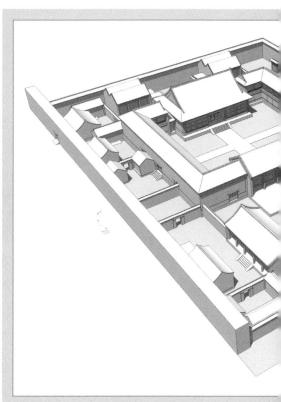

（图3-16-11）嘉庆四年寿安宫平面布局示意图一　　（图3-16-12）嘉庆四年寿安宫平面布局示意图二

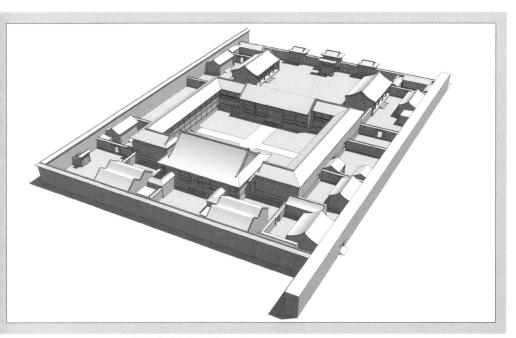

（图3-16-13）嘉庆四年寿安宫平面布局示意图三

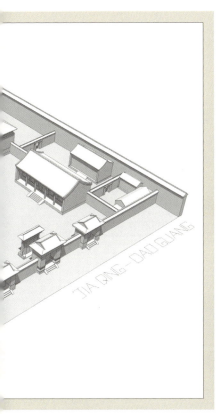

（图3-16-14）寿安宫前殿保留的原戏台所用压面石

殇、嘉庆生母早亡的前提下，嘉庆皇帝确实也没有必要为太妃们操办寿辰，并以这种节俭作为对生母的怀念吧。只有这一点是众所周知的，直到后来嘉庆身后，如皇贵妃钮祜禄氏【参见章乃炜：《清宫述闻》，初续合编本，937页，北京，紫禁城出版社，1990年】曾经在此宫居住，并不再于寿安宫中大张锣鼓了。

对比故宫寿安宫春禧殿现状，可以判断，嘉庆时兴建后殿的后檐台明时，所用阶条石上应是原来寿安宫戏台或扮戏楼的旧料——石条上还保存有安装木作用的卯口。嘉庆皇帝谕旨讲"其拆下三重檐戏台物料，请交同乐园工程处自行取用"，戏台瓦木构件定已运往圆明园，这些石条恐怕就是今天最生动的直接证据了（图3-16-14）。▲

不愿入住的主人

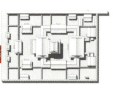

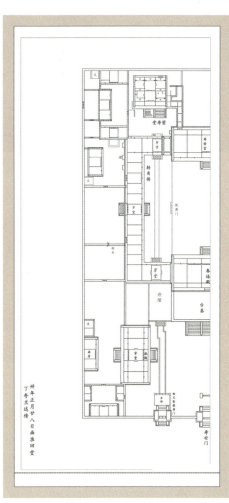

中国国家图书馆藏有一个半张描绘寿安宫的西半部，图上没有明确的时代标注，仅仅墨批："丁夸兰达传三十年正月二十八日画准回堂"（图3-16-15，图3-16-16）。参照文字档案《内务府奏销档》中有"道光三十年，修理寿安宫、萱寿堂房间殿宇十座"的记载【引自章乃炜：《清宫述闻》，938页】，可以基本断定此图绘于道光三十年。

道光三十年（1850年）图样之外，还有半张寿安宫图样，恰好描绘了寿安宫的东半部，明确标注了绘制年代和图明，是一张咸丰十一年（1861年）八月的《寿安宫新式准底》（图3-16-17，图3-16-18）。

《奏销档》咸丰十一年七月

（图3-16-15）道光三十年样式雷绘半张寿安宫改造图样

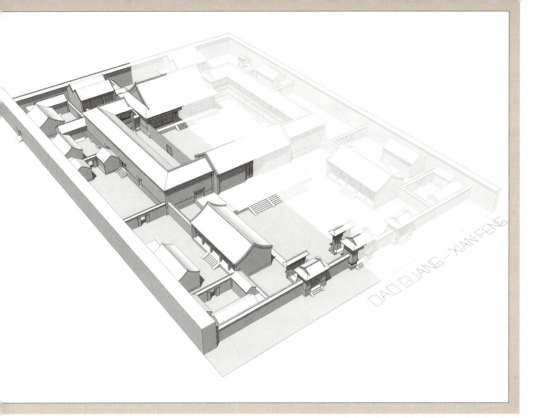

（图3-16-16）道光三十年寿安宫东半部布局示意图

至九月中有：

> 咸丰十一年八月奏：为奏闻事。前经行在总管内务府大臣肃顺，派令郎中恒升纶增回京修理寿康宫、寿安宫房间，预备内庭主位还宫居住。奴才等即率领司员前往两宫周历查勘，饬令承修之员将寿康宫殿宇房间，赶紧糊饰。惟寿安宫中、东二所，堆存升平署切模等项，门户皆封锁；西所萱寿堂正殿等处，收存恭顺皇贵妃什物，殿门亦系封锁。据看守之首领太监张进喜声称，钥匙前经该处总管太监宋五福交上等语，奴才等因思，内庭主位还京在迩，而寿安三所房间均皆封锁，不能兴修，须由行在，将萱寿堂钥匙请下，并令升平署太监来京将所存对象运出，方可修理。又，因此次还宫主位于十九日即可到京，所有寿安宫修理恐不能如期蒇事，只可仍暂住寿康宫。俟寿安宫修理完竣，再请移往。当与肃顺函商去后，兹据肃顺等复称，现已奏准，饬令升平署总管太监回京，将所存切模等项全行移往宁寿宫收存。至萱寿堂钥匙，据总管太监沉魁声称，均已遗失，即令奴才等率同敬事房总管太监等，将封锁另配钥

匙开启，将所存对象，督同该总管太监按款登记、立帐，交敬事房暂存等因，寄函前来。奴才等当即率领司员，同总管太监苏得、王喜前往寿安宫，将萱寿堂等处殿门开启，督令该总管太监跟同本处首领太监等，按款查收，登记帐簿，交敬事房暂存，以备呈览。其升平署所存切模等项，一俟该处总管太监等到京，即督同运至萱寿堂收存，以便来寿安宫应修房间赶紧修理，谨此恭折奉闻，谨奏。再查，寿二所现有收存祥嫔一切什物，亦应一并查收，该处现有内庭主位居住，奴才等碍难竟日在彼监视，拟请交总管太监前往，率同本宫太监登记帐簿，按款查收，交敬事房一并收存，预备呈览，谨附片具奏等因，咸丰十一年八月二十二日奏。奉旨：知道了，钦此。

　　这一文一图对照起来，当时工程项目的背景便清楚了。开工不是咸丰皇帝的遗命，主张开工的人也不是六岁的小皇帝，更不是远在热河的两太后，而是历史上著名的咸丰末年顾命八大臣之一的肃顺。工程的目的也十分明确，修理寿安、寿康两宫以备东西两太后居住。

　　当时的局势颇值得回味。咸丰皇帝刚刚于七月十七日驾崩，临终前一天，急"立皇长子为皇太子"，"着派载垣、端华、景寿、肃顺、穆荫、匡源、杜翰、焦佑瀛尽心辅弼，赞襄一切政务"【《清实录：文宗显宗皇帝实录》（影印本），44册，卷356，北京，中华书局，1987年】。这样一来，西太后和原来咸丰皇帝的皇位竞争者六阿哥奕䜣的权力都受到了很大程度上的羁縻。暂时的平静之中实际蕴藏着巨大的动荡。西太后暗动手脚，八月一日，留守北京并希望取得更大权力的恭亲王奕䜣接西太后懿旨，以奔丧为名赶到热河，表面恭从于顾命大臣，暗中同两宫太后谋划政变。奕䜣在热河住到八月十七日就返回北京加紧筹备政变；西太后于八月十三日宣布皇帝将于十月初九日正式登极，定于太和殿举行大典，而回銮京师的日子则定在了九月二十三日。当年九月底咸丰灵柩到京之日，便是西太后成功地除掉顾命八大臣的时候；而这次著名的"辛酉政变"之前，奏报寿安、寿康宫工程的八月二十二日，则是西太后隐忍待机之际。

　　不难推断，当时的寿安宫修理工程即使是顺利完成了，最后也不会尽到它原定的建筑功能。《王氏东华续录》载,"咸丰十一年,上(同治皇帝)奉母后皇太后居长春宫绥履殿,圣母皇太后居长春宫平安室,每日亲诣问安。"这里说出了事件的大概,但没有说对事件细节。实际上,养心殿后殿左右两边各有一耳房,明代时东耳房叫"隆禧馆",西耳房叫"臻祥馆",清初两耳房并未命名,直到咸丰二年(1852年)才命名,并挂御笔匾额。东耳房称"绥履殿",西耳房称"平安室"。暂居绥履殿、平安室从行为的象征性来讲,能够表达一些太后对先帝的思念之情。《王氏东华续录》说绥履殿、平安室在长春宫当为作者不了解宫廷细节所犯的错误。

《寿安宫新式准底》是一段惊心动魄的历史的建筑见证,是清末垂帘听政乐章的序曲中的一个跳跃的音符。▲

(图3-16-17)咸丰十一年样式雷绘半张寿安宫改造图样

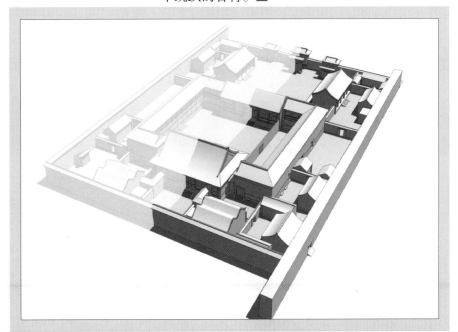

(图3-16-18)咸丰十一年寿安宫西半部布局示意图

拾柒　从长春宫说到钟粹宫

故宫东西六宫加在一起十二个宫院。始建于永乐十八年（1420年），丝毫不难想象，东西六宫随主人的变化历代屡有改造。在清代晚期，改造工程涉及到启祥宫、长春宫、储秀宫、钟粹宫、延禧宫等。

有趣的是后宫中的长春宫和钟粹宫正殿都保留有明代的大木结构和隐蔽的彩画遗存，而清代衰亡之际的同治时代，垂帘听政后期的西佛爷慈禧、东佛爷慈安太后便开始分别以此二宫为驻跸寝兴之所（图3-17-01）。

我们熟悉的西佛爷慈禧太后在紫禁城住过的宫院不少，而长春宫可能是她最费心经营的地方。东佛爷咸丰帝孝贞显皇后（慈安太后，咸丰帝的孝贞显皇后，1837-1881年，钮祜禄氏，满洲镶黄旗人，广西右江道三等承恩公穆扬阿之女）入宫时便住在钟粹宫，后经垂帘听政等多般周折又返回这里，直至光绪七年（1881年）去世。

（图 3-17-01）卫星照片：长春宫和钟粹宫在紫禁城中的位置示意图

咸丰的遗产

正如朱家溍先生所说，"东西六宫，凡未经改建的宫，都是差不多一样的形式"【朱家溍：《咸福宫的使用》，《故宫退食录》上，415–418页，北京，北京出版社，1999年】，长春宫和钟粹宫原本与内廷各宫没有什么不同。这种形式可以简略为：琉璃宫门（宫墙），影壁门，正殿（多带有月台，有的带前抱厦）及左右配殿、后殿及左右配殿、井亭。后宫正殿室内也大抵如此，《宫中现行则例》所载，"凡十二宫，各设三屏峰照壁一座，地平一分，随毡宝座一

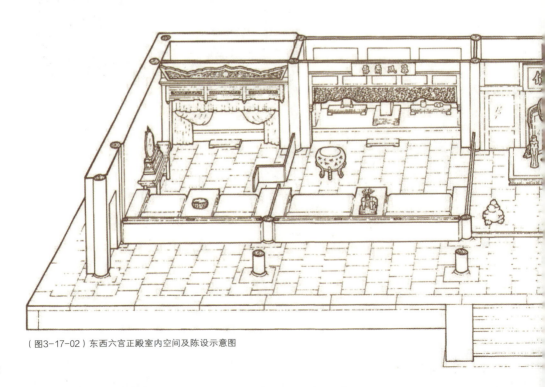

（图3-17-02）东西六宫正殿室内空间及陈设示意图

分，随褥铜炉瓶一分，随香几一对，铜角端炉一对，随香几一对，铜垂恩香筒一对，铜火盆一对，大柜一对，大案一对，随陈设六件"（图3-17-02）【转引自章乃炜：《清宫述闻》，766页】。

但是，长春宫和钟粹宫属于"经过改建的宫"，而且改造颇巨。较早在咸丰九年（1859年）长春宫进行过格局改造，这次改造成为了今天启祥宫至长春宫一区建筑布局的铺垫，也成了后来同治八年钟粹宫改造的样本。

咸丰九年的中国已经饱受外侮和内乱，恰恰在《瑷珲条约》和一系列《天津条约》签订之后，在英法联军攻入北京之前，是两次痛哭之间的抽泣和喘息。这时的咸丰皇帝也已经从当初惩办穆彰阿决心有所作为的二十岁少年，变成了"旦旦戕伐，身体久虚"的人，正常的步行登台已有困难。在这样国家局势和个人身体、心理状态下，咸丰不再是一个孜孜勤政的君主，乾清宫的隆重和养心殿的黾勉已经距他相当遥远。这一年里，他

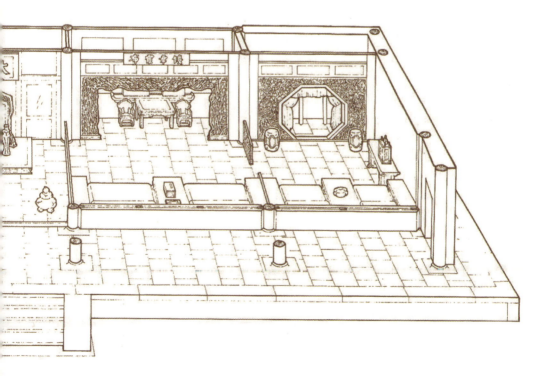

有三分之二以上的时间驻跸圆明园,而留守紫禁城的日子不足一百天【参见贾珺:《清代离宫御园朝寝空间研究》,[博士学位论文],87页,北京,清华大学建筑学院,2001年】。

朱家溍先生还曾经推论过,道光皇帝死后,咸丰在西六宫长春宫后边的咸福宫守孝,守孝期满后,还有时在这里起坐办事,并"经常住在这里"【朱家溍:《咸福宫的使用》,见《故宫退食录》上,416-417页,北京,北京出版社,1999年】。朱老的依据是咸福宫的匾额、帖落、陈设和历史档案。咸丰十年八月,英法联军攻占北京的前夕,"上在咸福宫后殿传膳",而后才"诣圆明园","启銮幸木兰"。可见咸福宫在咸丰朝的重要地位。

启祥宫、长春宫就坐落在咸福宫的正前方,暗示着咸丰皇帝或许对西六宫长街以西的一串三宫存在什么样的构想。

更加幸运的是在中国国家图书馆收藏有不少张咸丰九年改造启祥宫、长春宫的样式雷图样。这些图中,绘制较为清晰、内容详尽、可为代表的主要有两张——《长春宫启祥宫糙底》(图3-17-03)【中国国家图书馆样式雷排架170包56号(包内编号为笔者整理)】和被误贴"谨查工部新暂民房地势图样"黄签的《大内启

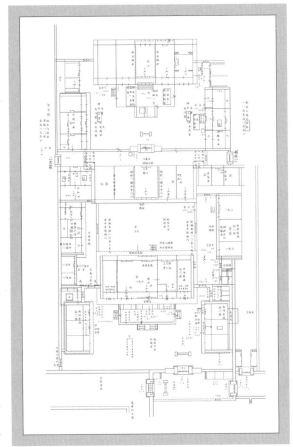

(图3-17-03)样式雷绘《长春宫启祥宫糙底》

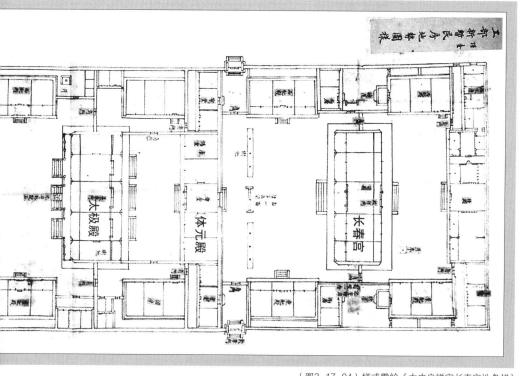

（图3-17-04）样式雷绘《大内启祥宫长春宫地盘样》

祥宫长春宫地盘样》（图3-17-04）【中国国家图书馆样式雷排架343包675号（包内编号为笔者整理）】。

《长春宫启祥宫糙底》背后标注有图名和"咸丰九年正月初九日查得"的字样；在图纸正面，左下角处还有一段较长的说明文字：

启祥宫前殿前言（檐）中三间槅扇窗户/撤去不要两稍间窗户那（挪）在金主（柱）分位安/中三间后言金主分位每间门二扇共六扇/俱宫门式样两稍间前言至后言金主/分位南北安槅断二曹（槽）分中开门前月台/拆去不要安踏跺三堂殿前台明并三堂/踏跺俱安石栏杆启祥宫前院东西/配殿俱改中间开门 启祥宫后殿明间/前言改大槅扇四扇后言墙改门二扇明间/两边安槅断二曹分中

开门东二间作库西二间/做佛堂 启祥宫后院前殿设台基至后殿/前后阶南北安卡墙东西各一段分中开随墙门后院/东西配殿拆搭炉灶作值房 启祥宫后殿东西水房宫六间后言墙各开门二扇/其余四间也作值房　长春宫门并两边墙俱拆去不要 长春宫前院东西配殿/南北安卡墙二段分中开门 长春前殿前言五间槅扇窗户俱往里那在金主分位/前月台拆去不要明间安踏跺一堂明间殿内东西安槅断一切内言装修着圆明园/踏看 长春宫前原东西配殿俱将

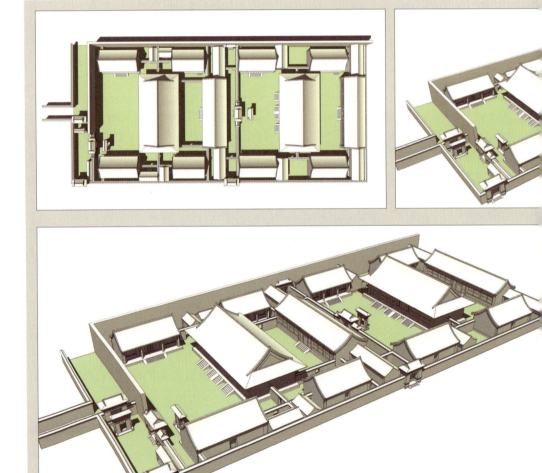

（图3-17-05）启祥宫至长春宫咸丰九年改造前布局示意图（2张）

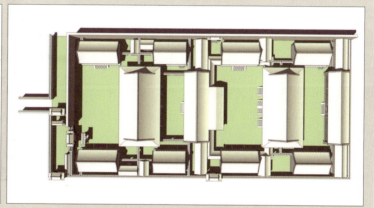

（图3-17-06）启祥宫至长春宫咸丰九年改造后布局示意图（2张）

廊子打出给内殿作库 以上修理各座俱/糙油饰 本月初九日着外边踏看 再长春宫两边围墙俱长高 再长春门/匾额见新 那挂启祥宫前殿新改宫门其启祥宫匾额一面收敬事房库/长春宫匾额见新挂原处。

这段文字基本将修缮改造内容说明清楚了，而图样中进一步标明了各种做法的位置，有以下几点值得注意（图3-17-05，图3-17-06）：

1. "长春宫门并两边墙俱拆去不要"，可见确实是此次工程将启祥宫和长春宫连通的；

2. "启祥宫后殿明间前檐改大槅扇四扇，后檐墙改门二扇，明间两边安槅断二槽，分中开门，东二间作库，西二间做佛堂"，说明当时改造启祥宫后殿并未搭建后抱厦，也不是作为戏台和扮戏房使用的，而是当作库房和佛堂；

3. 启祥宫和长春宫原状均为檐柱安装修，并带前月台，此次工程中均做了一定的调整；

4. "长春前殿前檐五间槅扇窗户俱往里挪在金主分位，前月台拆去不要，明间安踏跺一堂，明间殿内东西安槅断，一切内檐装修着圆明园踏看"和"本月初九日着外边踏看"两段文字说明当时绘制这张图样的样式雷同时兼管圆明园工程并博得了咸丰皇帝的欢心，此番启祥宫长春宫改造之际由"外工"赴大内踏看。

至于《大内启祥宫长春宫地盘样》，则不是工程设计人员的草图，而是一张贴有40余枚黄签的进呈图样。在这40余枚黄签中，一枚图名为误贴或后人整理时错贴，一枚指南，40余枚标注建筑名称，3枚为添建木影壁的说明，可见这张图纸表现的是在咸丰九年初确定的改造工程完竣后的小添小改。

不惜打乱东西六宫格局而打通前启祥宫和长春宫，必然会影响后妃们的居住空间；对于行动不便、长期居住在咸福宫的咸丰皇帝来说，这里倒更像是卧室前的起居室和办公室（图3-17-07）。说到这里，我们不禁设问：这是否意味着咸丰打算在这个比养心殿更接近居住空间的地方起坐办事呢？▲

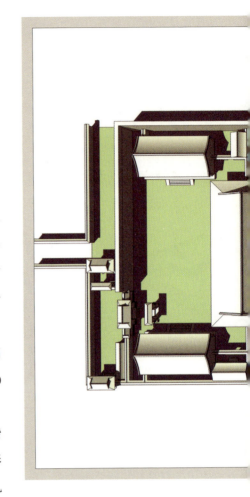

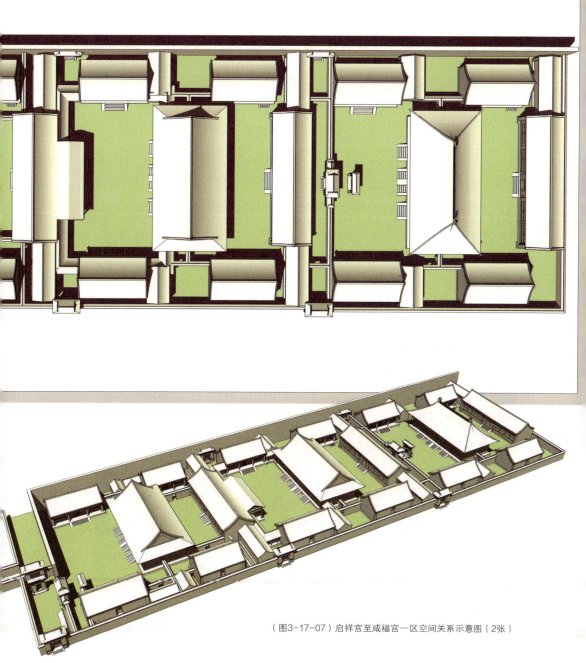

（图3-17-07）启祥宫至咸福宫一区空间关系示意图（2张）

两宫的平衡

同治八年（1869年）的夏天，当时国内起义已经被镇压了数载，清廷正值喘息之际。同治皇帝已经15岁了。按照清朝皇室的规矩，已经过了14岁的大婚年龄。养心殿和养心殿后边的绥履殿、平安室早到了归还给小皇帝的时候。33岁的慈安太后和35岁的慈禧太后应当谋划自己的新居了。慈安选择了东六宫中的钟粹宫，所以成了"东伕爷"；慈禧选择了西六宫中的长春宫，于是成了"西伕爷"。

（图3-17-08）钟粹宫院落内景观

东佚爷的钟粹宫比其他的后宫多了垂花门和游廊（图3-17-08）。可以肯定的是垂花门和游廊正是二位太后降旨修造的。保存至今最重要的依据是在国家图书馆的样式雷收藏中保存的钟粹宫图样。笔者经眼的图样一共六张，其中有两张突出地说明问题：其一，图名简单地唤作《钟粹宫》【中国国家图书馆样式雷排架175—003】，图纸绘有钟粹宫添修垂花门的内容以及钟粹宫内檐装修的设计图；其二，图名标注《钟粹宫前殿》【中国国家图书馆样式雷排架177—018】，是一张带有详细内檐装修立面的钟粹宫平面图，但未题写绘图时间。两张图均属于底样一类，是为绘制进呈图样而做的底稿或记录。

"同治八年六月初七日传烫初九日交"的《钟粹宫》图样使用了朱、墨二色，墨色绘制部分表示原有部分（图 3-17-09），而朱所绘部分则用来说明添加或改造的部分。参照图面标注，工程内容主要包括：

1. 钟粹宫宫门，"添盖挑山抱厦垂花门罩"，"添盖垂花门一间，面宽一丈三尺四寸，进深八尺，前挑三尺，柱高一丈一尺，台明高一尺，两山各挑二尺安博缝板"。与今天现存的钟粹宫垂花门形制相同；

2. 宫门两翼，"添盖游廊各五间，明间面宽九尺，四次间各面宽八尺，进深四尺，柱高八尺，台明高一尺"，"看面墙外面不动"。

3. 东西配殿，明间"添安槅扇"，各次间"添安支窗"，山墙"添开廊门"。

4. 东西配殿以北，各"添盖游廊六间，明间面宽六尺三寸，五间各面宽五尺，柱高八尺，台明高一尺"。

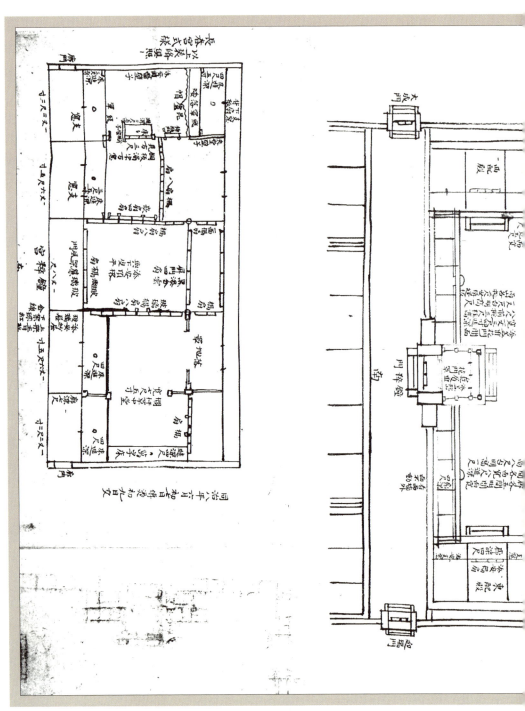

（图3-17-09）样式雷绘钟粹宫改造图样

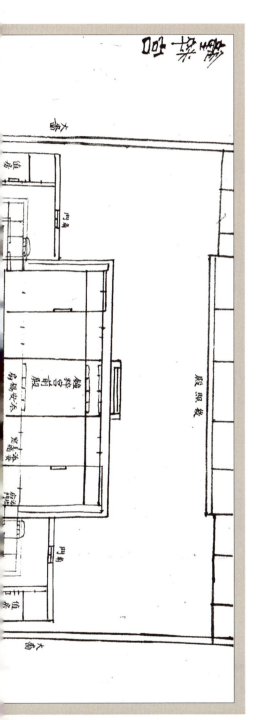

5. 钟粹宫前殿，"拆去月台，添安踏跺"，明间"添安槅扇"，各次间"添安支摘窗"，山墙"添开廊门"。

6. 院中"补墁甬路"。

西佛爷的长春宫早在咸丰在世的时候就拆掉了宫门，建成了体元殿。为了配合东佛爷的垂花门和游廊，慈禧"只好"为体元殿加盖了北抱厦，为长春宫前院加盖了抄手游廊。在国家图书馆的收藏中，有一张《长春宫体元殿加抱厦游廊地盘画样》，其上标注的绘制年代是"九年二月初"【中国国家图书馆样式雷排架167包098号】，应当就是绘制钟粹宫图样后半年的同治九年。另有一则样式房的日记，封面题写着《同治九年又（闰）十月十九日查至冬月初二日》【中国国家图书馆样式雷排架364包173号】，其中有这样一段文字："九年秋东西华门下座见新……长春宫改平台建顶子游廊"，与二月的设计图样互相呼应。

于是二位太后"滞留"在后妃们的后宫，并没有搬家到太后宫殿的意思。或许可以这样揣度二位准备退隐的执政者的心态——安静的日子也得准备好为皇帝的稚嫩负责，或许可以更大胆地揣度慈禧憧憬着的晚年生活——我的院子得有我的用法。于是，这两座貌似规格、制度相当的院子，背后便有了更深的意思。▲

消失了的戏院

简单地说，慈禧的计划是一步一步地建设长春宫中的戏院。对于准备迎接40岁生日的慈禧来说，还有什么比留连于戏曲更惬意、更能打发时光呢？

证据是标注"同治十二年九月十二日查"的《长春宫戏台地盘样》【中国国家图书馆样式雷排架167包055号】和标注"同治十三年十月二十六日查"《长春宫准底》【中国国家图书馆样式雷排架167包078号】两张样式雷图样。

《长春宫戏台地盘样》是一张体元殿局部平面图。该图样集中表达体

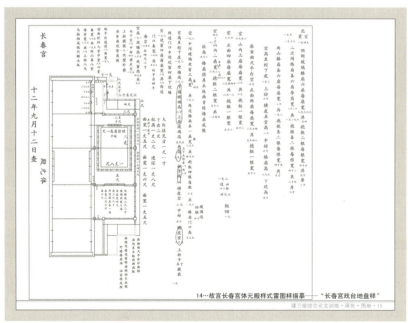

（图3-17-10）样式雷绘《长春宫戏台地盘样》

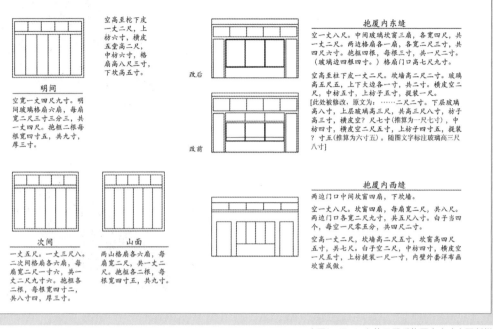

（图3-17-11）体元殿后抱厦内小戏台隔断样式

元殿后抱厦、游廊处添加槅扇门窗、地平隔断的做法、尺寸。图样上有一段集中的说明文字（图3-17-11）。这些文字并无清晰的叙述线索可寻，只是记载装修做法权衡尺寸，估计是为题写需要在进呈样上粘贴的简短的黄签和长篇幅的"说帖"做的底稿（图3-17-10）。

运用一下三维复原的手段，抱厦内整体的室内空间被设计成一个小型戏院（图3-17-11，图3-17-12，图3-17-13），戏院朝向符合普通戏院的宝座坐东朝西的规律【刘畅：《慎修思永》，90—91页，北京，清华大学出版社，2004年】，唯一特别的地方是在舞台与看戏空间之间有一道装修阻隔。这道装修以大面积玻璃为主，以满足看戏需要，其主要功能可能大抵相当于垂帘听政时张挂的帘子（图3-17-14）。

可以说，同治十二年间，长春宫戏台还不是今天所说的戏台【一般认为，体元殿北抱厦就是戏台，长春宫是观看演出的地方。参见朱庆征：《长春宫凉棚烫样》，载《紫禁城》，2004（4）】，而仅仅是一个室内的小剧场（图3-17-15）。

另一张《长春宫准底》表现了从体元殿到长春宫正殿一进院落的建筑平面（图3-17-16）。与当今研究者们普遍推测的长春宫院落戏院使用方法稍有差别的是，在体元殿抱厦以北，长春宫之南，还建有一座戏台，通面阔三丈六尺，通进深二丈八尺。

为什么说这是一座戏台而不是夏季院落中的天棚呢？首先是尺度尚小，没能充分遮蔽院落，尤其是没有遮蔽长春宫正殿。再有就是这座平台北、东、西三面均不设门窗，仅设栏杆，而南面并排设计了三槽装修，中间六扇槅扇门，两侧各四扇，正好可以将中间槅扇作为表演背景，将两侧作为上下场门。

体元殿后抱厦具有什么功能呢？仅仅是院落中央戏台的扮戏房吗？

不然。院落中央的戏台是一座为慈禧祝寿的临时戏台，而体元殿后抱厦才是常期使用的固定戏台。原因有三：

1. 院落中央的戏台打破了合院布局，在不作表演时，具有妨碍日常使用的负面作用。而且在同治十三年的时候，慈禧还是长期居住在长春宫的，还是要面对不少诸如朝贺之类的宫廷礼仪，常年搭个戏台在院中，于"礼"于"用"都讲不通。

2. 戏台柱网轴线与体元殿后抱厦并不对

（图3-17-12）体元殿后抱厦内小戏台空间示意图一（2张）

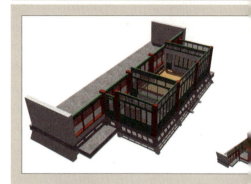

（图3-17-13）体元殿后抱厦内小戏台空间示意图二（2张）

改前

改后

（图3-17-14）体元殿后抱厦内小戏台空间示意图三

应。戏台如系永久建筑，二者之间极不和谐。

3. 体元殿北门在同治十二年的图纸上便已经表现为四扇门，在此图上更明确标注"红屏门"，而不是配合左右支摘窗的槅扇门。红屏门作为演出背景，比槅扇门要好，同样可以关闭中间二扇，而左右两侧分别开启，作为上下场门。可见，体元殿后抱厦也是可以当作戏台使用的。

在结束了对同治帝垂帘听政之后，慈禧太后花在过生日的心思上似乎更多一些。表现在建筑上，就是长春宫从室内小剧场向院落剧场演变的过程。其实在建造剧场之前的好几年，慈禧太后已经为设办戏院做好了一切铺垫——慈安住进了钟粹宫，钟粹宫新加了垂花门和游廊；而长春宫新加了体元殿后抱厦和游廊。这里只剩下一件事了——不管慈安怎样利用钟粹宫的垂花门，她要好好利用这个抱厦，建作舞台，红氍毹前，满足自己的最大嗜好。

这一切安排应当是她早早盘算好了的。

(图3-17-15) 长春宫戏院中的体元殿戏台及戏台装置（3张）

347

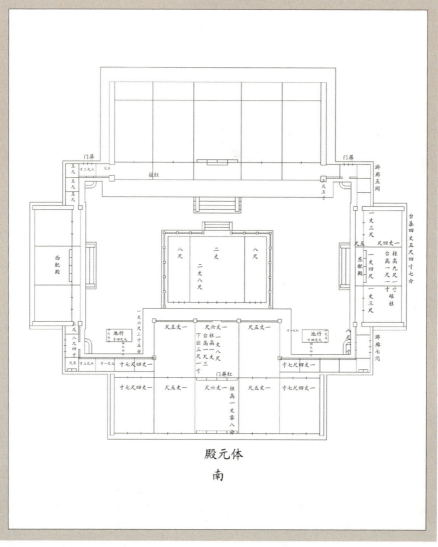

（图3-17-16）样式雷绘《长春宫准底》

插图目录

图号	图名	资料来源
图0-0-01	太和殿外景	摄影：王南
上篇：	图说规划	
图1-1-01	南宋建康府图	《同治上江两县志》卷二十七上 载于：杨之水 等主编，《南京》
图1-1-02	南宋《京城图》	[清]碧萝馆藏本，咸淳《临安志》卷一。载于：阙维民，《杭州城池暨西湖历史图说》
图1-1-03	明朝都城图	杨之水 等主编，《南京》
图1-1-04	明宫城图	杨之水 等主编，《南京》
图1-1-05	元大都宫殿崇天门平面-立面复原想象图	傅熹年《元大都大内宫殿的复原研究》
图1-1-06	元大都宫殿崇天门立面复原想象图	傅熹年《元大都大内宫殿的复原研究》
图1-1-07	瑞鹤图	《晋唐宋元书画国宝特集》
图1-1-08	元大都与明北京城关系示意图	《北京历史地图集》
图1-1-09	元大都大明殿复原想象图	傅熹年《元大都大内宫殿的复原研究》
图1-1-10	元大都延春阁复原想象图	傅熹年《元大都大内宫殿的复原研究》
图1-1-11	朱元璋像（2张）	《紫禁城》151期
图1-1-12	朱元璋书法《大军贴》	《紫禁城》151期
图1-1-13	凤阳中都区位示意图	王剑英，《明中都》
图1-1-14	凤阳中都平面示意图	王剑英，《明中都》
图1-1-15	改建后的南京故宫平面示意图	制图：刘畅
图1-1-16	朱棣画像	《紫禁城》131期
图1-2-01	卫星照片：紫禁城三朝五门制度分析图	制图：刘畅
图1-2-02	三台卫星照片	故宫博物院
图1-2-03	三大殿外景（4张）	摄影：楼庆西

插 图 目 录

图 号	图 名	资料来源
图1-2-04	三台外景	摄影：楼庆西
图1-2-05	后三宫在紫禁城中的位置及外景（4张）	摄影：楼庆西
图1-2-06	东西六宫卫星照片	故宫博物院
图1-2-07	文渊阁外景（2张）	《紫禁城》
图1-2-08	东华门门钉	摄影：贾玥
图1-2-09	午门外景及左右掖门门钉（2张）	摄影：楼庆西，贾玥
图1-2-10	故宫平面分析图一	傅熹年，《中国古代城市规划、建筑群布局及建筑设计方法研究》
图1-2-11	故宫平面分析图二	傅熹年，《中国古代城市规划、建筑群布局及建筑设计方法研究》
图1-2-12	故宫平面分析图三	傅熹年，《中国古代城市规划、建筑群布局及建筑设计方法研究》
图1-2-13	故宫平面分析图四	傅熹年，《中国古代城市规划、建筑群布局及建筑设计方法研究》
图1-2-14	故宫平面分析图五	傅熹年，《中国古代城市规划、建筑群布局及建筑设计方法研究》
图1-2-15	故宫平面分析图六	傅熹年，《中国古代城市规划、建筑群布局及建筑设计方法研究》
图1-2-16	古罗马广场群模型	Italo Gismondi, displayed in the Museo della Civiltà Romana.
图1-2-17	奥古斯都广场设计平面分析图	Greg Wightman
图1-2-18	古罗马广场设计基本算术-几何模型	Greg Wightman
图1-2-19	神圣分割法示意图	Greg Wightman
图1-2-20	紫禁城总平面关键轴线分析图（2张）	制图：刘畅，赵雯雯
图1-2-21	武英殿轴线关系现状图	制图：刘畅
图1-2-22	紫禁城南北向关键控制尺寸分析图	制图：刘畅
图1-2-23	紫禁城东西向关键控制尺寸分析图	制图：刘畅

插图目录

图号	图名	资料来源
图1-3-01	卫星照片：明代太后太妃宫在紫禁城中的分布图	制图：刘畅
图1-3-02	康熙《皇城衙署图》中的慈宁宫一区	《中国营造学社汇刊》
图1-3-03	卫星照片：慈宁宫、寿康宫一区在紫禁城中的位置示意图	故宫博物院
图1-3-04	寿康宫（4张）	制图：陈婷，刘畅（3），故宫古建部（1）
图1-3-05	寿康宫院落平面分析图一	制图：陈婷，刘畅
图1-3-06	寿康宫院落平面分析图二	制图：陈婷，刘畅
图1-3-07	寿康宫院落平面分析图三	制图：陈婷，刘畅
图1-3-08	寿康宫院落平面分析图四	制图：陈婷，刘畅
图1-3-09	寿康宫院落平面分析图五	制图：陈婷，刘畅
图1-3-10	乾清宫东西五所院落示意图	制图：刘畅
图1-3-11	《太簇始和图》中的建福宫花园	[清]丁观鹏
图1-3-12	卫星照片：南三所在紫禁城中的位置示意图及院落布局（2张）	故宫博物院，制图：陈婷，刘畅
图1-3-13	南三所影壁遗迹	摄影：刘畅
图1-3-14	南三所正殿外景	摄影：刘畅
图1-3-15	南三所井亭外景	摄影：刘畅
图1-3-16	南三所/北五所院落平面比较图	制图：刘畅
图1-3-17	故宫南三所内檐装修改建地盘样	描图：赵芳，刘畅 收藏于：中国国家图书馆
图1-3-18	故宫南三所内檐装修改建地盘样（局部）	收藏于：中国国家图书馆
图1-3-19	恭王府地盘画样（局部）	收藏于：中国国家图书馆
图1-3-20	故宫南三所内檐装修改建地盘样（局部）	收藏于：中国国家图书馆
图1-3-21	恭王府地盘画样（局部）	收藏于：中国国家图书馆
图1-3-22	故宫南三所内檐装修改建地盘样（局部）	收藏于：中国国家图书馆
图1-3-23	南三所院落丈尺分析图（2张）	制图：刘畅、陈婷

插图目录

图号	图名	资料来源
图1-3-24	卫星照片：宁寿宫在紫禁城中的位置示意图（2张）	故宫古建部
图1-3-25	皇极殿外景	摄影：贾玥
图1-3-26	宁寿宫外景	摄影：贾玥
图1-3-27	养性殿外景	摄影：贾玥
图1-3-28	乐寿堂外景	摄影：贾玥
图1-3-29	宁寿宫总平面丈尺分析图一	制图：刘畅
图1-3-30	宁寿宫总平面丈尺分析图二	制图：刘畅
图1-3-31	宁寿宫总平面丈尺分析图三	制图：刘畅
图1-3-32	宁寿宫总平面丈尺分析图四	制图：刘畅
中篇：	图说营造	
图2-4-01	赵仲华先生的照片（左）	摄影：刘畅
图2-4-02	赵崇茂先生的照片	摄影：故宫博物院
图2-5-01	卫星照片：太和殿在紫禁城中的位置	故宫博物院
图2-5-02	太和殿外景	摄影：楼庆西
图2-5-03	基泰工程公司测绘时于太和殿前留影	摄影：基泰工程公司，林镜新 收藏于：清华大学建筑学院（下同）
图2-5-04	基泰工程公司测绘太和殿现场照片	摄影：基泰工程公司，林镜新
图2-5-05	2006年太和殿修缮工程现场	摄影：尚国华
图2-5-06	基泰工程公司测太和殿平面底图	收藏于：清华大学建筑学院
图2-5-07	基泰工程公司测太和殿侧立面底图	收藏于：故宫博物院
图2-5-08	康熙三十四年建太和殿平面丈尺示意图	制图：陈婷，刘畅
图2-5-09	康熙三十四年建太和殿剖面丈尺示意图	制图：陈婷，刘畅
图2-5-10	太和殿平面丈尺分析图	制图：刘畅
图2-5-11	太和殿斗栱实测数据示意图（2张）	制图：陈婷，刘畅
图2-5-12	太和殿斗栱与清工部《工程做法》斗栱标准做法对比示意图	制图：赵雯雯，刘畅
图2-5-13	工部《工程做法》檐柱高做法示意图	制图：陈婷，刘畅
图2-5-14	清式建筑立面效果示意图	制图：陈婷，刘畅

插 图 目 录

图号	图名	资料来源
图2-5-15	清式建筑屋檐做法示意图	制图：陈婷，刘畅
图2-5-16	太和殿梁架结构分析图一（2张）	制图：陈婷，刘畅
图2-5-17	太和殿梁架结构分析图二（2张）	制图：陈婷，刘畅
图2-5-18	太和殿梁架结构分析图三	制图：陈婷，刘畅
图2-5-19	太和殿梁架结构分析图四（2张）	制图：陈婷，刘畅
图2-5-20	太和殿梁架结构分析图五（2张）	制图：陈婷，刘畅
图2-5-21	1942年太和殿山面第七架顺梁沉降照片（2张）	摄影：基泰工程公司，林镜新
图2-5-22	太和殿山面木结构沉降位置示意图一	制图：基泰工程公司，刘畅处理
图2-5-23	太和殿山面木结构沉降位置示意图二	制图：陈婷，刘畅
图2-6-01	卫星照片：英华殿在紫禁城中的位置示意图	故宫博物院
图2-6-02	英华殿外景（2张）	摄影：李越
图2-6-03	英华殿立面立柱侧脚示意图	制图：李越
图2-6-04	英华殿斗栱攒档分布图	制图：李越
图2-6-05	英华殿柱头平面丈尺设计图	制图：李越，刘畅
图2-6-06	明清建筑屋架做法示意图	制图：陈婷，刘畅
图2-6-07	英华殿正身梁架丈尺设计图	制图：李越，刘畅
图2-6-08	英华殿正立面生起示意图	制图：李越
图2-6-09	英华殿横剖面图	制图：李越，刘畅
图2-6-10	英华殿山面梁架丈尺设计图	制图：李越，刘畅
图2-6-11	东汉的两把二进制分寸古尺	丘光明、邱隆、杨平，《中国科学技术史 度量衡卷》
图2-7-01	卫星照片：弘义阁、体仁阁在紫禁城中位置的示意图	故宫博物院
图2-7-02	弘义阁外景	摄影：贾玥
图2-7-03	体仁阁外景（2张）	摄影：基泰工程公司，林镜新 摄影：楼庆西
图2-7-04	2006年体仁阁修缮现场（2张）	摄影：尚国华
图2-7-05	体仁阁隐蔽结构使用"拼凑料"的情况	摄影：刘畅
图2-7-06	体仁阁隐蔽结构楞木长度不足的情况	摄影：刘畅
图2-7-07	体仁阁设计丈尺示意图	制图：侯洪涛、邓烨等

插图目录

图号	图名	资料来源
图2-7-08	体仁阁剖面丈尺设计示意图	制图：侯洪涛、邓烨等
图2-7-09	体仁阁立面丈尺设计示意图	制图：侯洪涛、邓烨等
图2-7-10	体仁阁梁架做法示意图	制图：陈婷，刘畅
图2-7-11	弘义阁梁架做法示意图	制图：陈婷，刘畅
图2-7-12	弘义阁剖面分析图一	制图：刘畅
图2-7-13	弘义阁立柱侧脚设计示意图	制图：刘畅
图2-7-14	弘义阁剖面分析图二	制图：刘畅
图2-8-01	卫星照片：雨花阁在紫禁城中的位置示意图	故宫博物院
图2-8-02	雨花阁外景	摄影：楼庆西
图2-8-03	北京西黄寺清净化城示意图（2张）	制图：杨小鹏，刘畅
图2-8-04	《鸿雪因缘图记》插图《赐茔来象》中的双黄寺	[清]麟庆，《鸿雪因缘图记》
图2-8-05	双黄寺达赖楼示意图	制图：陈婷，刘畅
图2-8-06	承德普陀宗乘之庙外景（2张）	摄影：楼庆西
图2-8-07	承德须弥福寿之庙（2张）	摄影：楼庆西
图2-8-08	样式雷绘雨花阁至淡远楼图样	收藏于：中国国家图书馆
图2-8-09	布达拉宫立面图，及西藏色拉寺金顶（3张）	摄影：刘畅
图2-8-10	雨花阁平面图	制图：赵雯雯
图2-8-11	雨花阁剖面图（2张）	制图：赵雯雯
图2-8-12	雨花阁铜镏金宝顶	摄影：刘畅
图2-8-13	雨花阁铜镏金角龙	摄影：刘畅
图2-8-14	雨花阁铜镏金瓦件（2张）	摄影：刘畅
图2-9-01	卫星照片：角楼在紫禁城中的位置示意图	故宫博物院
图2-9-02	大高玄殿前的习礼亭	来源：《紫禁城》
图2-9-03	希腊十字平面的教堂（2张）	来源：傅朝卿，《西洋建筑发展史话》（赵雯雯加工）
图2-9-04	拉丁十字平面的教堂（2张）	来源：[法]路易斯·格罗德茨基，《哥特建筑》；傅朝卿，《西洋建筑发展史话》
图2-9-05	紫禁城角楼的"角十字"平面	制图：基泰工程公司

插图目录

图号	图名	资料来源
图2-9-06	敦煌壁画中的角楼一	《敦煌全集》
图2-9-07	敦煌壁画中的角楼二	《敦煌全集》
图2-9-08	敦煌壁画中的角楼三	《敦煌全集》
图2-9-09	敦煌壁画中的角楼四	《敦煌全集》
图2-9-10	北京城东南角楼（2张）	摄影：楼庆西
图2-9-11	角楼造型设计分析图	制图：赵雯雯，刘畅
图2-9-12	角楼平面丈尺分析图	傅熹年，《中国古代城市规划、建筑群布局及建筑设计方法研究》
图2-9-13	角楼立面丈尺分析图	傅熹年，《中国古代城市规划、建筑群布局及建筑设计方法研究》
图2-9-14	角楼实测图一（2张）	制图：基泰工程公司
图2-9-15	角楼实测图二（3张）	制图：基泰工程公司
图2-9-16	角楼造型分析图二（8张）	制图：赵雯雯，刘畅
下篇：	图说内廷	
图3-10-01	卫星照片：坤宁宫在紫禁城中的位置示意图	故宫博物院
图3-10-02	佛阿拉旧老城中努尔哈赤和舒尔哈齐的住宅	制图：赵雯雯
图3-10-03	《建州纪程图记》之一	稻叶岩吉，《兴京二道河子旧老城》
图3-10-04	《建州纪程图记》之二	稻叶岩吉，《兴京二道河子旧老城》
图3-10-05	《建州纪程图记》之三	稻叶岩吉，《兴京二道河子旧老城》
图3-10-06	佛阿拉旧老城中努尔哈赤的住宅之一	制图：赵雯雯
图3-10-07	佛阿拉旧老城中努尔哈赤的住宅之二	制图：赵雯雯
图3-10-08	佛阿拉旧老城中努尔哈赤住宅客厅室内空间示意图之一	制图：赵雯雯
图3-10-09	佛阿拉旧老城中努尔哈赤住宅客厅室内空间示意图之二	制图：赵雯雯
图3-10-10	沈阳故宫鸟瞰	来源：陈伯超等，《盛京宫殿建筑》
图3-10-11	沈阳故宫清宁宫室内空间示意图	制图：赵雯雯
图3-10-12	北京故宫坤宁宫室内空间示意图	制图：赵雯雯
图3-10-13	北京故宫坤宁宫内景	来源：与紫禁城出版社协调

插图目录

图 号	图 名	资料来源
图3-11-01	卫星照片：养心殿在紫禁城中的位置示意图	故宫古建部
图3-11-02	养心殿外景	摄影：贾玥
图3-11-03	康熙朝的科学仪器（2张）	《清宫西洋仪器》
图3-11-04	养心殿建筑体型分析图（3张）	制图：赵雯雯
图3-11-05	养心殿构造细部	摄影：赵雯雯
图3-11-06	养心殿室内空间示意图（2张）	制图：赵雯雯
图3-11-07	样式雷绘圆明园保合太和殿地盘画样一	收藏于：中国国家图书馆
图3-11-08	样式雷绘圆明园保合太和殿地盘画样二	收藏于：中国国家图书馆
图3-11-09	养性殿外景	摄影：贾玥
图3-11-10	养性殿内景	来源：与紫禁城出版社协调
图3-11-11	养心殿室内空间变化示意图一（3张）	制图：赵雯雯
图3-11-12	养心殿室内空间变化示意图二（3张）	制图：赵雯雯
图3-11-13	养心殿室内空间变化示意图三（3张）	制图：赵雯雯
图3-11-14	养心殿明间内景	来源：《紫禁城宫殿》
图3-11-15	养心殿东暖阁内景	摄影：楼庆西
图3-12-01	卫星照片：倦勤斋在紫禁城中的位置示意图	故宫古建部
图3-12-02	圆明园四十景图之坦坦荡荡	收藏于：法国国家图书馆
图3-12-03	样式雷绘半亩园地盘图样之一	收藏于：中国国家图书馆
图3-12-04	样式雷绘半亩园地盘图样之二	收藏于：中国国家图书馆
图3-12-05	早期半亩园戏院室内空间示意图一	制图：赵雯雯
图3-12-06	早期半亩园戏院室内空间示意图二	制图：赵雯雯
图3-12-07	半亩园戏院室内空间改造示意图一	制图：赵雯雯
图3-12-08	半亩园戏院室内空间改造示意图二	制图：赵雯雯
图3-12-09	半亩园戏院室内空间改造示意图三	制图：赵雯雯
图3-12-10	半亩园戏院室内空间改造示意图四	制图：赵雯雯
图3-12-11	样式雷绘建福宫花园图样	收藏于：故宫博物院
图3-12-12	丁观鹏绘《太簇始和图》	收藏于：台北故宫博物院

插图目录

图号	图名	资料来源
图3-12-13	根据《画家和建筑师的透视学》所编著的《视学》一页	收藏于：故宫博物院
图3-12-14	倦勤斋室内空间示意图一	制图：邱民，刘畅
图3-12-15	倦勤斋室内空间示意图二	制图：邱民，刘畅
图3-12-16	倦勤斋内景之一	摄影：王时伟，刘畅
图3-12-17	倦勤斋内景之二	摄影：王时伟，刘畅
图3-12-18	倦勤斋内景之三	摄影：王时伟，刘畅
图3-13-01	卫星照片：漱芳斋在紫禁城中的位置示意图	故宫古建部
图3-13-02	漱芳斋院落平面图与外景（3张）	制图：蒋张，刘畅 摄影：楼庆西
图3-13-03	漱芳斋现状室内空间示意图一	制图：蒋张，刘畅
图3-13-04	漱芳斋现状室内空间示意图二	制图：蒋张，刘畅
图3-13-05	漱芳斋前殿明间正中天然罩（2张）	故宫博物院古建部，《紫禁城宫殿内檐装修图典》
图3-13-06	漱芳斋前殿明间西缝天然罩（2张）	故宫博物院古建部，《紫禁城宫殿内檐装修图典》
图3-13-07	漱芳斋前殿明间东缝天然罩（2张）	故宫博物院古建部，《紫禁城宫殿内檐装修图典》
图3-13-08	样式雷绘漱芳斋前殿地盘画样一	收藏于：中国国家图书馆
图3-13-09	样式雷绘漱芳斋前殿地盘画样二	收藏于：中国国家图书馆
图3-13-10	早期漱芳斋前殿室内空间示意图一	制图：蒋张，刘畅
图3-13-11	早期漱芳斋前殿室内空间示意图二	制图：蒋张，刘畅
图3-13-12	漱芳斋前殿东间多宝格	故宫博物院古建部，《紫禁城宫殿内檐装修图典》
图3-13-13	样式雷绘漱芳斋穿堂及后殿地盘画样	收藏于：中国国家图书馆
图3-13-14	漱芳斋穿堂及后殿室内空间示意图一	制图：蒋张，刘畅
图3-13-15	漱芳斋穿堂及后殿室内空间示意图二	制图：蒋张，刘畅
图3-14-01	卫星照片：符望阁在紫禁城中的位置示意图	故宫古建部
图3-14-02	符望阁下层北仙楼内景	摄影：刘畅
图3-14-03	符望阁下层室内空间示意图（2张）	制图：赵雯雯
图3-14-04	符望阁过渡层室内空间示意图	制图：赵雯雯

插图目录

图号	图名	资料来源
图3-14-05	符望阁上层室内空间示意图	制图：赵雯雯
图3-14-06	从符望阁鸟瞰乾隆花园（2张）	摄影：贾玥
图3-14-07	中国古代明堂平面示意图	来源：傅熹年，《中国古代建筑史（第2卷）》
图3-14-08	乾隆花园室内装修上的双面绣（2张）	摄影：刘畅
图3-14-09	符望阁室内装修上的竹丝镶嵌	摄影：刘畅
图3-14-10	符望阁室内装修上的珐琅镶嵌（3张）	摄影：刘畅
图3-14-11	符望阁室内装修上的剔红	摄影：刘畅
图3-14-12	符望阁室内装修上的点螺	摄影：刘畅
图3-14-13	符望阁室内装修上的玉雕与书法	摄影：刘畅
图3-14-14	倦勤斋百鹿图上的竹黄雕	摄影：贾玥
图3-14-15	倦勤斋百鹿图上的黄杨木雕	摄影：贾玥
图3-14-16	倦勤斋百鹿图上的竹丝雕	摄影：贾玥
图3-14-17	倦勤斋百鹿图上的厚竹雕	摄影：贾玥
图3-15-01	卫星照片：毓庆宫在紫禁城中的位置示意图	故宫古建部
图3-15-02	毓庆宫一区前后各殿现状室内空间分析图	制图：赵雯雯
图3-15-03	毓庆宫工字殿前殿现状室内空间分析图一	制图：赵雯雯
图3-15-04	毓庆宫工字殿前殿现状室内空间分析图二	制图：赵雯雯
图3-15-05	毓庆宫工字殿前殿现状室内空间分析图三	制图：赵雯雯
图3-15-06	毓庆宫工字殿现状室内空间分析图	制图：赵雯雯
图3-15-07	毓庆宫工字殿穿堂现状室内空间分析图一	制图：赵雯雯
图3-15-08	毓庆宫工字殿穿堂内景	摄影：王时伟

插图目录

图号	图名	资料来源
图3-15-09	毓庆宫工字殿后殿继德堂现状室内空间分析图一	制图：赵雯雯
图3-15-10	毓庆宫工字殿后殿继德堂现状室内空间分析图二	制图：赵雯雯
图3-15-11	毓庆宫工字殿后殿继德堂现状室内空间分析图三	制图：赵雯雯
图3-15-12	毓庆宫历史图样反映的毓庆宫工字殿室内空间对比分析图（2张）	制图：赵雯雯
图3-15-13	毓庆宫历史图样反映的毓庆宫前殿室内空间对比分析图（4张）	制图：赵雯雯
图3-15-14	毓庆宫历史图样反映的毓庆宫后殿室内空间对比分析图（6张）	制图：赵雯雯
图3-15-15	样式雷绘南三所地盘画样	收藏于：中国国家图书馆
图3-15-16	乾隆六十年前后毓庆宫总平面布局对比分析图	制图：赵雯雯
图3-15-17	样式雷绘寿康宫后殿地盘画样	收藏于：中国国家图书馆
图3-16-01	卫星照片：寿安宫在紫禁城中的位置示意图	故宫古建部
图3-16-02	寿安宫现状平面布局示意图一	制图：蒋张
图3-16-03	寿安宫现状平面布局示意图二	制图：蒋张
图3-16-04	寿安宫现状平面布局示意图三	制图：蒋张
图3-16-05	寿安宫前殿外景（3张）	摄影：蒋张
图3-16-06	寿安宫后殿外景	摄影：蒋张
图3-16-07	乾隆十六年寿安宫平面布局示意图一	制图：蒋张
图3-16-08	乾隆十六年寿安宫平面布局示意图二	制图：蒋张
图3-16-09	乾隆十六年寿安宫平面布局示意图三	制图：蒋张
图3-16-10	崇庆太后万寿庆典图（寿安宫局部）	收藏于：故宫博物院
图3-16-11	嘉庆四年寿安宫平面布局示意图一	制图：蒋张
图3-16-12	嘉庆四年寿安宫平面布局示意图二	制图：蒋张
图3-16-13	嘉庆四年寿安宫平面布局示意图三	制图：蒋张
图3-16-14	寿安宫前殿保留的原戏台所用压面石	摄影：刘畅
图3-16-15	道光三十年样式雷绘半张寿安宫改造图样	收藏于：中国国家图书馆

插 图 目 录

图号	图名	资料来源
图3-16-16	道光三十年寿安宫东半部布局示意图	制图：蒋张
图3-16-17	咸丰十一年样式雷绘半张寿安宫改造图样	收藏于：中国国家图书馆
图3-16-18	咸丰十一年寿安宫西半部布局示意图	制图：蒋张
图3-17-01	卫星照片：长春宫和钟粹宫在紫禁城中的位置示意图	故宫古建部
图3-17-02	东西六宫正殿室内空间及陈设示意图	来源：故宫博物院古建部，《紫禁城宫殿内檐装修图典》
图3-17-03	样式雷绘《长春宫启祥宫糙底》	收藏于：中国国家图书馆 描图：叶扬
图3-17-04	样式雷绘《大内启祥宫长春宫地盘样》	收藏于：中国国家图书馆
图3-17-05	启祥宫至长春宫咸丰九年改造前布局示意图（2张）	制图：赵雯雯
图3-17-06	启祥宫至长春宫咸丰九年改造后布局示意图（2张）	制图：赵雯雯
图3-17-07	启祥宫至咸福宫一区空间关系示意图（2张）	制图：赵雯雯
图3-17-08	钟粹宫院落内景观	摄影：赵雯雯
图3-17-09	样式雷绘钟粹宫改造图样	收藏于：中国国家图书馆
图3-17-10	样式雷绘《长春宫戏台地盘样》	描图：叶扬，蒋张 收藏于：中国国家图书馆
图3-17-11	体元殿后抱厦内小戏台隔断样式	制图：蒋张
图3-17-12	体元殿后抱厦内小戏台空间示意图一（2张）	制图：蒋张
图3-17-13	体元殿后抱厦内小戏台空间示意图二（2张）	制图：蒋张
图3-17-14	体元殿后抱厦内小戏台空间示意图三	制图：蒋张
图3-17-15	长春宫戏院中的体元殿戏台及戏台装置（3张）	摄影：贾玥
图3-17-16	样式雷绘《长春宫准底》	描图：叶扬 收藏于：中国国家图书馆